# オルタナティヴR&Bディスクガイド

## フランク・オーシャン、ソランジュ、SZAから広がる新潮流

川口真紀×つやちゃん｜監修

DU BOOKS

# オルタナティヴ、インディ、エクスペリメンタル？

R & B の 新 し い 波 を つ か ま え ん と し て

文＝川口真紀

はじめに、本書は『オルタナティヴR&Bディスクガイド』と銘打ってはいるものの、オルタナティヴR&Bのみを扱ったディスクガイドではない。〈オルタナティヴR&Bを中心に、同時代の刺激的な作品を紹介する〉といったコンセプトのディスクガイドなわけだが、しかし「オルタナティヴR&B」が重要なキーワードであることは間違いないし、選盤もそれを念頭において行なっている。なかには「なんでこれがセレクトされているの？」と思われる作品もあるかもしれないが、たとえば「このシンガーは基本的には王道だけど、アルバムのなかにオルタナな要素が入っている曲もあるよね」といったものも選んでいたりする。「そう考えると、オルタナティヴR&Bとはアーティストを指すわけではなく、曲単位で見られる傾向を指すともいえるのかもしれません。だから『このアーティストは王道』『このアルバムはオルタナティヴ』という大きなラベリング自体無効というか、そういったカテゴライズに対する乱暴さを退け、繊細な価値観を芽生えさせたことがオルタナティヴR&Bの功績のひとつといえるかと思います」とは、本書のもうひとりの監修者つやちゃん氏の弁であるが、その通り、「このアーティストはオルタナティヴじゃないでしょ」というイメージだけで排除することはせずにセレクトしたつもりだ。まさにそうした考えは自分にとっても新たな価値観だったし、そのような姿

勢で作品に接することで逆にオルタナティヴR&Bの影響力の大きさや流れ、時代のフィーリングも一層感じることができた。本ディスクガイドを手にとってくださったみなさんも、それらを感じとりながら読んでいただけると幸いである。

冒頭から言い訳がましい文章になってしまって恐縮だが、ではそもそも「オルタナティヴR&Bとは何なのか」という話である。ほかのジャンル同様、これもまたなかなか明確な定義づけが難しいが、ものすごくざっくり言うと、「浮遊感のあるシンセ音を基調とした、深遠でアンビエントなサウンド」「トラップ的なドラム」「シャウター系とは対照的な、繊細で官能的、時にフィルターやリヴァーブが施されたヴォーカル」「主に内省的な歌詞」といったところになるのだろうか。しかし一方で「ヒップホップ、インディロック、アフロビーツ、エレクトロ等々からの影響もうかがえる先鋭的なサウンド」もオルタナティヴR&Bの特徴のひとつだし、ダークで繊細なサウンドのみがオルタナティヴR&Bというわけでもない。メジャーコードの曲だって、前向きな歌詞の曲だってある。となると、いよいよ定義づけが難しくなるが、オルタナティヴR&Bの別称から解釈してみると、「インディR&B」＝インディの要素、「レフトフィールド R&B」＝先進的なクラブミュージック等の要素、「エクスペリメンタルR&B」＝実験的な要素となるわけで、これらを含んだR&BはすべてオルタナティヴR&Bと言っていいかもしれない。要は多様なジャンル／アプローチで表現されたR&Bということになるだろうか。これはこれで少々乱暴な言い分かもしれないが、しかしあながち間違ってはいないと思う。

### 脈々と流れゆく"新しい"R&B

さきほど「オルタナティヴR&Bの別称」と唐突に書いてしまったが、定義の曖昧性ゆえか、オルタナティヴR&BにはインディR&B、レフトフィールドR&B、エクスペリメンタルR&B、ヒップスターR&B、プログレッシヴR&B等々、多くの別称が存在する。そのなかでもオルタナティヴR&Bの起源といわれているのが「PBR&B」であり、フランク・オーシャンやザ・ウィークエンドのサウンドを表現するのに、学者でライターのエリック・ハーヴェイが2011年3月2日にTwitter（現X）で「ウィークエンド、ハウ・トゥ・ドレス・ウェル、フランク・オーシャンといった初期のPBR&B作品のなかで、オーシャンが最高であることに疑問の余地はありませんよね？ (Okay, so out of the nascent PBR&B thing of Weeknd, How to Dress Well, Frank Ocean, it's not even a question that Ocean is the best, right?)」とツ

イートしたのが始まりとされている。「PBR&B」という言葉の起源やその後の広まりについて、エリックは音楽ウェブサイト「ピッチフォーク」で詳しく記しているが（「I Started a Joke: "PBR&B" and What Genres Mean Now」2013年10月7日）、それによると、現在は削除されているこのツイートは最初9件のリツイートと14件のいいねが付いただけだったそうだ。しかしその数日後には音楽評論家たちが「PBR&B」という便利な言葉を使うようになっていたというのだから、ネットの即時性と拡散性のすごさというか、怖さというか。みんなフランク・オーシャン等の音楽を一言で言い表す言葉を必要としていたということなのだろう。それくらい彼らの音楽はこれまでのR&Bとは違ったというわけである。

　なお、PBR&Bとは米ウィスコンシン州ミルウォーキーにあるビール会社のブランド「パブスト・ブルーリボン・ビール（PBR）」とR&Bを合わせた造語。一度は低迷したPBRが、都市部のヒップスター（白人の若者たち）を中心に再び評価が高まり、歴史的な復活を遂げたことと、エリックいわく「リズム重視のR&B、あるいはブルージーでモダンなR&Bといった類いには関心を示さないであろう若い白人に好まれそうな音楽」を掛け合わせてこの造語を作ったそうである。その後、音楽評論家のカール・ウィルソンがウェブマガジン「ステイト」の座談会で「うまい表現だが簡略化しすぎのエリック・ハーヴェイの『PBR&B』に代えて、『R-Neg-B』を採用してはどうか」と提案したのだそうだが（Neg＝Negativeの意。既存のR&Bを否定するという意味だろうか）、ご存知の通りこの言葉が定着することはなかった。かたやPBR&Bも今ではほとんど聞かないし（2023年にジョングク「Standing Next To You（PBR&B Remix）」なんて曲がリリースされたりもしたが）、レフトフィールドR&B、ヒップスターR&Bなども然り。グラミー賞に「プログレッシヴR&Bアルバム」部門はあるものの、おおむね「オルタナティヴR&B」に落ち着いたということになるのだろうか。しかしFKAツイッグスが英ガーディアン紙で「Fuck Alternative R&B!」と叫んでいたりするので、アーティストにとっては歯痒い言葉なのかもしれない。そもそもオルタナティヴR&Bの源流のひとつであるネオソウルだって、当時そうカテゴライズされることを好まないアーティストはたくさんいたし、90年代にジャパニーズR&Bがブームになったときにも「私、R&Bシンガーじゃないんで」と言うアーティストが数多くいた。結局はジャンル分けなんてこちらの都合にすぎないわけだが（なんて言ったら身も蓋もないが）、ジャンル分けの良し悪しは別として、オルタナティヴR&B的なムーヴメントがあったことは紛れもない事実であり、その新潮流、一大潮流はポピュラーミュージックからアンダーグラウンド・ミュージックまで、あらゆる音楽に影響を与えてきたというのもまた事実である。

そしてその潮流は今なお途切れることはなくR&Bシーンに流れつづけている。2024年初頭現在R&Bのトレンドとなっているアフロビーツを取り入れたR&Bだって、オルタナティヴR&Bの流れの先に生まれたものであり、昨日今日突然出てきたものではないだろう。思えば筆者はR&Bひいては黒人音楽の流動性、流行に簡単に飛びついてしまうようなよい意味での軽薄さ、俊敏性に惹かれてきたところもあるし、一方でそこからどうしても滲み出てしまうブラックネスにもたまらなく興奮してきた。まさに「The Changing Same」＝変わりゆく変わらないものがR&Bの醍醐味であり、オルタナティヴR&BにもそんなR&Bの醍醐味はたっぷり詰まっていると思う。

# Contents

［本書の読み方］

作品名　　　アーティスト名　　　　　　　　　　　　　　　発表年　　　レーベル名

## Break of Dawn
### Goapele
●2011 | Skyblaze / Decon

ドレイク「Closer to My Dreams」でサンプリングされた「Closer」でお馴染みの人だが、あの曲の浮遊感あふれるイメージしか持たずに本作を聴くとちょっとビックリするかも。そもそもこれまでもリンダ・ベリーやソウライヴ、サーラー・クリエイティヴ・パートナーズ等とコラボするなど、オルタナティヴな面を見せてはきたが、本作でも官能的なミニマム・ファンク「Play」、シンセ鳴り響くフューチャリスティックな「Milk & Honey」など縦横無尽に様々な音楽をやってのけている。その自由奔放だけど軸はしっかりしてる感じが実にカッコいい。 川口

執筆者名

［凡例］

◆ 各チャプターの冒頭で大きく取り上げている作品は監修者の選定による重要作。
◆ 掲載順は、大枠（1ページ使用）と通常枠（1/4ページ使用）のいずれもそれぞれリリース日順に並べた。
◆ アルバム・EP作品名は「　」、楽曲名は「　」で示した。

70年代ソウルへの憧憬をヒップホップ的解釈で具現化した生演奏主体のR&B＝ネオソウル。ディアンジェロやエリカ・バドゥ、マックスウェルらを中心として90年代後半に一大ムーヴメントとなったこの音楽は、当時の現行R&Bに対抗するかのようにオーガニックでロウ（raw）なものだったが、2000年代になるとネオソウル・アーティストが独自の活動を展開する一方で、EDMブームが到来。EDMサウンド溢れるなか、それに対するカウンターのように出てきたのが、その後〈オルタナティヴR&B〉と呼ばれるようになるアンビエントでチルなムードをまとった音楽だった。そのムーヴメントの大きな基盤となっているのが、リリース当時賛否両論を巻き起こしたカニエ・ウェスト『808s & Heartbreak』(2008)だろう。その後、同作に関与したキッド・カディが内省的な『Man on the Moon: The End of Day』(2009)をリリース

# 萌芽期

The Budding

2009▶2015

したり、ドレイクが『808s〜』収録の「Say You Will」をサンプリングした「Say What's Real」をミックステープ『So Far Gone』(09)で披露したりと、その影響の波は確実に大きくなり、〈オルタナティヴR&B〉の名のもと、シーンをどんどん飲み込んでいく。そうして生まれたのがフランク・オーシャン『nostalgia, ULTRA』(2011)であり、ザ・ウィークエンドのミックステープ三部作であり、本書に掲載されているアルバムの数々だ。

この章では2009〜15年にリリースされ、オルタナティヴR&Bムーヴメントを決定づけた重要作や、その影響を受けつつオリジナリティ溢れる内容に仕立て上げた刺激的なアルバムをピックアップ。オルタナティヴR&Bを代表するフランク・オーシャン、ザ・ウィークエンドらの作品はもちろんのこと、この時代はSZA、ケレラ、FKAツイッグス、ジ・インターネットといったアーティストが次々デビューした時期でもあり、新たな時代の到来を告げる先鋭的な作品の登場に胸躍らせたものである。そして今それらの作品を聴いても、そのときの興奮が瞬時に蘇るのだ。

# nostalgia, ULTRA

## Frank Ocean

2011 | Self-released

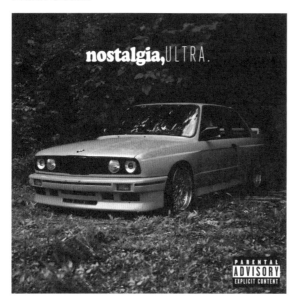

　すべてはここから始まった。そう、すべては
ここから。ブランディやジョン・レジェン
ドへ曲を書いていたフランク・オーシャンは、
オッド・フューチャーと出会ったのちにデフ・
ジャム・レコーズと契約を結ぶもレーベルからの
扱いに不満を抱き、本作をTumblrにてフリーで公
開した。ぼんやりとした楽曲の輪郭、そのゆらぎ
は、メジャーレーベルが築きあげたシステムやイ
ンディロックだR&Bだヒップホップだという既存
の枠組みの隙間からじわじわと世界中に滲み浸透
し、このあとの時代の空気を決定づけてしまった。

　フランクはポップミュージックにおける新しさ
を定義した。これからの時代の新しさとは、過去
と向きあうことだと告げた。それは一見すると、
哀しく残酷にも思える。アートワークに映るの
は、緑のなかでたたずむ1980年代のクールなオ
レンジ色のBMW。カセットテープを起こす音が
聴こえる。冒頭の「Strawberry Swing」で披露され
るのはコールドプレイのカヴァー。「Bitches
Talking」に散りばめられたレディオヘッドの断
片。2000年代にポストロックは形骸化し、ロック
がロックそのものを対象化しきったタイミング
で、フランクはそれらを愛でることによって〈歴
史〉にした。ポストモダンミュージックなるもの

は1970〜80年代にヒップホップの出現によって
すでに存在していたが、そこにあった父権主義の
価値観から脱することで誕生した本作は、能天気
なパーティーとセックスを歌うR&Bを過去のもの
にした。それどころか、R&Bのみならず、ポップ
ミュージックが表現するサウンドの空間把握につ
いて、あるいは色気についてすらも定義づけてし
まった。事実、2020年代になった今、ポップカル
チャーはいかにリヴァイヴァルと向きあうかの表
現と化している。それぞれの身体と精神に固着し
たアイデンティティのレンズを通して、ノスタル
ジアをいかに再構築するかが要となっている。ゆ
えに、今の私たちは少なからず本作の影響下にあ
るだろう。イーグルス「Hotel California」のリメイ
クがドン・ヘンリーの怒りを買ったのは有名なエ
ピソードだが、60年代の高揚したアメリカの夢が
潰えた状況を甘美な退廃と共に歌う態度は、本作
に欠かせないピースのひとつとして鳴っている。
右肩上がりで発展に向かっている最中、人々はい
ま自らが絶頂にいることに気づかない。
『nostalgia, ULTRA』は、大衆が集団的な夢から醒
めた瞬間のどうしようもなく切ないやりきれなさ
を描いている。その涙は、今もまだ止んでいな
い。　つや

# House of Balloons

## The Weeknd

**TheWeeknd**

**HouseOfBalloons**

1 HIGH FOR THIS 2 WHAT YOU NEED 3 HOUSE OF BALLOONS / GLASS TABLE GIRLS 4 THE MORNING
5 WICKED GAMES 6 THE PARTY & THE AFTER PARTY 7 COMING DOWN 8 LOFT MUSIC 9 THE KNOWING

**2**011年に本作を聴いたときは戸惑ったもの
だ。アーティストの顔が映っていないので、
バンドなのかユニットなのかも判然としないス
リーブデザインは、まるで1980年代の英国ニュー
ウェイヴのよう。しかし奏でられている音楽自体
は、ニューウェイヴやトリップホップから濃厚な
影響を受けながらも、しっかりヒップホップ時代
のR&B。あえてジャンルを説明するとしたら、カ
ニエ・ウェストやドレイクが取り組みつつあった
内省的なシンギング・ラップを歌モノに発展させ
た何か。それが後年オルタナティヴR&Bと呼ばれ
るジャンルに発展するとはそのとき想像すらしな
かった。頭に浮かんだのは「こんな音楽を作るザ・
ウィークエンドって一体何者？」ということだけだ。
　その正体は、当時21歳だったトロント出身のナ
イジェリア系カナディアン、エイベル・マッコネ
ン・テスファイ。シンガーソングライターを志し
てハイスクールをドロップアウトした彼は、ド
ラッグに耽溺する奔放なライフスタイルを送りな
がら、現在もチームを組むドク・マッキニーやイ
ランジェロらと楽曲を作りあげ、まずYouTubeで
数曲を先行公開、その後ネット上で本作をミック
ステープとして公開したのだった。R&Bとは本
来、水と油のコクトー・ツインズやビーチ・ハウ
ス、スージー・アンド・ザ・バンシーズといった
ロックアクトの楽曲を元ネタに構築されたトラッ
ク上で歌われるチルで淫靡（いんび）なベッドルーム・ポッ
プは、ネット上で新しもの好きのリスナーたちに
絶賛され、最終的には12以上のメディアで年間ベス
トに選出された。
　その後もザ・ウィークエンドは『Thursday』と
『Echoes of Silence』の2作をミックステープとし
て無料配布。3作をまとめてCDアルバム『Trilogy』
としてリリースする頃にはすでに有名人となって
いた。もっとも相変わらず露出を最小限に控えて
いたために、名声はアンダーグラウンドの枠内に
とどまっていたが。
　筆者はそうしたアティテュードを、神秘性を保
ちたいがゆえの行動だと思っていたのだが、真相
は本人にポップスターになる心の準備ができてい
なかったかららしい。そして彼は準備を整えるや
否やメジャーデビューし、ダフト・パンクやマック
ス・マーティンと組んでヒット曲を連発。あっ
という間に世界規模のポップスターの座に駆け上
がってしまった。それでも時おり彼の声には例え
ようがないほどのダークな影が差すときがある。
それはいまだに彼が心に『House of Balloons』時代
の闇を抱えている証なのだ。　長谷川

# Take Care
## Drake

2011 | Young Money / Cash Money

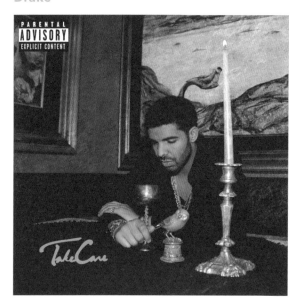

**全** 米ポップ／R&Bの両チャートで初登場1位を記録、4曲のシングルすべてをヒップホップ／R&Bチャートのトップ5圏内に送り込んだ『Thank Me Later』によって破格のデビューを飾ったドレイクが、現在に至るステイタスを決定づけたのが彼のマスターピースとして名高い本作、『Take Care』だ。

実に7曲ものシングルヒットを輩出するなど『Thank Me Later』を軽々と上回る商業的成功を収めた『Take Care』は、主要音楽メディアから「ここ10年で指折りのクラシック」と高い評価を獲得。フローレンス・アンド・ザ・マシーンが表題曲の「Take Care」をカヴァーしたことに象徴されるようにヒップホップ／R&Bの枠を超えて各方面から熱烈な支持を集めることになるが、実際アルバム全体を覆うアトモスフェリックなサウンドは当時のシーンに漂っていた気分を見事にすくいあげていたようなところがあった。

ザ・ウィークエンドやハウ・トゥ・ドレス・ウェルが標榜するアンビエントR&B／PBR&B、ジェイムス・ブレイクに代表されるポスト・ダブステップ、ウォッシュト・アウトやネオン・インディアンが牽引していたチルウェイヴ／グローファイ、M83やエックス・エックスによるドリームポップ／シューゲイズ、さらにはボン・イヴェールやラナ・デル・レイ等のバロック・ポップに至るまで、様々なサブジャンルとの同時代性を内包していた『Take Care』はそれらを総括する「時代の音」としてムーヴメントの中央に君臨しているかのようだった。

タイトルの『Take Care』は限られた時間のなか急ピッチでこしらえた『Thank Me Later』の反省から「あらゆる面で細心の注意を払って」制作に臨んだことを意味しているが、そんなアルバムの総合プロデューサーを務めてトータル性の高い音世界を構築したのはボーイ・ワンダーと並ぶドレイクの長年のコラボレーター、ノア"40"シェビブ。『Take Care』のエポック性としてはヒップホップの旧来的なマチズモから距離を置いた内省的な歌詞も挙げられるが（恋に破れた男の惨めで痛々しいラヴソング「Marvins Room」、ドレイクが自身の家族に捧げた感動的なトリビュート「Look What You've Done」など）、40のサウンドプロダクションはそこにさらにドラマティックな奥行きを与えることにも成功している。　高橋

# channel ORANGE

**Frank Ocean**

2012 | Def Jam

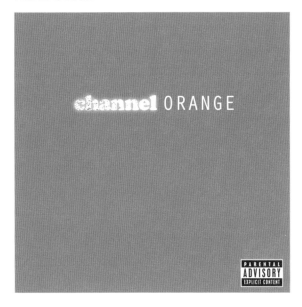

時はまだ"オッドフューチャー(OFWGKTA)
の"という冠付きで語られていたフランク・
オーシャンが、2011年のミックステープ
『nostalgia, ULTRA』に続いて発表した公式デ
ビューアルバム。19歳のときの初恋相手が男性
だったことをリリース前に明かし、その片思いの
経験を狂おしいファルセットを交えて歌った
「Thinkin Bout You」、宗教的な誤解も招いた「Bad
Religion」などのトーチソングが話題を呼んだ。い
わゆるゴスペル・シンギングではなく、どこか諦
観したような表情で呟くように感情を吐露する唱
法、その感情に沿って紡がれたアンビエントで
ローファイな音像はこの時点では斬新で、ドレイ
クやジェイムス・ブレイクと並んでオルタナティ
ヴR&Bの潮流を加速させた点でも画期的だった。
あくまでシーンの一端ではあるが、『Blonde』
(2016)以前に未来のR&B像を提示した作品であっ
たことは間違いない。

アルバムは、ゲームの起動音やジングル、環境
音などを使ったインタールード／スキットを挟み
つつノスタルジックな雰囲気も漂わせながら進行
していく。オーシャンのプログレッシヴな試みに
加担し、退廃的とも耽美的ともいえる音世界の創
造に貢献したのはマレーとオンマス・キース。特

にマレーとの繋がりは強固で、ファンク、ロック、
ゴスペル、ニューウェイヴ、そしてプリンス風の
曲まで、まさにオルタナティヴな雰囲気を作りあ
げたのは、ジミ・ヘンドリクスやピンク・フロイ
ドを敬愛し、ジョン・レジェンド『Evolver』(2008)
でも腕を振るったマルチ奏者でエンジニアでもあ
る彼のセンスによるところが大きい。ブーミーな
電子音を交えてEDM風のダンスチューンからスロ
ウジャム風に変化する「Pyramids」、アンドレ
3000を招いた哀愁バラード「Pink Matter」、ジョ
ン・メイヤーがギターを弾いたジャジーでチルな
インスト「White」まで、曲の振り幅は実に広い。
そんななか、王道ともいえるR&Bスタイルでス
ウィート＆メロウに迫るのが、ファレル・ウィリ
アムスと手がけた「Sweet Life」。これやOFWGKTA
の同僚アール・スウェットシャツがユルいラップ
を交えた「Super Rich Kids」は、金持ちを皮肉りな
がら金融危機を危惧するような歌であるとも受け
取れる。ほかにも恋愛のメタファーとしてドラッ
グ中毒者を引きあいに出すなど、アイロニカルだ
がユーモアを感じさせるリリックでも退廃をポッ
プに表現。これでオーシャンは大海に乗り出して
いく。　林

# Kaleidoscope Dream

## Miguel

2012 | Black Ice / ByStorm / RCA

デビューアルバム『All I Want Is You』とは打って変わって収録楽曲の大半にミゲル自身がプロデューサーとしてクレジットされているセカンド。エミネム「My Name Is」の元ネタとしてお馴染みのラビ・シフレ「I Got The...」使いの表題曲では、性行為のもたらす興奮・高揚感を、ドラッグがもたらす万華鏡のような酩酊感に準えているわけだが、このアルバム自体もある意味で万華鏡のようだ。

同じ対象を見ていても、面ごとに異なった像が映しだされる万華鏡のように、本作もミゲルという人間・アーティストを様々な角度から映しだす。ファーストシングル「Adorn」では「俺の愛で君を飾らせて」と歌い、相手に心底惚れ込んでいる様子のミゲルだが、セカンドシングル「Do You...」では「ドラッグは好きかい?」と相手に問い、ケアフリーな恋愛のリード役に回っている。「The Thrill」はニューヨークの夜に高鳴る胸と共鳴するかのようにアップテンポな一方で、「君を連れて帰るのに何杯必要なんだい?」と口説く王道バラードの「How Many Drinks?」は、はやる気持ちを抑えるかのようにミッドテンポだ。さらに、大半の楽曲が恋愛に関するものであるなか、最終収録曲「Candles in the Sun」では、教会のオルガンを思わせる音色と共に世界の不条理を問い、団結を呼びかけている。

とはいえ、万華鏡の各面に映しだされる像も、元は同一の対象である。では、本作で多く(またはすべて)の楽曲に共通する要素はなんだろうか?最も簡単に気づけるもののひとつがギターであろう。狼男のように「夜までに帰ってこなかったら俺から逃げて」と警告するロック調の「Don't Look Back」は、冷静に考えればちょっぴり滑稽でもあるのだが、ミゲルがしっかり"なりきって"いるので不思議と気にならない。さらに、本作収録のどの楽曲よりも直接的に官能的な「Arch & Point」など、やはりロック調でギターが目立つ曲が多い。

そしてもうひとつ重要な共通点として、聴く者の多くに、過去に抱いた、あるいは現在抱いている感情を思い起こさせるミゲルの生々しい表現力が挙げられよう。先述したギターが目立つ楽曲のひとつに「Pussy Is Mine」があるが、これほどまでに多くの男が共感できる楽曲はそう多くないはずだ。ちなみに、同曲はレコーディングの合間にミゲルがフリースタイルで歌ったもの(が録れていたためアルバムに収録する運びとなった)とされているが、本作リリース前にもほぼ同じ曲がYouTubeにアップロードされている。　奥田

# Cut 4 Me

## Kelela

ケレラはエチオピア系の両親のもとに生まれ、メリーランド州ゲイザースバーグで育っている。ジャズ、R&B、南アフリカのポップミュージックを聴いて音楽観を育み、LAへ移住後、ティーンガール・ファンタジーにフックアップされ「EFX」へ参加。そこからロンドンのナイト・スラッグズの姉妹レーベル、フェイド・トゥ・マインドと繋がった。そして生まれたのが、名刺代わりになったキングダムとの共演曲「Bank Head」だ。UKベースとR&Bの見事な折衷、既存の物差しから大きくはみ出した未来的なサウンドで各方面に衝撃を与えたこの曲は、本作にも収録されたが、のちにソランジュのレーベルコンピレーション『Saint Heron』にも収められている。

ともあれ、ミックステープの全盛期が落ち着きかけた頃、もちろんフリーダウンロードで発表された『Cut 4 Me』は、新たな才能の登場を告げるのに十分で、興奮と共に迎えられた。やはり驚きだったのは、前述のキングダムのほか、ボク・ボク、エングズエングズ、ジャム・シティ、ガール・ユニットら当時オンラインや地下を席巻していたプロデューサーによるトラック。ベースミュージックのエッジ、クラブカルチャーの文脈、既存のダンスミュージックの解体を目論むポストクラブ的前衛性、インダストリアルで硬質な荒々しさが埋め込まれている。空間を活かして重低音や歌を響かせる引き算の美学も徹底され、鳥の鳴き声とノイズを織りあわせたダウンテンポなIDM「A Lie」、ヘヴィなベースを這わせたビートのない「Cherry Coffee」というラスト2曲は特に自由。

彼女が敬愛するジャネット・ジャクソンやブランディ、グルーヴ・セオリー、アリーヤらに由来する親しみやすいメロディと伸びやかに舞う歌をそこへ溶けあわせることで、ケレラは聴いたことのないR&Bを生んだ。結局その後、本作に似た作品は生まれていない。エクレクティックな配合、越境する試みを恐れない姿勢は後進に勇気を与えただろうが、その意味で本作はR&Bの未来を見せたというより、当時を象徴する唯一の特異点になったともいえる(ちなみに彼女は、そもそもR&Bをベーシックなものとするのは差別的で、伝統的に新しいものを求める重層的なものだ、と歴史に敬意を表している)。

2015年にはナイト・スラッグズのプロデューサーたちによるリミックスを追加したデラックス版がリリースされた。　天野

# LP1

## FKA Twigs

2014 | Young Turks

衝撃的な2枚のEPをもってシーンに出現した彼女は、アルカとのコラボによる前衛的なサウンドゆえに当初はトラックメイカーとして受容されていた印象もあるが、デビューアルバムである本作と共に徐々にR&Bシンガーとしての自身を確立していく。ゆえに"古巣"であるエレクトロニック畑のリスナーからは「歌いすぎ」といった声もあったようだが、そうした出自をいったんおいて本作を聴いてみると、アレンジにおける大衆性と、そこからスルリと逸脱してしまう挑発的なトラックメイクという相反する要素とがギリギリのラインで手を取りあっており、まさにこの時期の彼女にしかありえない奇跡と呼んでいいように思う。プロデューサーとしてのアルカの存在感が後退した本作で代わって目を引くのは、ポール・エプワースとエミール・ヘイニー。「Pendulum」には聴かせどころを強調したエプワースらしい演出はあるものの、それ以外はミニマルに抑え込んであってその緊張感に彼女の意思を強く感じる一方、ラナ・デル・レイよろしくデカダンなムードをいかにポップに聴かせるかというヘイニーのアプローチは、この時点の彼女にとっては最適解だったともいえそうだ。

トラックにおいてとりわけ特徴的なのはデジタル・スネアの強烈なアタック感で、これは自身の名前である"Twigs"=指をポキポキ折るという身体行為、あるいはダンスでいうところのポップ(筋肉を弾く動き)をも想起させる。元々ダンサーである彼女があえて過度に人工的なサウンドを志向することで、逆に自身のフィジカルな存在感を浮かびあがらせている……という点こそが本作のユニークさに直結しているともいえるだろう。そもそも、踊るという行為が「見た目には軽やかだが、実際は身体の重みに耐えながら」という二面性を有していることを思うと、不穏な電子音が飛び交い極太のベースが這うナンバーと、繊細な歌声やコーラスが絡みつくトラックを振りきるように舞い上がるナンバーとが作中に共存していることもまた必然なのかもしれない。センシュアルなソングライティングにはシャーデーやアリーヤといった名前も思い浮かぶ一方で、喉の奥から絞り出すような歌声には肉体に対するある種のストイシズムも。デジタルの海のなかでこそ増す身体性への切実さが本作の凄みであり、"未来的"という本作のイメージはその意味では予言的であるようにも、2024年にしてみて思うのだった。　井草

# Souled Out

## Jhené Aiko

ザ・ウィークエンドの『House of Balloons』と共にアンビエントR&Bのトレンドを築いたエポックメイキングなミックステープ『Sailing Soul(s)』でのデビューから3年半。カニエ・ウェストのメンターであるノー・I.D.がデフ・ジャム傘下に興したアーティウム・レコーディングスと契約後、EP『Sail Out』を挟んでリリースした満を持してのファーストアルバム。

　まずはスピリチュアル・ジャズと見まがうような、R&Bシンガーの初のアルバムとしては異例ともいえるアートワークに目を引かれるが、これは傷心の女性が立ち直るまでのプロセスを描いたアルバムのコンセプトに基づくもの。以降アイコは癒やしや逃避、救済をテーマにしてアルバムを作っていくことになるが、本作はそのひとつの出発点といえるだろう。

　曲を重ねていくごとに瞑想的／幻想的な色合いを濃くしていく内容はまさにヒーリング・ソウルといった趣だが、そんな流れのなかで軸になっているのが「Spotless Mind」と「Eternal Sunshine」の2曲。これは互いの存在を忘れるために記憶除去手術を受けたカップルの恋の顛末を描いたミシェル・ゴンドリー監督の映画『エターナル・サンシャイン』(原題『Eternal Sunshine of the Spotless Mind』)

に触発された連作で、劇中のヒロインの心情と重ねあわせながらアイコの魂の放浪を綴っていく前者はアルバム全編にほのかに漂うアイランドヴァイブを象徴する曲でもある。

　2021年に脳腫瘍で他界した兄ミヤギのお気に入りの言葉をタイトルに冠した「W.A.Y.S.」(「Why aren't you smiling?」の略)、そのミヤギと愛娘ナミコの肉声が入った「Promises」、さらにはアーティストとして直面している様々な問題に言及する「The Pressure」など、アルバムはパーソナルな要素も強く、そのせいかゲストらしいゲストは「Pretty Bird (Freestyle)」でのコモンのみ。この恒例のフリースタイル・シリーズに顕著なアイコのラッパー然としたアティテュードは、敬愛する2パック「Picture Me Rollin'」のタイトルが繰り返される「Wading」、50セント「Many Men」を引用した「To Love & Die」などからもうかがえるだろう。

　制作面ではデビュー以来のコラボレーターであるフィスティカフスはもちろん、やはりノー・I.D.の貢献が大。1曲のみだがサンダーキャットの名前も確認できる。　高橋

# Ego Death
## The Internet

2015 | Odd Future / Columbia

アルバムをリリースするたびに進化を遂げるジ・インターネット。3作目となる『Ego Death』からは、サンダーキャットの実弟でもある鍵盤奏者のジャミール・ブルーナと、当時まだ10代の学生だったギタリスト／ベーシストのスティーヴ・レイシーが加入し、総勢6名のバンド体制となった（ブルーナはその後、脱退）。よって、今作からはよりアンサンブル的なグルーヴが強化され、ソリッドなバンド・サウンドが芽吹いている。

　アルバム全体の手綱を握るのは、オリジナルメンバーであるマット・マーシャンズとシドのふたりが中心だが、以前、マットがインタヴューで「ジ・インターネットはメンバー全員がビートを作ることが出来る。それがクールなんだ」（「ミュージック・マガジン」2018年4月号）とも語っており、過去2作とは異なるディープさ、そして音楽的複雑さが表出した楽曲が多いと感じる。たとえば「Just Sayin/I Tried」は、タイトル通り2曲を繋ぎあわせて完成させた一曲で、イントロからベースがうねる「Just Sayin」はスティーヴ・レイシーとドラム担当のクリストファー・スミスが、「I Tried」は（ボブ・マーリーの孫でもある）ダニエル・バンバータ・マーリーとクリストファー・スミスがそれぞ

れプロデュースを手がけており、ヴォーカルの雰囲気の変化も合わせてジ・インターネットとしての多面的な表情を味わうことができる。アルバムのオープナーとなる「Get Away」やジェイムス・フォントルロイとのロマンティックな「For the World」などは特にソングライターとしてのシドの魅力に溢れ、ポップにも響くリリックとメロディを何度も味わいたくなるほど。ゲスト陣とのケミストリーもすばらしく、ジャネール・モネイとの「Gabby」、ケイトラナダとの「Girl」はより大胆なサウンドスケープが楽しめる。アルバムを締めくくるのは、「パーティーに行ったことがないのかよ？」というタイラー・ザ・クリエイターによるイントロが印象的な「Palace/Curse」。とびきりベースが効いたこの曲、ジ・インターネットに初めてタイラーが参加した楽曲でもある。

　『Ego Death』は第58回グラミー賞において最優秀アーバン・コンテンポラリー・アルバム部門へもノミネートされ、かくしてジ・インターネットは名実ともに時代のサウンドを創りあげた旬なバンドへと成長したのだった。　　渡辺

# Beauty Behind the Madness

**The Weeknd**

ミックステープ『House of Balloons』によってアンビエントR&Bの流行を巻き起こし、全くの無名の状態から一躍時代の寵児となったザ・ウィークエンドだったが、鳴り物入りでリリースしたデビューアルバム『Kiss Land』はシングルヒットに恵まれず、期待されていたほどのセールスを上げるには至らなかった。

そんな『Kiss Land』の屈辱を晴らすべく、ザ・ウィークエンドはアリアナ・グランデ「Love Me Harder」への客演を通じてマックス・マーティンとの共同作業を試みる。当代きってのヒットメーカーであるマックスとのコラボは衝突も多かったようだが、彼とのやり取りからヒットの極意を学んだザ・ウィークエンドは自身の新作の制作にあたり引き続きマックスに協力を求めた。

このような背景のもとに作られたのが本作、『Beauty Behind the Madness』になる。ザ・ウィークエンドはマックスがもたらした功績について「自分の偏りがちだった音楽をより幅広い層に届くサウンドに仕上げてくれた」と語っているが、その最大の成果といえるのがマイケル・ジャクソンの影響を強烈に打ち出した自身初の全米No.1ヒット「Can't Feel My Face」だ。

御大クインシー・ジョーンズからも絶賛された

という「Can't Feel My Face」は、実際ディスコリヴァイヴァルを受けて作られた数あるマイケルへのトリビュートのなかでも最高峰に君臨する傑作だろう。憧れのマイケルに対するリスペクトを示しながらも、ダークでゴスな自らの持ち味も堅持した理想的なオマージュだ。

マックスとの交流が風穴を空けるような格好になったのか、音楽的ヴァリエーションも前作から一気に拡張している。なかでも特筆すべきは、荘厳なトラップ・ソウル「The Hills」やセカンドライン風のビートを取り入れた「Losers」など、従来からの路線をブラッシュアップした盟友イランジェロの仕事ぶり。カニエ・ウェストも制作に携わるソウル・ドッグ「Can't Stop Loving You」のリメイク「Tell Your Friends」、エド・シーランと繰り広げる漆黒のブルース「Dark Times」、ラナ・デル・レイとのデカダンス共演「Prisoner」など、ゲストとのケミストリーもよいアクセントを生んでいる。

こうして飛躍的な向上を遂げた『Beauty Behind the Madness』は念願のミリオンヒットを記録。ザ・ウィークエンドは天下取りに向けて大きな一歩を踏み出す。　高橋

# So Far Gone

## Drake

2009 | OVO

2010年代最大のゲームチェンジャー、ドレイクをブレイクに導いたミックステープ。DJスクリューやカニエ・ウェストなどのビートジャックも含むラフな作りは、まさに当時のミックステープらしい仕上がりだ。しかし、ラップと歌を自在に切り替えるそのヴォーカルスタイルはこの時点でほぼ完成しており、ロイドと歌で渡りあう「A Night Off」などシンガーとしての見せ場も多い。ヒットシングル「Best I Ever Had」のフックでの地声からファルセットに切り替える瞬間は時代が変わる瞬間だ。超重要作。　アボ

# The ArchAndroid

## Janelle Monáe

2010 | Wondaland / Bad Boy

シンディ・メイウェザーと名乗るアンドロイドが主役のSFオデッセイをテーマにした渾身のデビューアルバム。ソウル、ファンク、エレクトロからクラシックまで、あらゆる音楽ジャンルをジャネール色に染めあげ、歌いつくす。第53回グラミー賞においては最優秀コンテンポラリーR&B部門にてノミネートされるなど、その芸術性の高さは各所のお墨付き。シンガーとしての育ての親でもあるビッグ・ボーイを招いたヒット曲「Tightrope」を生みだし、アフロ・フューチャリズムを紐解く、という観点からも非常に意義深いアルバムだ。　渡辺

# Thank Me Later

## Drake

2010 | Young Money / Cash Money

トロント出身のオーブリー・ドレイク・グレアムは、カナダの学園テレビドラマ『Degrassi: The Next Generation』で人気を博した元ティーンアイドル俳優。ドラマ出演中から子役仲間のノア"40"シェビブと組んでミックステープを発表。本作が正式なデビューアルバムとなった。ダウナーなエレクトロ・トラックにオートチューンを用いた鼻歌ラップを乗せるというスタイルにおいて、カニエ・ウェストやキッド・カディの影響が感じられるものの、彼ならではの歌心も発揮。未来のチャート・キングにとっての偉大な第一歩となった。　長谷川

# All I Want Is You

## Miguel

2010 | ByStorm / JIVE

ミュージック「If U Leave」などへの楽曲提供を経て発表したデビュー作。ボーダレスな音楽性と艶かしい(なまめ)ヴォーカルからプリンスを引きあいに出して語られることが多かったが、2023年にTikTokを通じてリヴァイヴァルした「Sure Thing」など、のちのサイケデリック路線にも繋がっていく妖しくメランコリックな官能美にはすでに唯一無二の魅力がある。その「Sure Thing」やサラーム・レミ制作の表題曲を含め、3曲のシングルがR&Bチャートでトップテン入り。このアルバムの商業的成功が以降のR&Bの動向に及ぼした影響は無視できないだろう。　高橋

# Sailing Soul(s)

## Jhené Aiko

2011 | Def Jam

10代の頃からB2Kの楽曲に参加するなど活動してきたジェネイ・アイコだが、妊娠・出産によるブランクを経て再出発を果たした作品がこちら。あるレコード会社の重役に自らを売り出すよう言われたことで、逆にそうはしまいと決心したという逸話が「sailing NOT selling」および本作タイトルの由来。抽象的で浮遊感のある歌詞・歌声と、多くをフィスティカフスが手がけるビートがマッチしている。「higher」はかの「Sativa」に勝るとも劣らないウィード賛歌。2010年代、オルタナティヴR&Bがもはや"オルタナティヴ"でなくなることを決定づけた作品のひとつではないか。　奥田

# 4

## Beyoncé

2011 | Parkwood / Columbia

女性主権を歌うリード曲「Run the World (Girls)」を収録し、ビジネス面で拗れていた実父マシューを解雇。自身のプロダクションを設立してからの初作品となり、こうしたトピックからも彼女が『4』で表現したかったことが伝わるかも。当時のインタヴューでは「ラジオヒットよりもアーティスティックな曲を」と語っており、ベイビーフェイスやダイアン・ウォーレンといったベテランから、フランク・オーシャンやカニエ・ウェストも参加し、より一層ビヨンセ・ワールドを深める。根幹部分を担うのはこのあともビヨンセ作品を支えるザ・ドリームだ。　渡辺

# Thursday

## The Weeknd

2011 | XO

三部作の2作目となる本作では、ダブステップやレゲエの要素、ロック的な歪んだギターなどを導入。前作よりもさらに一歩R&Bの外に踏み出すような野心的な作品に仕上がっている。「The Zone」には同郷のドレイクも駆けつけ、隙間のある寂しげな音にラップを添えている。しかし、主役はあくまでもザ・ウィークエンドのセクシーな歌。先鋭的なビートにも大物ゲストにも飲まれない、強烈な存在感を放っている。マーチングバンドのようなドラムが印象的な「The Birds, Pt. 1」などは最高にスリリングだ。　アボ

# Break of Dawn

## Goapele

2011 | Skyblaze / Decon

ドレイク「Closer to My Dreams」でサンプリングされた「Closer」でお馴染みの人だが、あの曲の浮遊感あふれるイメージしか持たずに本作を聴くとちょっとビックリするかも。そもそもこれまでもリンダ・ペリーやソウライヴ、サーラー・クリエイティヴ・パートナーズ等とコラボするなど、オルタナティヴな面を見せてはきたが、本作でも官能的なミニマム・ファンク「Play」、シンセ鳴り響くフューチャリスティックな「Milk & Honey」など縦横無尽に様々な音楽をやってのけている。その自由奔放だけど軸はしっかりしてる感じが実にカッコいい。　川口

## Purple Naked Ladies
### The Internet
2011 | Odd Future / Sony

このときはまだシド・ザ・キッドとマット・マーシャンズの二人体制だったジ・インターネット。初のアルバムとなった本作で聴かせるのは、ジャズやLAブーンバップの要素を取り込み、ネプチューンズを思わせるポップで毒気のあるセンスで歌モノとして構築したオッド・フューチャー流R&Bだ。そこに絡むシドのリラックスした歌声もすばらしい。フックとヴァースのメリハリが効いた「She DGAF」を共同でプロデュースしたフランク・オーシャン、レフト・ブレインにマイク・Gと、オッド・フューチャー勢もサポートしている。　アポ

## Echoes of Silence
### The Weeknd
2011 | XO

話題をかっさらった初期ミックステープ三部作中、最も暗く重い最終作。プロデュースはドク・マッキンリーが抜け、イランジェロがメインに。MJ憑依芸が圧倒的な「Dirty Diana」のカヴァー、フランス・ギャルやカルツのサンプリング、クラウドラップ時代の旗手クラムズ・カシーノの参加など、やはり鋭敏なセンスが際立つ。性愛をめぐるどうしようもない痛み、苦さ、しがらみのなかでもがき続けるような歌が主役だが、スリー・6・マフィアのジューシー・Jの意外な客演も見逃せない。10周年版では空山基のイメージを起用した。　天野

## †Priscilla†
### JMSN
2012 | White Room

プロデュースやミキシング、アートワークに至るまで自身で手がけるデトロイト生まれのマルチミュージシャン、ジェイムソン。ザ・ウィークエンド以降のメランコリックな世界観はいかにも10年代のオルタナR&Bらしく、ジャスティン・ティンバーレイク似のナヨ声もうまくフィットする。だが全編を覆うのは彼のシュールでエキセントリックな個性で、強烈なMVやヴィジュアルと合わせてハマるともう抜けられない。近年はスイートソウル色を強めていたが、最新作はパンク要素もあったりと常に型破り。唯一無二とはこういう人のための言葉だ。　Y

## In Case We Die
### Tinashe
2012 | Self-released

ガールズグループのザ・スタナーズからキャリアを始めたティナーシェは、幻想的なオルタナティヴR&Bを聴かせる本作で大きな注目を集めた。ラップ的なアプローチも織り交ぜる華やかな歌声が先鋭的なサウンドに溶け込む様は圧巻だ。ザ・ウィークエンドなどとも通じるサウンドだが、「This Feeling」や「Chainless」などで聴けるジャーキン的なドラムは本作ならではの魅力。なお、ザ・スタナーズ時代に共演済みのニュー・ボーイズのレガシーも1曲参加している。大胆な転身ではなく、それまでの活動と地続きなのだ。　アポ

# All of Me
## Estelle

2012 | Homeschool / Atlantic

前作の特大ヒットを受け4年の歳月を費やして完成したサードアルバム。歌唱とラップ、パトワ的な言い回しを巧みに織り交ぜ、曲の合間には時折、エステルが恋愛観や人生観を語るジャジーなインタールードが挟まれる。USマーケットを意識したゲスト勢も豪華だが、ローリン・ヒルの作品名を歌詞に盛り込み同胞たちに決起を呼びかける「Speak Ya Mind」から、ジャネール・モネイを迎えて我が道を堂々と歩む様を歌うファンク・チューン「Do My Thing」、そしてクライマックスに向けた流れも聴きどころ。　渡辺

# Black Radio
## Robert Glasper Experiment

2012 | Blue Note

ヒューストン出身のジャズピアニスト、ロバート・グラスパーを中心に作られた『Black Radio』シリーズの初作は、エリカ・バドゥやミシェル・ンデゲオチェロら多くのゲストを迎えたヴォーカル・アルバムだ。R&Bやヒップホップ、ロックなどジャンルの越境性を多分に含みながら、グラスパーの手つきはあくまでジャズをベースに、そもそも黒人音楽として身近にあったものを現代的な解釈で繋ぎ直しているかのよう。ジャズ新時代の到来を告げた作品のひとつとも呼べるだろう。2013年のグラミー賞にて最優秀R&Bアルバム賞を受賞。　高久

# Fast and Curious
## Sy Smith

2012 | Psyko!

一時期ブラン・ニュー・ヘヴィーズに在籍し、近年はクリス・ボッティとツアーを行う実力派シンガー。自作では"サイバー・ソウル"を謳い、過去にはアリ・シャヒードらと組んだ作品も発表していた彼女が奇才マーク・ド・クライヴ・ロウと組み、コケティッシュな歌声でフューチャリスティックなソウルを披露したのが本作だ。ラー・バンドのカヴァーにティーナ・マリー追悼、ラサーン・パターソンを迎えて歌ったビリー・オーシャンのブギーなど、テーマは80年代ソウル〜ファンクの近未来的解釈。フォーリン・エクスチェンジー派に加わったのも頷ける一作だ。　林

# Yuna
## Yuna

2012 | Fader

マレーシア出身のシンガーソングライターによる初のインターナショナル・アルバム。母国での成功が評判を呼んでニューヨークのフェイダーと契約後、EP『Decorate』を挟んで本作のリリースに漕ぎ着けた。クリアな声が映えるチャーミングなアコースティックポップが並ぶなか、R&B的観点からのハイライトはファレル・ウィリアムスが制作を務めた3曲。特に2000年代初頭のネプチューンズ作品を彷彿させるスムースファンク「Live Your Life」、ピート・ロック「The Creator」をモチーフにしたと思われる「See You Go」は一聴の価値あり。　高橋

# Love / Art Memoirs

## Alex Isley

2012 | Self-released

アメリカを代表するソウルグループであるアイズレー・ブラザーズのギタ
リスト、アーニー・アイズレーの娘として生まれたアレックス・アイズ
レー。UCLAでジャズを専門的に学んだ彼女は、本作のトラックをMacBook
とMIDIキーボードで組み、セルフプロデュースでインディペンデントから
颯爽とデビューした。滑らかで、蒸発し消えていきそうなほど儚げな
ヴォーカルもさることながら、特筆すべきは繊細なリヴァーブが施された
そのトラック。ぶくぶくと小さな気泡に覆われていくような「Don't / Do」
の振動は、オルタナの始まりを厳かに告げる。　つや

# Perfectly Imperfect

## Elle Varner

2012 | RCA

このアルバムほどにタイトルが内実を絶妙に言いえている作品もそうない
のではなかろうか。バーの席をなかなか立てない客のように「あなたのおか
わりをちょうだい」と歌う（「Refill」）エル・ヴァーナーは、記憶を失くすほど
酔っ払い（「Oh What a Night」）、自分の外見が完璧だったらと嘆きつつ、そ
うでない自分を愛する（「So Fly」）。完璧なまでに不完全な女性の〈等身大〉が
歌われている。J・コールを招いて「お気に入りの靴よりもあなたを連れて
帰るべきだった」と歌う「Only Wanna Give It to You」は、ラッパー客演R&B
曲のお手本ともいうべき仕上がり。　奥田

# Reverie

## Tinashe

2012 | Self-released

幼い頃から俳優として活躍、ガールズグループのザ・スタナーズでの活動
を経て、RCAとの契約前夜に自室で完成させたセカンドミックステープ。
制作を取り仕切る姿勢は一貫しており、本作も同様だ。残響過多で浮遊す
る音像にはPBR&Bの時代が刻まれている一方、「Another Me」のインダス
トリアル・サウンドには度肝を抜かれる。そして「Stargazing」などにおけ
る重層コーラス、透き通った高音、アリーヤが蘇ったかのような歌唱には
惚れ惚れ。地球市民としての政治意識に目覚めた、と当時綴っていたこと
は興味深い。　天野

# Two Eleven

## Brandy

2012 | RCA

同時期に活躍し、ライバル視されていたモニカと比べると先鋭的な印象が
強いブランディだが、とりわけこのアルバムの存在は大きい。M.I.A.やサ
ンティゴールドなどを手がけるUKのプロデューサー、スウィッチによる
近未来的なスロウ「Slower」、フランク・オーシャンらしい揺蕩うメロディ
が印象的な「Scared of Beautiful」などは、オルタナ旋風吹き荒れるこの時
代だからこそ生まれた曲だろう。マリオ・ワイナンズが手がけた「Wish
Your Love Away」は坂本龍一「Seven Samurai-ending theme」使いで、ネタ
の風味そのままなオリエンタルな作り。　川口

# Origin
## India Shawn

2012 | Self-released

のちにDマイル作「Exchange」という傑作スロウを放つ彼女だが、このデビューEPではソランジュのプロデューサー／ツアードラマーであるジョン・キーがエグゼクティヴ・プロデューサーを務めているだけあってオルタナティヴ感のあるナンバーを展開。オルタナ・ロックっぽい「Like Nobody Else」みたいな曲もあるし。ジェイムス・フォントルロイとヒット・ボーイをフィーチャーした怪しげなミディアム「All I Have」、物悲しい音世界から一転、メレバの登場からの転調にビックリする「No One to Feel」など、一筋縄ではいかない曲がズラリ並んだ興味深い一枚だ。 川口

# Unapologetic
## Rihanna

2012 | SRP / Roc Nation / Def Jam

無敵時代のリアーナは、まさにやりたい放題だ。ハードなダンスとヒップホップによるクラブバンガーが突き抜け、ダブステップにレゲエテイストが浮上してはロックやミッドのバラードに切り替わる。このアルバムに一本線があるとしたら、どこまでも悪びらないバッドギャル美学だろう。元々「人種の壁を超えるヴォーカル」として見出されたポップスターだが、フォロワーが大量発生していた頃の代表曲「Diamonds」では、かすれながらも儚さを帯びた歌声の唯一性と普遍性を証明している。 辰巳

# Girl on Fire
## Alicia Keys

2012 | RCA

当代きってのソウルシンガーは時代の空気を読むのもうまい。フランク・オーシャン、ブルーノ・マーズ、ジェイミー・エックス・エックスといった豪華アーティストが制作に名を連ねた本作は、アリシアらしい力強いソウルを軸に、アンビエントな雰囲気もそこかしこに散りばめた逸品。儚げな歌声が印象的なロドニー・ジャーキンス作のスペーシー・ミディアム「Listen to Your Heart」、ポップ&オークが手がけたマックスウェルとのデュエット「Fire We Make」はその最たる例だろう。これまたポップ&オーク作「Limitedless」もレゲエ風味で楽しい一曲。 川口

# True
## Solange

2012 | Terrible | ◉ジャケットは限定版

インディロック・バンド、グリズリー・ベアのクリス・テイラーが主宰するレーベル、テリブルからリリースされた傑作EP。ライトスピード・チャンピオン〜ブラッド・オレンジことデヴ・ハインズが全面プロデュースした本作は、マドンナを彷彿とさせる「Losing You」や、ジャム&ルイスが手がけていた頃のジャネットを彷彿とさせる「Locked in Closets」など、ニューウェイヴ〜80sエレクトロ・ポップ／ファンク満載な一枚。翌年ケンドリック・ラマー参加の完全版がリリースされたインタールード「Looks Good with Trouble」のアンビエントな音世界も文句なし。 川口

# Unorthodox Jukebox

## Bruno Mars

2012 | Atlantic

プロデュース・チームであるザ・スミージントンズに加えてマーク・ロンソンやディプロなどが参加。成功を収めたファーストアルバムと同様に様々なジャンルにまたがった、アイデンティティの探求とも呼べそうなサウンドは、タイトルにあるような伝統を逸脱する要素は薄く、純粋にマーズの持つ音楽的雑食性を物語っている。「Show Me」はレゲエが盛んな彼の地元ハワイを思わせるものの、それ以上にシルキーで時おり潰れてしゃがれる歌声が突き抜けてすばらしく、ブルーノ・マーズのヴォーカリストとしての実力を堪能できる一作だ。　高久

# A Love Surreal

## Bilal

2013 | eOne

過去、ソウルクエリアンズ関連と近いところで活動を展開していたビラルだが、その後ケンドリック・ラマーやロバート・グラスパー含めさらなる幅広いジャンルの音楽家と共演、独自の立ち位置を築く。男性視点の『Airtight's Revenge』(2010)に対して本作は女性視点で書かれたとのことで、かつ、シュルレアリスム絵画からもインスピレーションを得たらしい。当時ピッチフォークは「大きく弧を描くメロディには乏しいが、ありえないかたちに声を変形させるのは面白い」と評している。そう、それこそがオルタナティヴR&Bの確かな要素のひとつだ。　つや

# New Orleans

## PJ Morton

2013 | Young Money / Cash Money

マルーン5の(準)メンバーとして活躍したPJモートン。同バンドではロックを軸にクロスオーヴァーを進めてきたが、本作で聴かせるのは陽気なムードをまとったオーガニックなソウルだ。アダム・レヴィーンを迎えた「Heavy」ではロック色も覗かせるがあくまでもファンキー。バスタ・ライムスを迎えた「Never Get Over You」もすばらしい。他ジャンルを巻き込みつつポップに聴かせるこの手腕は、同郷のジョン・バティステののちの試みのプロトタイプとしても楽しめる。なお、レーベルは意外にもヤング・マネー。　アボ

# ManMade

## Zo!

2013 | The Foreign Exchange Music

フォーリン・エクスチェンジー派のキーボーディストによる、シンガーを迎えてのリーダー作第二弾(インスト・リーダー作も出している)。共同プロデュースを務めた盟友フォンテをはじめ、エリック・ロバーソン、サイ・スミス、アンソニー・デイヴィッド等が集結し、様々なビートミュージックを展開。リズムパターンは複雑なれどメロディはメロウで心地よい、ジャンヌ・ジョリー参加の「Tell Me Something New」、フォンテとチョコレート参加のスペーシー・ファンク「Out in the World」など"陽"なナンバーがほとんどで、聴いていて心が晴れる一枚だ。　川口

萌芽期 | 2009 ▶ 2015

# PARTYNEXTDOOR
## PARTYNEXTDOOR
2013 | OVO

カナダはオンタリオ出身のプロデューサー／シンガーソングライター、
パーティーネクストドアことジャーロン・ブラスウェイトによる初のミックステープは、ドレイク率いるOVOサウンドからのリリース。深夜のクラブに漂う不吉さと艶やかさを映したかのような彼の歌声は心地よい場所に留まりながらも、時にリズミカルに用いられ魅力を維持する。また、ドレイクが援護射撃する「Over There」での弾力のあるパーカッションとのコントラストなども見事で、プロデューサーとして、シンガーである自身の強みを引き出している。　高久

# Where Does This Door Go
## Mayer Hawthorne
2013 | Republic

DJヘアカット名義でヒップホップに取り組んでいたデトロイト出身のアンドリュー・メイヤー・コーエンが、白人R&Bシンガー、メイヤー・ホーソーンに変身したのは2008年のこと。そのスウィート・ソウルへのめくるめく愛と歌心が話題を呼んで、ついにメジャー移籍を成し遂げたのが本作だった。それまでセルフプロデュースだったが、本作ではジャック・スプラッシュやファレルらの助けも仰ぎ、これまで以上に歌唱に打ち込んでいる。「Crime」ではケンドリック・ラマーも客演。　長谷川

# Body Music
## AlunaGeorge
2013 | Island

当時のBBC「サウンド・オブ〜」はオルタナティヴR&Bの胎動を（なかば無意識に）反映しており、2011年の2位がジェイムス・ブレイク、2012年の2位がフランク・オーシャン、そして2013年の2位がロンドン拠点のデュオ、アルーナ・ジョージだった。どれも2位という点にリアリティが感じられる。ティンバランドとダブステップを資源にエレクトロとシンセで塗り固めたサウンドを構築し、R&Bらしい歌唱を乗せてひとつの可能性を打ち立てた本作。モンテル・ジョーダン「This Is How We Do It」のカヴァーも収録されており、R&Bの文脈をきちんと訴求。　つや

# The Electric Lady
## Janelle Monáe
2013 | Wondaland / Bad Boy

EP『Metropolis』から続く「メトロポリス組曲」の4部と5部にあたるセカンドアルバム。自身のオルターエゴ「シンディ・メイウェザー」を通して語られる社会的メッセージと豊富な音楽的ヴォキャブラリーがダイナミックに絡みあった内容は、プログレッシヴ・ソウルのひとつの到達点。「Q.U.E.E.N.」や「Ghetto Woman」などのエンパワーメントソングに漲る力強い意志がトータル性の高い作品をさらに引き締めている。敬愛するプリンスをはじめ、エリカ・バドゥ、ミゲル、ソランジュら強者が並ぶゲストの人選からも本人の自信がうかがえる。　高橋

# Pull My Hair Back

## Jessy Lanza

2013 | Hyperdub

ブレイク前夜のファーストアルバムで、共同プロデュースはジュニア・ボーイズのジェレミー・グリーンスパン。リヴァーブマシマシで浮遊する囁き声はもちろん魅力だが、やはりプロダクションが肝で、アナログシンセのシーケンスや煌びやかなフレーズ、シンセベースのうねり、ドラムマシンのフェティッシュなビート、ベッドルーム的でローファイな音像に惹かれる。そしてそれは当然、ゼロ年代末から続くドリームポップやダウンテンポの成果として現れた音だった。初期シカゴハウスやデトロイトテクノの粗さとニューウェイヴの華の10年代的衝突。　天野

# Kiss Land

## The Weeknd

2013 | XO / Republic

カナダはトロント出身のシンガーソングライター／プロデューサーによる、メジャー・ファーストアルバム。ジョン・カーペンターやリドリー・スコットなどの映画監督からインスパイアされたホラー映画のような作品だと自身が形容するように、エクスペリメンタルな要素も含むサウンドに大胆な起伏はなく、ジリジリと恐怖を誘う。リリース当初は『House of Balloons』などのミックステープと比較され評価の振るわなかった印象だが、契機を迎えた彼の心境が垣間見える、ファンにとってはより重要なアルバムだろう。　高久

# Love in Flying Colors

## The Foreign Exchange

2013 | The Foreign Exchange Music

傑作『Leave It All Behind』でのフォンテのシンガー化から5年。デュオとしては久々の作品となった本作でも、フォンテはラップではなく歌をメインのアプローチとして選択した。ニコレイのサウンドはこれまでよりもブギー色が強くなっており、ダフト・パンクやタキシードなどとの同時代性が感じられる。そんななか、「Better」ではループ感の強いブーンバップ的なビートでフォンテもラップを披露。このふたりは元々ヒップホップデュオであり、フォンテは「歌えるラッパー」であることを思い出させてくれる。　アポ

# Feel Good

## The Internet

2013 | Odd Future / Sony

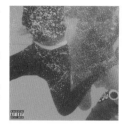

LAのヒップホップ・コレクティヴ、オッド・フューチャーのメンバーだったシドとマット・マーシャンズが結成したジ・インターネットは、リリックの猟奇趣味に霞みがちだったオッド・フューチャーのメロウでセンシュアルな音楽性を前面に押し出したR&Bユニット。チャド・ヒューゴも助力した「Dontcha」をフィーチャーしたこのセカンド作は、結成当時にふたりがやりたかった音楽が高次元で達成された充実作だ。なお次作『Ego Death』から当時高校生だった天才スティーヴ・レイシーが加入し、バンドはさらなる進化を遂げていく。　長谷川

## Ice Cream Everyday

### Amel Larrieux

2013 | Blisslife

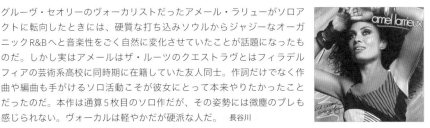

グルーヴ・セオリーのヴォーカリストだったアメール・ラリューがソロアクトに転向したときには、硬質な打ち込みソウルからジャジーなオーガニックR&Bへと音楽性をごく自然に変化させていたことが話題になったものだ。しかし実はアメールはザ・ルーツのクエストラヴとはフィラデルフィアの芸術系高校に同時期に在籍していた友人同士。作詞だけでなく作曲や編曲も手がけるソロ活動こそが彼女にとって本来やりたかったことだったのだ。本作は通算5枚目のソロ作だが、その姿勢には微塵のブレも感じられない。ヴォーカルは軽やかだが硬派な人だ。　長谷川

## Lift Your Spirit

### Aloe Blacc

2013 | XIX / Interscope

1979年カリフォルニア生まれのR&Bシンガーによるメジャー第1作。それ以前に所属していたストーンズ・スロウで培った「ヒップホップのフィルターを通したオールドR&B」感覚はそのままに、アヴィーチーのEDMアンセム「Wake Me Up」への参加経験などをフィードバックすることで、楽曲のスケールを一気にメジャー化させている。アップリフティングな「The Man」はエルトン・ジョン「Your Song」の引用も効いたのか、米国以上に英国で大ヒットした。プロデュース陣はDJカリルを中心にファレル・ウィリアムスの名も。　長谷川

## Black Radio 2

### Robert Glasper Experiment

2013 | Blue Note

R&Bやヒップホップ勢とのコラボでジャズ側からは斬新に映った意欲作の第二弾。"エクスペリメント"のドラマーがマーク・コレンバーグに交代して人力ドラムンベースも披露するが、ネオソウル人脈とのパイプ役となった学友ビラルの続投を含めて、グラスパーの静謐でメロウな鍵盤の上でゲストを泳がせる基本線は変わらない。ジル・スコット、ドゥウェレ、アンソニー・ハミルトン、コモンらとの相性は当然よく、ブランディやフェイス・エヴァンスもゴスペル由来の声で快唱。「Jesus Children」におけるレイラ・ハサウェイの歌も、重く深く胸に響く。　林

## Nocturnal

### Yuna

2013 | Verve

マレーシア出身のシンガーソングライターが名門ヴァーヴに移籍してリリースしたインターナショナル・アルバム第二弾。チャド・ヒューゴ、ロビン・ハンニバル、オンマス・キースら当時のインディR&Bの台頭を踏まえたプロデューサーのキャスティングに目を引かれるが、音楽的には浮遊感のあるドリームポップを主軸とする構成。R&B的な妙味は希薄だが、ラナ・デル・レイ『Born to Die』に参加していたクリス・ブレイド制作の「Escape」など、この手のサウンドとアトモスフェリックなR&Bとの親和性の高さがよくわかる作品ではある。　高橋

# Cupid Deluxe
## Blood Orange

2013 | Domino

シエラレオネ共和国出身の父とガイアナ共和国出身の母をルーツに持ちイギリスで過ごしたデヴ・ハインズは、ニューヨークに移り名義をブラッド・オレンジに変え活動を開始する。元々テスト・アイシクルズ名義でダンス・パンクなどをやっていたが、本作では不確かな自身のアイデンティティにあらためて立脚したうえでディスコ〜ダンス音楽を様々なあわいへと引き込み、アフリカ音楽やファンクの解放感をそれら狭間へと溶け込ませた。キャロライン・ポラチェックなどのゲストも含め、文脈的にも"インディR&B"なる呼称がハマる傑作。　つや

# Black Water
## Tinashe

2013 | Self-released

よりディープな方向に進んだ3作目のミックステープ。制作はボーイ・ワンダー、フランク・デュークス、ライアン・ヘムズワースらで、デヴ・ハインズが手がけた「Fugitive」はらしい仕上がり。ブレイク以前のトラヴィス・スコットが客演したダウナーな「Vulnerable」は、カニエをサンプリングした運命的な曲。トニー・トニー・トニーのクラシック「Anniversary」を引用した「Just a Taste」はまさに90s風で、アリーヤ的繊細さとディーヴァ的に歌いあげる狂おしさの両方を行き来し、歌手としての力を感じる。　天野

# Call Me Crazy, But...
## Sevyn Streeter

2013 | Atlantic

セヴン・ストリーターは苦労人で、所属していたグループの活動が二度も行きづまったのちに（ひとつはあのリッチガール）、ソングライターとして参加したアリアナ・グランデ「The Way」やクリス・ブラウン「Yeah 3x」等が注目を集めた。その後ソロデビュー、初のまとまった作品がこちら。という背景もあり実力は申し分なく、クリス・ブラウンとの「It Won't Stop」や「Shattered」などややアブストラクト・タッチなトラックが目立つ。必聴は「Call Me Crazy」で、ドタバタなリズム隊にエレキギターまで絡む大忙しなビートがトゥーマッチで痺れる。　つや

# Sail Out
## Jhené Aiko

2013 | ARTium / Def Jam

7曲入りEP。にもかかわらず、ケンドリック・ラマー、チャイルディッシュ・ガンビーノ、アブ・ソウル等が参加しているというところに、2011年のミックステープ『Sailing Soul(s)』で彼女がどれだけ高い評価を受けたのかがよくわかる。ジョン＆ヨーコのアレからインスパイアを受けたという夢心地な「Bed Peace」から、ジェイ・Z「Excuse Me Miss」を引用した「The Worst」、ダークで重厚感のある音世界と彼女の可憐な歌声とのコントラストに惹き込まれる「3:16AM」まで曲のタイプは様々なれど、甘く儚く、時に語るように歌う彼女のヴォーカルはどの曲でも本当に魅力的だ。　川口

# BEYONCÉ
## Beyoncé
2013 | Parkwood / Columbia

全作必聴なビヨンセのディスコグラフィのなかで、主流誌もオルタナメディアも称賛する超重要作。サプライズリリースという手法、ヴィジュアル・アルバムという形態、ブラックフェミニスト的姿勢から資本主義批判まで思想の反映等々、時代を嗅ぎとり、時代に先んじる力が凝縮されている。ロック系のブーツをプロデューサーに抜擢し、サウンドを拡大した点もすばらしい。『Lemonade』も『RENAISSANCE』もこれがなければ生まれていない。「Drunk in Love」の絶唱の前で、夫ジェイ・Zのヴァースは霞んでいる。　天野

# Metaphysical
## Sidibe
2014 | Self-released

シャーデーとジャネット・ジャクソンの魅力を兼ね備え、故プリンスからも注目された、米ルイジアナとセネガルにルーツを持つシンガー。2020年以降もインディペンデントで精力的に作品を出している彼女が、初期に発表していたEPサイズのアルバムである。現在も制作パートナーとして彼女を支えるニコ・スタディのプロデュースで、90年代風のハウス・ナンバーも含むが、水晶のような透明感のあるハイトーンヴォイスで囁くように歌う妖美な音世界はこの頃からの持ち味だった。神秘的な無国籍系オルタナR&Bの先駆けともいえる気高いソウル集だ。　林

# Days & Nights
## Daley
2014 | Republic

ゴリラズへの客演で注目を集めたマンチェスター出身のシンガーの初フル作。時おり女性かと聴き間違うほど繊細なヴォーカルは、プリンス～エル・デバージの系譜ともいえるだろう。ファレル制作のミッド「Look Up」やラリー・ゴールドがアレンジを担う「Blame the World」など70年代ソウル風の楽曲からポップス曲までを情感たっぷりに歌いあげる。女性シンガーとの相性もよく、本作ではマーシャ・アンブロージアス、次作ではジル・スコットと共演。ブラックコミュニティから手厚い支持を受けるのも納得の才能だ。　Y

# Rise of the Phoenix Mermaid
## The Floacist
2014 | Shanachie

詩人でありラッパーのフロエシストは、イギリス出身のシンガーソングライター。元々はネオソウル・デュオであるフロエトリーの片割れとして活動を開始し、2010年からソロでもリリース、本作は3作目。時にポエトリー気味になるそのウィスパー系歌唱がアフリカンなトラックと絡みあい、「Omi o!」はじめ自らのルーツを誇る歌詞とも共振しながら響く。「Mami Loves You」のジャズ風味など、多彩な音楽性を包括しながらも輪郭を曖昧にし、ふわふわと煙に巻くようなヴォーカルがエレガント。掴みどころなく彷徨う様子がオルタナティヴ的だ。　つや

# Z

## SZA

ケンドリック・ラマー作品のリリースでも知られているレーベル、トップ・ドッグ・エンターテインメントと契約した初の女性R&Bシンガー、SZAによる3作目（TDEからは1作目）のEPは静けさと共にある。プロデュースにマック・ミラーやトロ・イ・モアらが参加し、客演にはレーベルメイトのほかにチャンス・ザ・ラッパーも加わった豪華な布陣で、それだけでも一聴の価値はあるだろう。そしてSZAの歌声はそのなかで控えめに、緩やかなサウンドに沿ったアプローチで流れていく。正直で脆弱なクイーンの誕生前夜。　高久

# Testimony

## August Alsina

2014年の「XXLフレッシュマン・クラス」に選出されデフ・ジャムより初のフルアルバムとなる本作をリリースしたオーガスト・アルシーナは、ストリート系R&Bシンガーのなかで2010年代なかばに最も成功したひとりだろう。家族の死やドラッグディール稼業など壮絶な過去を持つ彼が、甘い声で念じるように歌う「I Luv This Shit」など佳曲揃い。「Mama」では母の教えに対し感謝と愛を伝え、涙を誘う。ヒップホップのフィーリングをふんだんに取り入れながらも甘く切ないスロウジャムを紡いだ作品として、2010年代のR&Bの貴重なヴァリエーションのひとつとして数えられる。　つや

# Food

## Kelis

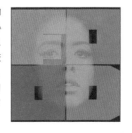

1979年ニューヨーク生まれ。ネプチューンズに見出され、一時期はEDM路線を走っていたケリスだがロックバンド、TVオン・ザ・レディオの中心人物デイヴ・シーテックをプロデューサーに迎えた本作では、ホーンやストリングスも配したフルバンドをフィーチャー。フランス料理の一流学校「コルドン・ブルー」でシェフの資格も取得したほど料理上手の彼女らしく、ルーツであるゴスペルからニューソウル（ラビ・シフレ「Bless the Telephone」をカヴァー）、そしてロックやアフロ・ファンクまで網羅した栄養満点のフルコース作をふるまってくれる。　長谷川

# Love Apparatus

## Jesse Boykins III

LAに拠点に移してから、2017年にデフ・ジャム、2023年にはインディペンデントでオルタナティヴな快作を出した奇才だが、かつてはNYでロマンティック・ムーヴメントというアート・コレクティヴを主宰していた。メロー・Xとの共演を挟んで出した2作目の公式ソロアルバムとなる本作はその頃の作品だ。マシーンドラムと組み、セオフィラス・ロンドンとの再共演も含めてベースミュージックの片鱗も見せつつ、盟友のビラルに通じるエキセントリックなネオソウルを披露。ファルセットを交えた妖しく官能的な歌が狂おしい。フォンテも客演。　林

# Yellow Memories
## Fatima
2014 | Eglo

ストックホルム生まれ、ロンドンで活動する歌い手のデビューアルバムは、アレクサンダー・ナット＆サム・シェパードが運営するエグロから。そのことからもわかる通り英国らしくダンスミュージック・シーンとの繋がりが重要で、フローティング・ポインツことサムからシャフィーク・フセイン、ナリッジ、セオ・パリッシュまでが参加。奇妙なマシーンファンクもジャズもネオソウルもブーンバップもあり、10年代後半から盛りあがったUKジャズとの橋渡しも感じられるが、あくまでも主役はそのハスキーで堂々としたアルトヴォイスである。　天野

# Mali Is...
## Mali Music
2014 | ByStorm / RCA

ホセ・ジェイムズがオルタナR&B的な方向に振りきった2017年作『Love in a Time of Madness』のキーマンとなった人だ。初期のアルバムも越境型のゴスペル作品で、ミゲルを送り出したマーク・ピッツ主宰のバイストームと契約してRCAから発表した本作でも聖俗をまたいで多様なスタイルに取り組んでいる。一時期エイコンのコンヴィクトに在籍していた彼らしいヒップホップ×レゲエ的な曲も含み、ジェリー・デュプレシスが多くを手がけた本作からは、クリスチャニティの滲むバラード「Beautiful」がヒット。Dマイル製の攻めた楽曲も情熱的に歌う。　林

# Friends & Lovers
## Marsha Ambrosius
2014 | RCA

女性R&Bデュオ、フロエトリーの片割れで、マイケル・ジャクソン後期の名曲「Butterflies」の作者でもあるマーシャ・アンブロージアスのセカンド・ソロ作。フィラデルフィア出身らしいオーガニックでナチュラルな音楽性はそのままに、時おり熱い表情も。ミニー・リパートンの名曲「Lovin' You」を本歌取りした「La La La La La」や、ジェリー・ザ・ダマジャのヒップホップ・クラシック「Come Clean」のビートに乗ってシャーデーの名曲をカヴァーしたドクター・ドレー制作曲「Stronger」など、密度の高い楽曲が並んだアルバムだ。　長谷川

# PARTYNEXTDOOR TWO
## PARTYNEXTDOOR
2014 | OVO / Warner

ドレイクとノア“40”が設立したレーベル、OVOサウンドが最初に契約したプロデューサー／シンガーソングライターが、1993年カナダ・オンタリオ生まれのパーティーネクストドアこと、ジャーロン・アンソニー・ブラスウェイトである。正式なデビューアルバム（ちなみに『ONE』はミックステープ扱い）となった本作では、プラチナを記録した大ヒットシングル「Recognize」でも共演している兄貴分ドレイク同様、オートチューンを多用しながらも、孤独と焦燥感に溢れたメロウな歌世界を描いて個性を発揮している。　長谷川

# Tough Love
## Jessie Ware

2014 | PMR / Island

デビュー作ではエレクトロニクスの導入によって正統派ブルーアイド・ソウル～AORの先鋭化に成功。2枚目の本作ではエド・シーランやミゲルの参加、ベニー・ブランコのプロデュースなども目を引くが、そうした歌モノの売れ線ナンバーがあることでむしろ、デビュー作でも組んだニンジャ・チューン出身のデイヴ・オクムのミニマルビートが光るインディ・ディスコ～ディープ・ハウス風の楽曲の個性が立っている印象だ。サードでの行きづまりを思うと、インディ的知性をメジャーフィールドで昇華した初期作のなかでは本作がピークだろう。　井草

# Cloud 19
## Kehlani

2014 | TSNMI

トニー・トニー・トニーやキーシャ・コールなど、「ヒップホップ時代におけるソウル」に取り組むアーティストを多数輩出してきたベイエリア。2010年代の同地のシーンを代表するひとり、ケラーニの初ソロ作品が本作だ。紛れもなく「R&Bシンガーの歌い方」ながら、まるでラッパーのようにラフで、ビートを柔軟に捌いていくケラーニは、まさに2010年代ソウルの体現者である。トラップ要素を取り入れつつハードにならないサウンドも見事だ。「How We Do Us」では、のちのアルバムに繋がるR&B名曲ネタ使いも聴ける。　アボ

# Goddess
## BANKS

2014 | Harvest

「R&Bと呼ばれてるものは私にとってソウル」。バンクスの言葉は、作家性そのものを示していたかもしれない。リリース当時、陰鬱に歪むビートに特徴づけられたインディR&Bエレクトロとして「サッドガール」くくりに入れられがちだったが、本人にとって「女神」と冠された本作のほとんどがエンパワーメントソングだった。傷心や怨恨をあらわにして前に進んでいくストレートでソウルフルな意志は、終幕「Under the Table」の一節からも聴いてとれる。「失恋はあなたのゲームだけど、私は学んでいってる」　辰巳

# Kauai
## Childish Gambino

2014 | Glassnote

『アトランタ』のクリエイターとして知られる俳優兼脚本家のドナルド・グローヴァーが、音楽に取り組むときのステージネームがチャイルディッシュ・ガンビーノである。その名から想像できるように、本来の音楽性はヒップホップなのだが、ミックステープとして発表したこのEPではタイトル通り、爽やかな歌声でリゾート感覚あふれるR&Bソングを聴かせている。プロデュース・共作は、のちに『ブラックパンサー』や『オッペンハイマー』のスコアを手がけるルドウィグ・ゴランソン。ゲストにウィル・スミスの息子ジェイデンらが参加している。　長谷川

# Aquarius
## Tinashe

2014 | RCA

ティーンアイドルとして出発し、ミックステープの評判を受けてアルバム
デビューを飾った点では、アンビエントな作風や官能的な歌声も含めて
ジェネイ・アイコと似た存在だ。そのメジャー第一弾では、エイサップ・
ロッキーらと共演してメインストリームと歩調を合わせつつ、デヴ・ハイ
ンズらと絡んでFKAツイッグスあたりに通じるオルタナティヴで近未来的
な楽曲を披露。ジャネット・ジャクソン曲を引用した「How Many Times」
はそれら双方の魅力を併せ持つ美曲だ。DJマスタードによるエラ・メイ以
前のトラップ系R&B「2 On」も忘れがたい。　林

# 1021
## Rochelle Jordan

2014 | Protostar

ジャマイカ系イギリス人の両親のもとトロントで育ったロシェル・ジョー
ダンがLAで制作したデビュー作。KLSHの西海岸らしいビートとベッド
ルームで録音したロシェルの囁くような歌声がマッチし、人気曲「Lowkey」
を筆頭にアリーヤや初期エイメリーにも通じるフューチャリスティックな
音像を演出。アンビエントとR&Bが違和感なく溶け込む様は、ドレイクや
ザ・ウィークエンドら同郷のスターの影響も覗かせる。本作後7年の沈黙
を経て発表された2021年作では、マシーンドラムらを起用し格段にスケー
ルを増して返り咲いた。　Y

# Por Vida
## Kali Uchis

2015 | Self-released

溶けてしまいそうな甘さで、心地よさに支配されてしまう。すべて彼女の
手のなかで踊っているみたいだ。いや、きっと気がつかないのだろう。そ
の夢から覚めるまでは──。コロンビア出身のアメリカ人シンガー、カリ・
ウチスのデビューEPは、粉砂糖をたっぷりとまぶした歌声で、ほとんどス
ロウに、たとえば「Call Me」ではドリーミーに、たとえば「Know What I
Want」ではレゲエっぽく、たとえば「Speed」ではダビーに、愛を歌いあげ
る。でもそれは献身的に男性に身を捧げる様ではない。タクトはいつも彼
女の手に握られている。　高久

# Tuxedo
## Tuxedo

2015 | Stones Throw

シンガー兼プロデューサー兼DJのメイヤー・ホーソーンとデ・ラ・ソウル
などの作品を手がけ、グラミーの歴史にも名前が刻まれているヒップホッ
プ・プロデューサーであるジェイク・ワンからなるユニット、タキシード
のファーストアルバムは、世代を問わず踊れるディスコ・ファンクだ。磨
きあげた歌とヒップホップ的手法が持ち込まれているのは言うまでもない
が、なによりそのストレートなパーティーミュージックっぷりは懐古主義
の重苦しささえ吹き飛ばしてくれる。同じく70年代のリヴァイヴァルとも
いえるダフト・パンクの諸作と聴き比べてみるのも楽しそうだ。　高久

# Amethyst
## Tinashe

2015 | Self-released

歴史を振り返れば、ティナーシェはこの時期レーベルに"飼い殺され"、ある意味では不遇の時代を過ごしていたといえる。そして、そんな時代にあって最も本人のやりたいことを実現できた作品のひとつが本ミックステープである。クリスマス休暇に自室でレコーディングしたという本作は、全編を通じてアトモスフェリックでありながら野心的。特にクール＆ザ・ギャング「Summer Madness」使いの「Wrong」における、徐々に強まっていく重低音のドラムは、彼女の力強いリリックと相まってカッコいい。タイトルは彼女の誕生石から（ティナーシェは2月生まれ）。　奥田

# You Should Be Here
## Kehlani

2015 | TSNMI

ヴァンズのオールドスクールとラップトップを放りだし、あぐらをかき、朝焼けとも夕焼けともつかない綺麗に色づいたベイエリアの空を高層ビルの屋上から見渡すケラーニ。そんな爽やかなカバーアートに違わぬ、よい意味でインディらしい軽さ・清々しさの感じられる作品。イントロで語られるモチベーショナルな言葉は、終盤の「何があってもきっと大丈夫」と歌う「Be Alright」や「Bright」といった楽曲にも通じる。チャンス・ザ・ラッパー、BJ・ザ・シカゴ・キッドらに加え、ケラーニの妹分でもあった故レクシー・アリジャイも参加。　奥田

# Urban Flora
## Alina Baraz & Galimatias

2015 | Ultra

繊細なエレクトロニック音楽を紡ぎだすガリマティアスと、チルなダウンビートR&Bを歌うアリーナ・バラスが出会った幸福な一作。と同時に、2010年代なかばのオルタナティヴR&Bを代表する傑作だ。レイヤーは複層的だが、随所に水や風といった自然の音が散りばめられることで息苦しさはない。かつ、輪郭がぼかされエコーが加えられた結果、トップラインのメロディはじんわりと滲み霧散していく。明らかに声がトラックを構成するひとつの音と化しており、すべてが一体となり神秘的なムードとして漂う。映画のサントラのような趣も。　つや

# Rose
## ABRA

2015 | Awful / Ninja Tune

アトランタ拠点のシンガーソングライターでありプロデューサーの本作は、ブラッド・オレンジ『Cupid Deluxe』等と共に当時の"インディR&B"と呼ばれた同時多発的傑作のうちのひとつ。本人が"Darkwave Duchess"と称するそれは、自宅のベッドルームで組まれ音数の抑制された控えめなトラックながら、余白がたっぷり設けられ、エフェクトとリヴァーブにより気怠いダークポップとして成立している。シンセファンクがサウス・トラップのフィールを通過することによって淫靡さを獲得した好例であり、中毒性が高い。　つや

## Shadows & Diamonds
### Elijah Blake

2015 | ARTium / Def Jam

10代後半でアッシャーの「Climax」(2012)を共作していたドミニカ共和国出身の俊英。若くして音楽業界の酸いも甘いも噛み分けた彼が満を持してノー・I.D.のアーティウムから発表した公式デビューアルバムは、イランジェロ、B.スレイド、ジェンバ・ジェンバ、ハッピー・ペレス、ジェイムズ・ポイザーといった気鋭のクリエイターを迎えて、全体をノー・I.D.がまとめあげている。曲によってはカリブ風味を漂わせ、ポップな側面と尖鋭的な側面をどちらかに偏ることなく表現。力強い地声と甘美な裏声をなめらかに繋ぐ歌唱で若いエネルギーを発散していく。　林

## Wildheart
### Miguel

2015 | Black Ice / ByStorm / RCA

1985年LA生まれのシンガーソングライターによる、目下のところの最大のヒット作。60年代後半から70年代前半にかけてのソウルをルーツに持つ彼だが、本作ではそれと同時代のロックの要素を持ち込み、ウィークポイントだった線の細さの克服に成功している。本作を境にサイケロック色を導入するアーティストが激増したことを考えると、シーンに転換をもたらした重要作といえるだろう。シングル「Coffee」はグラミー賞の最優秀R&Bソング賞にノミネートされた。ゲストは同種の音楽の大先輩レニー・クラヴィッツ、同じくLAを拠点とするコラプトら。　長谷川

## In Another Life
### Bilal

2015 | eOne

ソウルクエリアンズ周辺のネオソウル系シンガーといったイメージが強いが、初期にはドクター・ドレーとも組み、2010年代以降も盟友のロバート・グラスパーやBIGYUKIらと共演して、耽美でシュールな音世界に浸りながら尖りつづけているビラル。本作ではヒップホップのフィルターを通したレトロ・ソウル表現で気を吐く鬼才エイドリアン・ヤングと組み、サイケデリックな音像と共に自身の奇怪さを際立たせている。ビラルを自作に招いたケンドリック・ラマーのほか、ビッグ・クリットやキンブラとも一緒になって現代のソウルを歌っていく。　林

## BEcoming
### Stacy Barthe

2015 | Homeschool / Motown

NYブルックリン出身のハイチ系で、ソングライターとしてリアーナやケイティ・ペリーなどの曲でペンを交えてきた人だ。シンガーとしての初フルアルバムは、フランク・オーシャンも手がけるマレーを中心に、DJキャンパーらが制作。裏方仕事に通じるポップなセンスが随所に滲み出るが、過去の自殺願望や鬱病、飲酒トラブル、体重減量などパーソナルなことを歌った楽曲は、コモンを招いたポジティブな曲も含めて内省的でオルタナティヴなムードが漂う。ジョン・レジェンドと歌うアニタ・ベイカー「Angel」のヒップホップ・ソウル風カヴァーも上々だ。　林

# Blood

## Lianne La Havas

2015 | Nonesuch / Warner Bros.

持ち味の温かなオーガニックサウンドに奥行きを持たせた2作目。ポール・エプワースによる冒頭ナンバーはもちろん、ドクター・ドレーの相棒＝マーク・バトソンらを迎え、低音の重たい鳴りと、オケ、エレクトロニック、コーラスの丁寧なレイヤーの対比とが、"よく出来たネオソウル"以上のリッチさを担保。ジャマイカとギリシャというルーツへの眼差しはタイトルにも表れており、ジャマイカ系プロデューサーとのダンスホール風の「Midnight」、血が沸くような「Grow」へとアツさが滾る後半の流れも必聴。　井草

# Seven Sundays

## SiR

2015 | Fresh Selects

のちにケンドリック・ラマーやSZAを輩出したTDEと契約するイングルウッド出身のR&Bシンガーが、サウンドクラウド上で発表したデビュー作。ソングライターとして、ジル・スコットやタイリースといったオーソドックスな実力派シンガーの楽曲に関わってきた彼だが、本作では浮遊感のあるトラックに繊細なヴォーカルを溶け込ませることで、中毒性の高いアルバムに仕上げている。アンダーソン・パークやノウレッジ、クリス・デイヴ、そして実兄のラッパー、D・スモークという未来のVIPたちが参加していることにも注目したい。　長谷川

# Cognac & Conversation

## Teedra Moses

2015 | Shanachie

2004年のデビュー作『Complex Simplicity』収録の「Be Your Girl」がケイトラナダのリミックスで再ヒットし、多方面で強い人気を誇るティードラ・モーゼス。数枚のミックステープを経てシャナチーから発表された本作では、リック・ロスらと共にストリート色を推し進めつつ、ボーディ・サットヴァらクラブミュージック勢とも接近。アンソニー・ハミルトンとの絶品デュエットも含め彼女の音楽性は現行R&Bとの親和性も高く、2020年以降のシングルやサラーム・レミらへの客演仕事もハズレなし。　Y

# Dornik

## Dornik

2015 | PMR / Island

ジェシー・ウェアのフックアップでPMRから登場した南ロンドンの自作自演シンガー。プリンスのようにドラムマシンやシンセを駆使して楽曲を作り、マイケル・ジャクソンを思わせる繊細な歌唱と多重コーラスで優美なムードを醸成する彼の音楽は、陽気なザ・ウィークエンドといった趣もある。自宅ベッドルームで制作したこのデビュー作は、高速で滑走するポップ・ファンク「Strong」と続くメロウな「Blush」の前半2曲から鮮烈で、尖鋭とポップのバランスが絶妙。オッド・フューチャーの覆面ソングライターだったという過去にも頷ける良曲が揃う。　林

## Tales from the Land of Milk and Honey
### The Foreign Exchange

2015 | The Foreign Exchange Music

ラップ・グループ、リトル・ブラザーのメンバーだったフォンテがオーケイ・プレイヤーのネット掲示板で知りあったオランダ出身のビートメイカー、ニコレイと結成したユニット、ザ・フォーリン・エクスチェンジ。当初の音楽性はヒップホップだったが、徐々にAOR風味あふれるソウル・デュオへと変貌していった。通算5作目の本作ではブラジリアン・フュージョンから80s風味のシンセファンクまでやりたい放題。それでいて箱庭状態に陥っていないのは、爽やかさとエグ味を併せ持つフォンテのファンキーなヴォーカルがあるからこそだろう。　　長谷川

## Moon Shoes
### Ravyn Lenae

2015 | Self-released | ◉ジャケットは16年に再発されたEP

シカゴ発、レイヴン・レネーはアート系の学校でクラシックを学んでいた16歳のときに本作を自主制作でリリース、早熟の才能として賛辞を浴びた。パーカッシヴなトラックが特長で、影響源として挙げるアウトキャストやティンバランドの要素をよりチェンバーポップとして昇華したうえで繊細な歌唱をもって包んでいる。フルアルバム『HYPNOS』のリリースまではこのあと2022年まで待たねばならないが、のちの「Venom」に繋がっていく「Free Room」のような4つ打ちナンバーも披露、ダンサブルな側面からもインディR&Bの可能性を推し広げた。　　つや

## TRAPSOUL
### Bryson Tiller

2015 | RCA

故スタティック・メジャーと同じケンタッキー出身のブライソン・ティラーは、スウィートな歌だけではなくラップも聴かせるドレイク以降のR&Bシンガーだ。本作はタイトル通りトラップ色の強いサウンドでその自在なヴォーカルが楽しめる作品。ジョデイシィやキース・スウェットなどR&Bネタの多用もトピックで、サウンドや乗せ方はモダンながらR&B史への敬意も同時に感じられる。スタティック・メジャーと縁の深いティンバランドの参加も見逃せない。ここで提示した「トラップ・ソウル」とは、R&Bの伝統を汲んだものなのだ。　　アボ

## Hallucinogen
### Kelela

2015 | Warp

エレクトロニックなダンスミュージックとR&Bに橋をかけるケレラは、この初のEPではとても繊細に、世界へと感情を滑り込ませているかのようだ。全6曲のうち2曲にアルカが参加し、タイトルトラックでは変則的なドラムパターンとディレイのかかったヴォーカルが交錯して美しく瞬く。また、ラストソング「The High」では、鼓動のようなトラックに合わせて「ハイになるためだったら、なんだってする」と静的な歌声を披露。幻覚とはたしかに存在しないものを見ることかもしれないが、感情は存在しているのだ。　　高久

## The Passion Project
### Lido & Santell

2015 | Pelican Fly / Mad Decent

ホールジーはじめ、エラ・メイやチャンス・ザ・ラッパー、BANKSらのプロデュースで知られるプロデューサーのリドが、無名だったサンテルと共に制作したEP。元々リドは幅広いジャンルのビートを手がけるが、本作では1990～2000年代のR&Bに忠実にアプローチ。「Lady's a Hoe」などはその好例だ。オーガズムとドアのノック音を使った「Pillows」は異色の出来で、張りつめたサスペンスが秀逸。EP一枚に漲る緊張感と心地よさのバランスがすばらしく、オルタナティヴR&B全盛の時代にあってこのような作品が生まれていたことを忘れてはならない。　つや

## Free TC
### Ty Dolla $ign

2015 | Atlantic

刑務所の面会所を思わせる窓の向こうで、受話器を耳に当てているタイ・ダラー・サイン。"FREE TC"のタトゥーが施された右手は、終身刑で収監されている実弟のTCに、窓越しにダップしているかのよう。本作はそんな彼の釈放を願って制作されたものである。ただ、そうした文脈よりも、いちリスナー視点で気になるのがゲスト陣の豪華さだ。同郷のスターたちを招いた「LA」に始まり、当時ノリに乗っていた新星フェティ・ワップやレイ・シュリマーらをラジオ向けの楽曲群に起用。結果として、湿っぽさと陽気さのバランスが絶妙な仕上がりに。　奥田

## But You Caint Use My Phone (Mixtape)
### Erykah Badu

2015 | Control Freaq / Motown

きっかけは当時流行中だったドレイク「Hotline Bling」のリミックス。本作には「Cel U Lar Device」として収録されているこの曲を手がけたのは若手DJのザック・ウィットネスで、エリカ・バドゥが直接彼に連絡をとり、本作はわずか11日間、エリカ邸での制作期間を経て完成した。実験的なビートとエリカのフロウの相性は抜群で、アッシャーの同名曲の再解釈「U Don't Have to Call」やかつてのパートナーであるアンドレ3000(!)との「Hello」など、自由に振る舞うエリカが眩しい。　渡辺

## LUXURY
### Alex Isley

2015 | Self-Released

アイズレー・ブラザーズのギタリスト、アーニー・アイズレーの娘によるセカンド作。自主リリースにしてセルフプロデュース、打ち込みもすべて自分(弦は専門家が弾いている)という"親の七光りとは言わせないぞ感"がひしひしと伝わってくる意欲作だが(DIY感が伝わってくるのもまた良し)、浮遊感あふれるスロウ「La Brea」や、メロウ&リラックスな「Inevitable」をはじめ、彼女の儚い歌声を活かした良曲が揃う。インディロックっぽい雰囲気の「String of Pearls」、ケニオン・ディクソンをフィーチャーしたインタールード「Grown」の魅惑的な雰囲気も良し。　川口

# マイケルと クインシーのように

○文──高橋芳朗

## 最重要プロデューサー、ノア"40"シェビブの仕事

本書が標榜するR&Bの新しいムーヴメントのひとつの起点といえるドレイクの出世作『So Far Gone』(2009)。この歴史的なミックステープからは彼のふたりのコラボレーター、のちにトッププロデューサーとして君臨することになるボーイ・ワンダーとノア"40"シェビブを輩出している。共にドレイクと同じカナダはトロントの出身だ。

両者を比較してみると、当初はボーイ・ワンダーの方が存在感で勝っていた記憶がある。彼は『So Far Gone』から生まれたドレイクの初のシングルヒット「Best I Ever Had」のプロデューサーとして脚光を浴びたのち、すぐにエミネム「Not Afraid」(2010)で全米ナンバーワンを獲得。早くから多くの仕事量をこなすと共に次々と華々しい成果をあげていた。

そんなボーイ・ワンダーの活躍ぶりに比べると派手さは欠いていたものの、こと影響力という点においては明らかにノア"40"シェビブがリードしていた。以降シーンに一大潮流を形成するアンビエントでアトモスフェリックなドレイクのシグネチャーサウンドを築きあげたのは、ほかならぬ『So Far Gone』でエグゼクティヴ・プロデューサーを務めていた40だった。

### ◉"40"と呼ばれて

本名をノア・ジェームズ・シェビブと名乗るレバノン系カナダ人の40は1983年3月31日、映画監督のドナルド・シェビブと俳優のテデ・ムーアの間に生を受ける。彼はドレイクと同様に子役としてエンターテインメントの世界に足を踏み入れ、13歳のときに子ども向けのテレビドラマ・シリーズ『ミステリー・グースバンプス』(1996)でデビュー。その後、ソフィア・コッポラ監督の映画『ヴァージン・スーサイズ』(1999)で主人公のリスボン姉妹と交流する男子グループのひとりを演じて高い評価を得ている。

DJとして音楽活動も行なっていた40は、映画『Perfect Pie』(2002)への出演をもって俳優業を引退。プロデューサー／エンジニアに転

身して地元トロントのアーティストと精力的にコラボレーションを
重ねていく。眠る時間を惜しんで一晩中スタジオワークを続けるそ
の仕事ぶりから、いつしか彼は「40 Days & 40 Nights」(キリスト教の
四旬節に由来する)を略して「40」と呼ばれるようになった。

　こうしたなか、40がドレイクと知りあったのは2005年のこと。
当初はエンジニアとアーティストという関係性だったが、2008年に
は『So Far Gone』の制作にあたってプロデューサーを探していたド
レイクの誘いで共同作業を開始。R&Bの好みが共通していたふたり
は、アリーヤ、ジニュワイン、SWV、ジョン・B、プレイヤ、タン
クなどの作品をシェアしながら『So Far Gone』の構想を練っていっ
たという。

　もっとも、『So Far Gone』はなによりもカニエ・ウェストによる
2000年代屈指のゲームチェンジャー『808s & Heartbreak』(2008)の
強い影響下にあった(40は後年になって「お陰でドレイクがいるべき場所
を見つけることができた」とコメントしている)。実際「Say What's Real」
では『808s』の冒頭を飾る「Say You Will」を引用しているが、おそら
くその「Say You Will」をモチーフにして40が作ったの
がトレイ・ソングスとリル・ウェインをフィーチャー
した「Successful」[図1]だ。

図1

SUCCESSFUL

ドレイクの成功物語の
青写真となった「Successful」

　『So Far Gone』からのセカンドシングルに選ばれた
「Successful」はボーイ・ワンダー作の「Best I Ever
Had」ほどの大きなヒットには結びつかなかったもの
の、この曲こそが以降のドレイクの音楽的方向性を示
していた。カニエ自ら「史上初のブラック・ニューウェ
イヴアルバム」と位置づける『808s & Heartbreak』のエ
ポック性はいまや現代ポップミュージックのコンセン
サスとして確立されているが、その革新性を、
「Successful」を含む『So Far Gone』を通じていち早く
昇華した40(とドレイク)は『808s』の最速にして最良の
継承者といえるだろう。

◉憧れのシャーデー

このドレイク『So Far Gone』と続くデビューアルバム『Thank Me
Later』(2010)の成功によって一定の評価を得た40は、並行してアリ
シア・キーズ「Un-Thinkable (I'm Ready)」(2009)、ジェイミー・
フォックス「Fall for Your Type」(2010)、DJキャレド「I'm on One」
(2011)などのヒットシングルの制作に関与。そんななか当時の彼の
仕事で見逃せないのが、シャーデー『The Ultimate Collection』[図2]

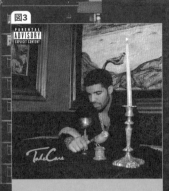

図2

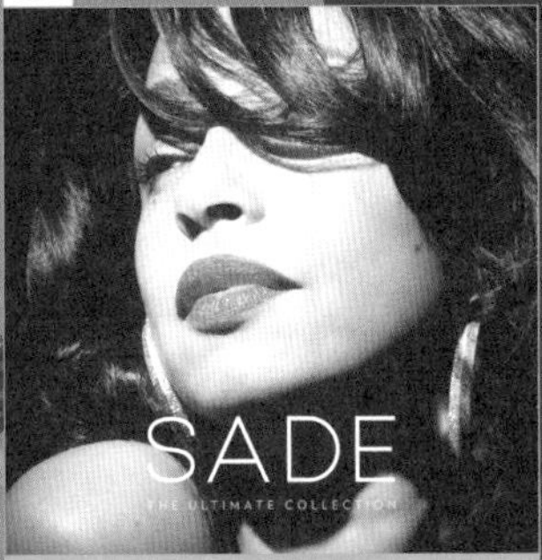

シャーデーのベストアルバム
「The Ultimate Collection」

(2011)の目玉曲のひとつとして作られた「The Moon and the Sky（Remix）」だ。

ドレイクが脇腹にシャーデー・アデュのタトゥーを入れるほどの彼女のファンであることはよく知られた話だろう。彼はシャーデーの「King of Sorrow」(2000)を引きあいに出して『So Far Gone』収録の「Lust for Life」「Houstatlantavegas」「The Calm」を"Sade moments"と名づけ、さらに「シャーデーをヒップホップの世界に取り入れる方法がないか実験してみたい」と『Thank Me Later』でのコラボレーションを画策していたが、実は40もシャーデーから強い影響を受けていることを認めている。

40は「音楽制作で最も重要なのはアーティストのための余白を作ること」と主張しているが、彼はそれにあたってシャーデーの楽曲を参考にしてヴォーカルの周波数に余白を作りだし、ドレイクの声が引き立つよう設計していることを明らかにしている。こうした背景を踏まえると、サウンド面でのひとつの指標であったシャーデーからブレイク後早々にしてリミックスのオファーがあったことは、40はもちろんドレイクにとっても大きな自信に繋がったのではないだろうか。

**◉Best Producer Drake Ever Had——ドレイクにとっての最良の共作者**

そしてこの直後、いよいよ40は自身のキャリアを代表するマスターピースを作りあげることになる。引き続きエグゼクティヴ・プロデューサーを務めつつ、18曲中14曲でプロデュースを担当したドレイクのセカンドアルバム『Take Care』(2011)[図3]だ。ドレイクは商業的に大きな成功を収めながらも多数のプロデューサーを起用したことでやや散漫な印象があった『Thank Me Later』の出来に満足していなかったそうだが、『Take Care』ではその反省を活かしてアルバムの音楽的イニシアチブを40に委任。結果、前作にはなかった一貫性をもたらすことに成功している。

そんな『Take Care』のなかでも特に際立っていたのが、40が単独でプロデュースを手がけたアルバムからのリードトラック、数々のアンサーソングを誘発した「Marvins Room」だ。ロサンゼルスにあるマーヴィン・ゲイ所有のスタジオでレコーディングされたこの曲で

図3

ドレイク「Take Care」。
本作については、筆者による
レヴュー（P.12）も参照

は、恋に破れて失意に暮れる男がクラブで泥酔したあげく、フラれた元カノに電話をかけて延々クダを巻くという、なんとも痛々しく情けないシチュエーションがリアリティたっぷりに綴られているのだが、この生々しい題材を40は幻想的なサウンドスケープで描出。嫉妬心と喪失感に苛（さいな）まれた主人公が酩酊しながら夜の闇のなかに吸い込まれていく様をメランコリックな叙情詩へとまとめあげた手腕は見事と言うほかない。

　現在もなおドレイクの最高傑作に推す声が多い『Take Care』は商業的にも『Thank Me Later』を大きく上回る成果を手中にしているが、当人たちにとってもこれまでにない大きな手応えがあったのだろう、勢いづくドレイクと40は翌2012年に自ら運営するレーベル「OVOサウンド」を設立。以降40はドレイク作品を中心にハウスプロデューサーとしてOVOを牽引しながらも、俯瞰してレーベルを見守る立場へと徐々に重心を移しつつあるようだ。

　そういえばドレイクはOVOの第一弾リリースとなったサードアルバム『Nothing Was the Same』（2013）からのリードシングル「Hold On, We're Going Home」を紹介する際、この曲がマイケル・ジャクソンへのオマージュとして作られた背景を踏まえて、自身と40の関係をマイケルとクインシー・ジョーンズに準（なぞら）えていたことがある。この発言からも明白だが、40の存在を抜きにして現在に至るドレイクの功績を語ることはできないのだ。

# 溶けゆく境界線

## ラップするシンガーと歌うラッパー

○文——アボかど

### ◉ラッパーのT・ペイン

**図1**

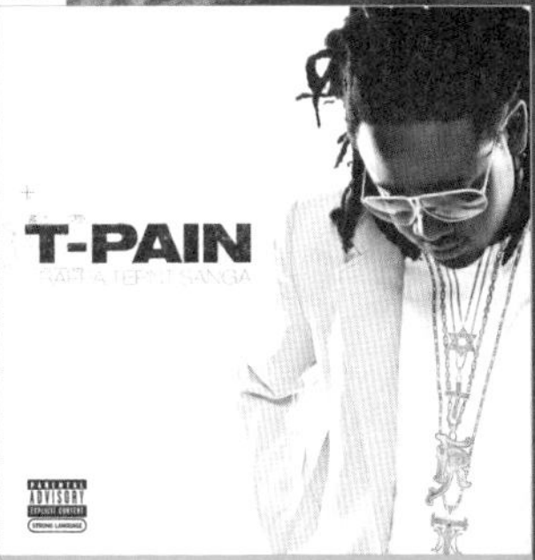

T・ペインの2005年作
『Rappa Ternt Sanga』

ヒップホップ関連ニュースを見ていたある日、「ラッパーのT・ペインが……」という見出しが目に飛び込んできた。ラッパー？　彼は"Rappa Ternt Sanga（シンガーに転向したラッパー）"［図1］ではなかったのか？　試しに「rapper t-pain news」で検索してみたところ、その記事以外にもT・ペインをラッパーと紹介する事例が多く出てきた。どうやら今、T・ペインは「元ラッパー」ではなく普通に「ラッパー」として扱われているようだ。しかし、T・ペインの音楽性が変わったわけではない。むしろ近年はトレードマークのオートチューンを使わない歌声もたびたび披露しており、2023年にはサム・クックなどの名曲カヴァー集までリリースするほどの本格派ソウルシンガーぶりを見せている。

　変わったのはT・ペインではなくシーンの方だ。歌とラップの境界線は2010年代以降、それ以前より曖昧なものとなった。もちろん、アロー・ブラックやシーロー・グリーンなどの「歌うラッパー」、ボーン・サグスン・ハーモニーの面々やネリーのような「歌うようにラップするラッパー」、メアリー・J・ブライジやネイト・ドッグなどの「ラップするように歌うシンガー」も以前から活躍していた。古くはプリンスなど、「ラップするシンガー」も決して珍しくはない。しかし、2010年代以降の歌とラップの境界線の溶け具合はそれまでとはレベルが違う。たびたび話題になる「R&Bは死んだ」というクリシェも、この「シンガーのラッパー化」に由来する部分が確実にあるだろう。

　では、2010年代以降に何が起きていたのだろうか？　本稿ではこの時期に歌とラップの境界線を越えたアーティストをヒップホップ／R&Bの両ジャンルから数人ピックアップし、現行シーンの形成に至るまでの流れを整理していく。

### ◉前夜——オートチューンの流行と"歌えるラッパー"の台頭

まず、2010年代を迎える直前、2000年代後半の状況を軽くおさら

いしておこう。この頃のシーンではT・ペインのブレイクに伴うオートチューンの流行が起き、リル・ウェイン「Lollipop」やスヌープ・ドッグ「Sexual Eruption」のようにラッパーがオートチューンを使ってメロディアスなアプローチに挑む例が増加していた。カニエ・ウェストも（ヤング・）ジーズィ「Put On」での客演からオートチューンを使用し、2008年にはそれを大きく導入したアルバム『808s & Heartbreak』をリリース。ジェイ・Z「D.O.A.（Death of Auto-Tune）」やKRS・ワン＆バックショット「Robot」のような、オートチューンの爆発的流行に対して苦言を呈する曲も発表されていた。

　しかし、現在の視点で聴いてみると、この頃のラッパーによるオートチューン使用例は意外なほどラップに聞こえる。ターニングポイントとして語られやすい『808s & Heartbreak』にしても、たとえばドレイクの歌と比べるとかなり真っ当なラップである。むしろ収録曲「Welcome to Heartbreak」でフックを歌うキッド・カディの方が、オートチューン不使用ながら"歌"っぽいアプローチだ。

　キッド・カディのように、オートチューンを使わずに歌うラッパーもこの頃には多く活躍していた。なかでも特筆すべきはフォンテだ。ニコレイとのユニット、フォーリン・エクスチェンジで2008年にリリースしたアルバム『Leave It All Behind』[図2]では、ヤーザラーやダリエン・ブロッキントンなどシンガーを客演に入れても遜色ない歌声を披露。そのシンガーとしての実力を提示した。

　そして、2009年にはドレイクがミックステープ『So Far Gone』をリリース。「歌うようなラップ」でも「ラッパーによるヘタウマな歌」でもない、フォンテが前年に挑んだのと同様の高いレベルでの歌声を聴かせた。なお、のちにリリースされた同作のEP版に収録の「Fear」では、フォンテを擁するヒップホップ・グループ、リトル・ブラザーの名前を出して「俺が今でも楽しくやれているのはあなたたちのおかげ」とラップしている。ドレイクの音楽性を形成した影響源のひとりに、確実にフォンテがいるのである。

図2

「歌うラッパー」の先駆けであるフォンテの重要作

## ◉ラッパーが歌い、シンガーがラップする時代の幕開け

『So Far Gone』からは「Best I Ever Had」などのヒット曲が生まれ、ドレイクは一躍スーパースターの仲間入りを果たした。一方、R&Bシーンでも変化の兆しは2000年代後半ですでに散見されていた。たとえばヤング・バーグ（現ヒットメイカ）と組んで2008年にリリー

スしたヒット曲「Sexy Can I」でのレイ・Jの歌い方はかなりラップっぽく、マリオが09年にリリースしたシングル「Break Up」に至ってはフックまでラップ的で、明らかにメロディで聴かせる曲ではない。シンガーのラッパー化はこの時点で進んでいたのだ。

ヒップホップ／R&Bの2010年代は、こうして互いに歩み寄るような状況でスタートした。シンガーのジェレマイが2010年に放ったヒット曲「Down on Me」はかなりラップっぽい歌い方で、09年のシングル「Birthday Sex」で聴かせたスウィートな魅力とは異なるタイプの曲に仕上がっている。ミックステープ『Kush and OJ』[図3]などで注目を集めたラッパーのウィズ・カリファが10年にリリースした名曲「Black and Yellow」は、それまでR&B仕事が中心だったスターゲイトがプロデュース。歌フックもキャッチーな同曲のヒットから、ウィズ・カリファはドレイクに続いて「歌うラッパー」の新たなスターとなっていった。もちろんワカ・フロッカ・フレイムによる2010年のワイルドな名曲「Hard in Da Paint」のヒットなどラップと歌の接近以外のトピックもあったが、同曲にしてもシアラが歌を乗せたリミックスが登場している。2010年はシーロー・グリーンによるヒット曲「Fuck You」やアロー・ブラックの名作アルバム『Good Things』のようなオーセンティックなソウルも目立ったが、このふたりに関しても元々シンガーではなく「歌うラッパー」である。

ゆるい歌で人気を集めた
ウィズ・カリファの出世作

続く2011年にも、ドレイクがアルバム『Take Care』でより深化した歌とラップ、寂しげで浮遊感のあるサウンドを提示して評価を確立。ビヨンセがリリースしたシングル「Run the World (Girls)」もかなりラップっぽい歌い方だったし、ドレイク風のシングル「Drank in My Cup」がヒットしたカーコ・バングズのようなラッパーも登場した。この頃のメロディック・ラップは『808s & Heartbreak』の頃よりもさらに歌に接近している。現行シーンの基礎が作られたのはこの時期なのだ。

## ◉メロディック・ラップと「R&ベース」の隆盛

2012年にはアトランタのラッパー、フューチャーがアルバム『Pluto』をリリース。収録曲のひとつ「Turn on the Lights」などでオートチューンを用いた歌うようなラップを聴かせ、後進に大きな影響を与えた。その後アトランタからはリッチ・ホーミー・クアンやヤング・サグといった、メロディアスなアプローチを得意とする

ラッパーが次々と台頭。さらに、同時期にはシカゴからもリル・ダークやシッコ・モブなどがやはりオートチューンを用いたメロディアスなラップで話題を集めた。ルイジアナからはレゲエからの影響をメロディック・ラップとして打ち出すケヴィン・ゲイツも登場。ヒップホップ・シーンでは、それまで以上に急速に歌うようなアプローチが増加していった。

また、よりR&B寄りの話題としては、「R&ベース(R&Bass)」と呼ばれる動きがあった。これは西海岸のプロデューサー、マスタードらが始めたミニマルでダンサブルなヒップホップのサブジャンル「ラチェット・ミュージック」とR&Bを足したもの。ラップのような歌い方も多用されたこのスタイルの代表的なアーティストとしては、ティーフライやエリック・ベリンジャーなどが挙げられる。なかでも大きな成功を手にしたのがタイ・ダラー・サインだ。2013年のヒット曲「Paranoid」などで聴かせる、低めの声質でラップ的なニュアンスを含んだ歌声は多くのラッパーの心を掴み、11年にこの世を去った故ネイト・ドッグに代わる新たな客演王となっていった。

タイ・ダラー・サインの活躍に後押しされるように、2014年頃にはR&ベースはオルタナティヴR&Bと並ぶR&Bの主流となった。オルタナティヴR&B系のミックステープ『In Case We Die』で注目を集めたティナーシェも、2014年にリリースしたシングル「2 On」はR&ベース路線だ。そのほかにもオマリオンやミラ・JなどがR&ベースを導入。ラップするような歌に多くのシンガーが挑んでいった。

ヒップホップではフューチャーなどのメロディック・ラップ、R&Bではタイ・ダラー・サインなどのR&ベース。さらに、それ以前からブレイクしていたドレイク的なスタイルの人気もあった。歌とラップはお互いに歩み寄り、2010年代なかば頃にはその境界線はこれまで以上に崩れていった。

## ⦿フォーマットから解き放たれて自由を手に

2010年代なかば頃に崩れていったのは、ラップと歌の境界線だけではなかった。「ラッパーがシンガーを客演に呼ぶ際はフックを歌ってもらう」といっ、ある種のフォーマットから解き放たれたケースも増加していった。たとえばトラヴィス・スコットが2015年に発表したジャスティン・ビーバーとヤング・サグとの共演曲「Maria I'm Drunk」でフックを歌うのは、シンガーであるビーバーではなくトラヴィスだ。タイ・ダラー・サインの2016年作『Campaign』のタイトル曲でも、主役ではなくフィーチャーされているフューチャーがフックを担当している。先行例がないわけではないが、「シンガー

図4

歌とラップの役割の変化が感じられる
デジ・ローフとジャクイーズのコラボ

を招いてもラッパーがフックを歌う曲」が意識しない
と気づかないほど当たり前のものになったことは大き
な変化といえるのではないだろうか。

　また、2017年にはシンガーのジャクイーズとラッ
パーのデジ・ローフによるコラボ・ミックステープ
『Fuck a Friend Zone』[図4]のリリースもあった。歌う
ようなラッパーとラップするようなシンガーであるふ
たりの絡みを聴いていると、もはやヒップホップと
R&Bが隣接する異なるジャンルとは思えないだろう。
なお、同作には当然デジ・ローフがフックを担当する
曲も収録されている。ヒップホップとR&Bの「友情関
係」は終わり、完全にひとつになったのだ。

　しかし、この状況は必ずしもR&Bリスナーやシンガーの全員に
とって好ましいものではなかった。ライターのカール・シェリーは、
Complexの記事で「『R&Bの死』の議論は2013年頃に盛り[★1]
あがった」と指摘しているが、これは「シンガーのラッ
パー化」が進んでいった時期と重なる。ミュージック・
ソウルチャイルドが2014年にザ・ハッスル名義でラッ
パーとしての活動をスタートしたのも「R&Bの苦戦」が理
由だった。なお、ザ・ハッスルではオートチューンを[★2]
使ってトラップ・ビートに乗る、フューチャー以降のス
タイルを採用していた。シンガーがラッパーに転向す
る、この"逆T・ペイン化現象"にもオートチューンが使
われていたことは興味深い。かつて「ラッパーが歌うと
きに使うもの」だったオートチューンが、今度は「シン
ガーがラップするときに使うもの」になったのだ。

　ドレイクのブレイクと共に幕を開けた2010年以降の
ヒップホップ／R&Bシーンは、その後も互いに歩み寄り
ながら進んでいった。ラップと歌の境界線はフォーマッ
トと共に完全に崩れ去り、（もちろんピュアなラッパーやシンガーもい
るが）そのふたつを分けるものが何なのか言いきることは難しい。現
行シーンで活躍するロッド・ウェイヴやヤング・ブルーなどのメロ
ディック・ラッパーも、時代が違ったならライフ・ジェニングスや
J・ホリデイのような「サグいシンガー」としてデビューしていたかも
しれない。今"Rappa Ternt Sanga"を名乗ったところで意味はなく、
T・ペインが「ラッパー」と呼ばれるのは時代の必然なのだ。

★1── Carl Chery, "R&B Isn't
Dead. It's Going Through an
Identity Crisis.," Complex
（2020/11/20）https://www.
complex.com/music/a/
carl-chery/r-and-b-isnt-dead

★2── Trevor Anderson,
"Musiq Soulchild Explains His
Rap Alter Ego The Husel,"
Billboard（2014/9/17）https://
www.billboard.com/music/
rb-hip-hop/musiq-soulchild-
explains-his-rap-alter-ego-the-
husel-6251728/

# 音楽シーンで最も話題の男、フランク・オーシャン

◉文＝レベッカ・ニコルソン　◉訳＝押野素子

[初出：ガーディアン／2012年7月21日]

予定より1週間前倒しでリリースされたニューアルバム『channel ORANGE』が絶賛を浴びたのち、彼は自身のセクシュアリティについてブログで語り、世界中の話題をさらった。「胸に乗っていた大きな石から解放されて、目覚めたいと思っていた」と彼は本誌（ガーディアン）の独占インタヴューで語る。

フランク・オーシャンは、盛りだくさんな1週間を過ごした。「ああ」と、彼は自分でも信じられないかのように微かに首を傾げて笑い、そして頷く。「ああ。でも最高だった」。彼の1週間を「最高」たらしめたふたつの出来事。まずはセカンドアルバム『channel ORANGE』が、公式スケジュールよりも1週間前倒しでサプライズリリースされると、ソウルとR&Bを再解釈したその個性的かつ物語性の高い音楽は、プリンスやスティーヴィー・ワンダーと比較され、熱狂的なまでに高い評価を受けたこと。それから、彼が初めて男性と恋に落ちたときの話を美しく綴ったTumblrの投稿。「これから何が起こるかはわからない。でも、それでいい」と彼は記している。

オーシャンが唖然とするのも無理はないだろう。彼自身はまだたいして語ってもいないのに、突如として音楽業界で最も話題の男となったのだから。バンクーバーのコモドア・ボールルームの楽屋に入ってきた彼は、ハーブティーを大事そうに抱え、そわそわとカップをいじっている。首にはスカーフのように巻いたパーカー。私と丁寧な握手をするけれど、決して目を合わせようとはしない。彼は24歳で、まだ新人の域を出ないというのに、世界中がにわかに彼の私生活を知りたがっている。

情報が少なければ少ないほど、人々の好奇心は高まる、と昔からいわれているが、まさにその通りだ。彼はポップスターとして類いまれな神秘性を保ちつづけている。「計算しているわけじゃない」と彼は言う。「ミステリアスな雰囲気を保とうとしているわけじゃない。これが僕なんだ。目立たずに行動したいだけ。全然深く考えてはいないけど。本当に。僕はただ存在しているだけだから」

フランク・オーシャンのこれまでのキャリアは、衝動に導かれてきた感がある。彼はふたつの世界から現れた。彼はブランディ、ジャスティン・ビーバー、ビヨンセなどのソングライターとして成功を収めて

いた。また彼は、オッド・フューチャーの一員でもあったが、挑発的で衝動的な言動で知られる彼らよりも、常に成熟した印象だった。すでに名声では、彼らを超えたと言ってもいいだろう。ハリケーン・カトリーナのあと、ソングライターとして勝負に出ようと、無一文で故郷のニューオーリンズからLAに移住したのは、リスクを伴う行動だった。ファーストアルバムの『nostalgia, ULTRA』を無料リリースしたことも、リスクを伴った（彼は2011年、所属レーベルのデフ・ジャムに知らせることなく、同アルバムをオンラインリリースした）。カミングアウトにも、リスクが伴った。

「リスクについて話すつもりはない。それって主観的な話だから」と彼は言う。「みんな怖がりすぎなんだ。必ずしも恐れるに値しないものを怖がってる。『nostalgia』を出しても……物理的に何が起こる？　僕が先週Tumblrで言ったことを言ったらどうなる？　たしかに、悪も存在するし、過激主義も存在する。誰かがヘイトクライムを犯して、僕を傷つけることもあるかもしれない……でも、僕が黒人ってだけで、同じことが起こりうる。僕がアメリカ人ってだけで、同じことが起こりうる。だからって、家から出ないわけにはいかないだろう？　交通事故があるからって、車を運転しないわけにもいかないし。怖いからって、人生に制限をかけてしまうの？」

彼は自身が既存の音楽ジャンルの外側に存在すると考えており、ニューアルバム『channel ORANGE』では、マーヴィン・ゲイからピンク・フロイド、ジミ・ヘンドリックスに至るまで、幅広い音楽を意欲的に探究しているが、彼のルーツはR&Bとヒップホップだ。どちらのジャンルも、レインボーフラッグ（LGBTQ+）に理解があるとは

言いがたい。だからこそ、彼のカミングアウトは際立って勇気のある行動に思われた。「どうだろう」と彼はうつむき、ためらいがちに言う。「あのニュースが出てから、大勢の人たちにそう言われた。自分としては、利他的な理由もあったと思う。自分が13か14のときに、そういうことを言ってくれる率直なロールモデルがいてくれたらよかったのにって、強く思っていたからね。でもそれとは別の理由もあった。それは僕自身の精神的な健康のためで、名目上の成功を収めているだけじゃなく、朝目を覚ましたときに、胸に大きな石が乗っているかのような気分じゃなくて、心から幸せだと思える人生を送りたいと思ったんだ」

ただし、オーシャンは突発的にカムアウトしたわけではない。彼は2011年2月、『channel ORANGE』のライナーノート掲載用の手紙を書き、アルバムの一部楽曲が明らかに男性について歌っていることから生じる憶測に対し、先手を打った。「みんなに質問されるような書き方をしていることは、自分でもわかっていた」と彼は説明する。「知名度も人気も上がっていることは自覚していたし、もしここで待ってしまったら、自分の尊敬する人からもう少し待った方がいいなんて助言されて、永遠に先送りされることもわかっていた」。明らかに、彼は駆け引きするタイプではない。「ツアーに出てパフォーマンスするとき、本当の僕を認めてくれている人たちが喝采を送ってくれているんだって思えることが、僕にとっては重要だった」と彼は語る。「僕にはあまり秘密がないから、それを知っていても拍手してくれるなら……ある意味、不健全な承認欲求かもしれないけれど、僕にとっては重要なことだった。アルバムの

歌詞のなかの『代名詞』についてみんなが話題にしているのを聞いたとき、僕はただ——投稿のなかでも言ったけれど——明確にしておきたかった。状況が混沌として、議論が散漫になって収集がつかなくなる前に、はっきりさせておきたかったんだ」

その日の夜、熱狂的な観客を前にしたパフォーマンスで、「君はとても逞しくて、とても強い、僕は緊張してる……ボーイ、君は僕の心を駆け巡る」といった歌詞が驚くほど型破りに聞こえ、どんなジャンルであれ、あからさまに同性を対象とした歌を耳にする機会がいかに少ないかを思い知らされた。なぜ一般的な「君（YOU）」を使わなかったのかと尋ねられると、彼は肩をすくめる。「"Forrest Gump"みたいな曲を書くときには、主人公の性別を曖昧にしておくわけにはいかないんだ。余計な手間がかかる。僕は誰も恐れない……」と言いながら彼は笑い、ようやく目を合わせると、明るい表情を見せる。「……全くね。だから、質問の答えは、うん、歌詞は簡単に変えることができた。でも、何のために？　今は単なる時代のひとつ。僕は自分のアートを通じて、そこに貢献するつもりはない。僕のアートだけが、僕よりも永く生き、僕の気持ちよりも永く生きていく。僕の憂鬱な季節よりも永く生きつづけるんだ」

こうした「憂鬱な季節」は、彼いわく最近のカタルシスによって突然消え去ったが、彼の音楽の陰鬱さは、目立った特徴のひとつでもある。ドレイクとザ・ウィークエンドもこの1〜2年、都会の内省を歌にしてきたが、フランクはその一段上を行き、脚本家の目でキャラクターを作り、ダークで映画的なストーリーを語っている。『nostalgia, ULTRA』には、憂鬱な人物が多数登場した。最初はセクシーなスロウジャ

ムに聞こえる曲も、絶望という重みで崩れていく。たとえば、「しっかりファック、たっぷりファック、何も感じなくなるまでファックして」という「Novacane」のコーラスでは、最後の「何も感じなくなる」という言葉が、悲しみと欲望を結びつけている。『channel ORANGE』は、衰退の最中にある退廃への憧憬を抱いているが、登場人物は前作同様に大きな悲しみを抱え、道を見失っている。アルバムには、薬物中毒者やストリッパーだけでなく、大量消費主義に踊らされて破滅を招く裕福な若者たちのストーリーも登場する。こうした金持ちの若者たちは、曲中で命を落としたり、少なくとも痛烈な皮肉を浴びせられる。「ここにビーチがあるのに、なぜ世界を見なきゃいけない？」と、彼は「Sweet Life」で歌っている。

なぜ自分がダークサイドに惹かれるのか、オーシャンにはわからない。長い沈黙のあと、ようやく口を開く。「正直な話、僕には答えられない。でもあの頃は、そういった陰鬱な色を使うしかなかった、ってことかな」。経験から曲を書いているの？　「もちろん。といっても、『経験』って興味深い言葉だね。僕はただ目撃していただけだ。"Crack Rock"のような曲では、母と叔父の父親をきちんと務められなかった祖父が、僕を通して父親らしく振舞う2度目のチャンスを得ている。祖父は20代前半の頃、依存症と薬物の乱用で多くの問題を抱えていた。でも、僕が知っていた祖父は、NA（ナルコティクス・アノニマス）とAA（アルコーリクス・アノニマス）のメンターだった。僕も一緒にミーティングに行って、ヘロインやクラック、アルコールの依存症患者の話を聞いていたから、そこで耳にした話があ

あいった曲に影響を与えている」。それでも、全くの想像だけで書いたストーリーもある、と彼は言う。「Pyramid」の壮大な前半が空想の産物であることは、驚くにはあたらない。古代エジプトが舞台なのだから──しかしここにもひねりが加わり、ピンプを養うトリッパーのストーリーが展開され、現実の生活に根差していることが判明する。「LAの家族のなかに本物のピンプがいるんだ」と彼は含み笑いをする。「ピンプとストリッパーの関係性にインスパイアされたファンタジーだけど、自分の経験だけで曲を書くには限界がある」

彼は曲の細部に至るまで注意を払い、そのこだわりには驚かされる。彼は「Crack Rock」で、ところどころ息を乱してかすれた声で歌い、サウンドエンジニアが修正を入れようとしたほどだった。「彼には『本当にこのまま残すつもりなのか?』って訊かれたから、『ああ、喫煙者が歌うとこんな感じだろうから』って答えたよ」。音楽では、どのアートフォームよりも自伝的要素が求められる。シンガーには愛や痛みをリアルに伝えることが求められる。それが彼ら自身の個人的な経験だと、聞き手は信じたいものなのだ。幸い、フランク・オーシャンは天性のストーリーテラーだ。

スライ・アンド・ザ・ファミリー・ストーンに影響を受けている箇所や、ヴォーカルの録り直しをした理由など、彼が自分の音楽について語るときや、音楽業界が基盤としている瀕死のビジネスモデルについての話題になると、彼は顔を上げ、生き生きとした様子で活発になり、そこまで内気ではなくなる。今夜のバンクーバー公演が、彼にとってまだ10回目のソロ・ギグであることを考えると、彼は名声を得ることにためらいを感じているのだろうとつい思ってし

まう。しかし、2005年にニューオーリンズを去ったとき、彼は雑誌の表紙に載ったときに見栄えがいいからと、ロニー・ブリューからフランク・オーシャンに改名した(彼はまた、今週の『ガーディアン・ガイド』の表紙画像も自ら率先して承認したほど、ヴィジュアルにも気を配っている)。

「アートでキャリアを築きたいとずっと思ってきたし、作品を主役にすることが、それを実現する唯一の方法だと思っている」と彼は語る。しかしそれなら、匿名のソングライターとして成功できたはずだ。音楽がすべてというのならば、なぜ裏方から表舞台へ? 「人前で自分の曲を歌うのが好きなんだ。アルバムのアートワークとか、そういったことに関わるのも楽しいし。ただ他人のために曲を書くだけなら、(音楽業界には)入っていないだろうな。音楽の方が大事だとは言ったけど」と言って、彼はニヤリと笑う。スターになろうという彼の意志に、疑いの余地はない。

フランク・オーシャンが『channel ORANGE』を発表しR&Bという荒廃した領野をデカダンスに描いてしまったのが2012年、その後FKAツイッグスやブライソン・ティラーの出現を経て2015年にザ・ウィークエンド『Beauty Behind the Madness』がヒット。〈オルタナティヴR&B〉という名称も定着し、R&Bは幽玄なリヴァーブやディレイと共にエレクトロニカやアンビエント、チルウェイヴ、トラップ、インディロックといった音楽との境界をますますなくしていった。そして2016年、ついに『Blonde』が生み落とされる。

## The Growth

# 成熟期

## 20**16** ▶ 20**18**

オルタナティヴR&Bは哀しみと内省の音楽としてパラダイムシフトを起こし、ポップミュージックの範疇を超え社会変革までも繋がっていく。それは端的にいうと、人種とジェンダーにおける問題提起であり価値転換だ。ブラッド・オレンジ『Freetown Sound』、ソランジュ『A Seat at the Table』といった作品はブラックカルチャーの再解釈やジェンダー規範からの解放を生々しく描写し、ブラック・ライヴズ・マターや#MeToo運動によって起きた空気感ともリンクしていく。さらには、そのような問いを私的な出来事へのズームアップを通して照射したビヨンセの『Lemonade』や、自身へのアンチテーゼを謳いながらポップカルチャーそのものへのカウンターとして成立させたリアーナ『ANTI』等の作品とも共振しながら、オルタナティヴR&Bは2010年代における最も重要な革命として憂鬱に鳴り響いていった。

2

# Malibu

## Anderson .Paak

2016 | OBE / Steel Wool / ArtClub / Empire

「**俺**は古いものも新しいものも好きで、その間にバランスを見つけられるとき、楽しみを見出せるんだ」——最終曲「The Dreamer」のイントロに収められているこの言葉は、あるサーファーのドキュメンタリー映画からの引用だとされているが、アンダーソン・パーク（以下、アンディ）の音楽に向きあう姿勢をここまで絶妙に言い表した台詞を、よく見つけてこられたなと感心してしまう。

　メジャーデビュー作となった本作のアルバムカバーでアンディは、ハットに革ジャンにトランクスといった奇妙な出で立ちで、マリブ・ビーチの波打ち際でピアノに座っている。沖の方ではサーファーやボートと一緒になぜかインパラが走っており、手前側には貝殻やヒトデに混じって楽譜やタイプライターが転がっている。このカバーアートが示すように、本作ではソウル、ファンク、ディスコ、ヒップホップ、ゴスペルといった様々な要素が聴く者の意表を突くかのようにブレンドされ、眼前に立ち現れる。そんな楽曲群をまとめあげているのは、アンディの声である。一度聴けばそれと識別するのが難しくないその声を駆使して、アンディは時に囁くように歌い、時に投げ捨てるように言葉を発し、時にタイトなラップを披露する。完成度の高い洗練されたサウンドのなかで、

随所に歪さ・青臭さが感じられるのは、ほかならぬ彼の声のなせる業だろう。

　本作では全編を通じ、アンディがとある女の子と出会って関係を深めていく様子が描かれている。ふたりが出会うのは「Heart Don't Stand a Chance」である。シャンパンに託して表現する出会いの高揚感が、いい意味で上品すぎず心地よい。「Put Me Thru」はスタッカートと歌詞の内容が相まって猟奇的でコミカルな印象に仕上がっており、「Am I Wrong」では近未来的なビートの上でアンディとスクールボーイ・Qが踊っているかのよう。煙たい「Room in Here」を聴けば、"一服"したくなること必至。「Silicon Valley」で明かされる結末があまりにしょうもないのも最高だ。

　さて、1曲目の「The Bird」ではアンディの生い立ちの一部（父親が収監されている間、母親が農業を営んでいたこと）が歌われているが、彼がどれだけの苦労人であるかは、いくつかのインタビューでうかがい知ることができる。それだけに、「すべての小さな夢追い人たち」に宛てられた「The Dreamer」は非常にインスパイアリング。テレビの再放送を見ながらフリー・ランチを食べていたかつての少年の歌声が、こうして今、我々の耳に届いているのだ。 奥田

# ANTI

## Rihanna

2016 | Westbury Road / Roc Nation

2005年のデビューからほぼ毎年アルバムをリリースしてきたリアーナだが、2012年の『Unapologetic』を最後にいったんブレイク。その後、2015年にポール・マッカートニー＆カニエ・ウェストと共演した「FourFiveSeconds」などシングル3曲や、映画『ホーム 宇宙人ブーヴのゆかいな大冒険』サントラ提供曲を発表したのち、満を持してリリースしたのが通算8作目となる本作である。ポップなダンスナンバー（それらも全部カッコいいけれど）や大衆向けのR&Bバラードをやってきたポップ・アイコンとしての自分へのアンチテーゼを示した内容となっており、先鋭的なサウンドから、ヒリヒリと痛みを感じさせる歌詞から、魂漲る歌声から、彼女の並々ならぬ強い意志が緊迫感を持って伝わってくる。その存在感や迫力はちょっと末恐ろしさを感じるほどだ。

SZAをフィーチャーしたオープニング・ナンバー「Consideration」からしてすごい。少しダブっぽさを感じるアタックの強いビートの上で、リアーナが「私は自分のやり方でやらなきゃいけない」「どうして成長させてくれないの？」と訴える、まさに本作のテーマを表現した一曲。バルバドス・ルーツを感じさせるトースティング的な節回しも唯一無二で本当に魅力的だ。その後も、

ジェフ・バスカーによるヘヴィなギター鳴り響くファンク・ロックなスロウ「Kiss It Better」、ディストーションがかかったヴォーカルで強気かつ切ない女心を歌う、トラヴィス・スコット等が関与した「Woo」、ティンバランド作の不穏な雰囲気漂うミディアム「Yeah, I Said It」など革新的な曲が並ぶが、やはり目玉は全米9週連続1位を記録した「Work」。ボーイ・ワンダーがプロデュースし、ドレイクをフィーチャー、ノア"40"シェビブやパーティーネクストドアも制作に関与と最強の布陣で制作されたこの曲は、アレキサンダー・オニール「If You Were Here Tonight」ネタのリディム「Sail Away」を使用したアンビエントなダンスホール・チューンとなっており、今聴いても震えるほどカッコいい。完璧だ。

ドゥワップからインスパイアを受けたという60年代風のソウル・バラード「Love on the Brain」や、枯れ気味の声で情感たっぷりに歌うノー・I.D.作の「Higher」など終盤のバラード群からも彼女のシンガーとしての成長を感じるし、逞しく凛とした彼女の姿がここにある。本作の全米1位は当然の結果だが、これを超える作品を作らねばならないという意味では、非常に罪深い一枚である。　川口

# Lemonade

## Beyoncé

2016 | Parkwood / Columbia

発表早々「歴史的傑作」認定がくだされた熱狂は、これがアメリカの歴史そのものを内包するアルバムだと考えれば腑に落ちる。とはいっても、最初はゴシップ的な話題の種でもあった。物語としてはおおむねスターカップルの不倫騒動なのだ。夫に疑念をつのらせる主人公に我慢の限界がきて怒りが爆発していくものの、自己解放を通して赦しへと向かっていく。

　スキャンダラスで私的な創作なのになぜ社会的重要性が即座に認められたかというと、イマジネーションの設計にある。カントリー調の「Daddy Lessons」で啓示されるように、ビヨンセは妻を裏切った夫と自身の父親を重ねあわせ、機能不全家庭の再生産を恐れていた。さらに家系図をたどると，先祖が奴隷主と奴隷の夫婦と発覚。打ちのめされて歴史をめぐることとなった彼女が行き着いたのが、奴隷制から今なお続く人種的不平等、そして黒人の男女が破局しやすい社会構造であった。こうして創造された『Lemonade』とは、一家族の負の歴史と米黒人史をリンクさせる試みなのだ。プランテーションからブラック・ライヴズ・マターまで明示されるヴィジュアル版で顕著だが、音だけでも感じとることができる。特色はジャンル混在。たとえば「Don't Hurt Yourself」で

はレッド・ツェッペリンの「When the Levee Breaks」が使用されるが、この名曲は元々黒人のカンザス・ジョーとメンフィス・ミニーの作品だ。今では「白人ジャンル」印象が強いロックや前出のカントリー自体、黒人が創造したものとされる。ビヨンセのブルージーなパフォーマンスは、それらサウンドの忘れられたオリジン、つまりブラックネスを燃えあがらせつづける。こんな仕掛けばかりなのが『Lemonade』だ。スピリチュアルな言い方をすれば、アフリカン・アメリカンが歩んできた旅路を体感させる音楽大作になっている。だからこそ、主人公が経験する解放は、多大な苦しみを負わされてきたブラックコミュニティ、なかでも黒人女性たちの強さへの祝福としても機能する。

　タイトルの由来はこれまた身内ネタで、義祖母が放った言葉「(酸っぱい)レモンが与えられた人生だったけど、(甘い)レモネードをつくった」。この慣用句どおり、ビヨンセはどういうわけか、個人的な苦境から広大な歴史の脈動を現出させてみせた。まさしくアルバム制作の歴史的到達点である。辰巳

# Freetown Sound

## Blood Orange

2016 | Domino

同年のソランジュ『A Seat at the Table』と、デヴ・ハインズ本人含め参加ミュージシャンが一部共通している（ジョン・キャロル・カービー、ケルシー・ルー）というのもあるが、フランク・オーシャン『Blonde』や、また前年のケンドリック・ラマー『To Pimp a Butterfly』のリリースもあってブラックカルチャーの多層性に人々の意識が向けられていたこの年、本作をそれらと並ぶ重要作と位置づけることに、異論はないだろう。2012年のトレイヴォン・マーティンの射殺を題材にした「Hands Up」などからも（「撃たないで！」という声のサンプリングが聞こえてくる）、ブラック・ライヴズ・マターや黒人のメランコリーが根底に流れていることは明白だが、それに加え本作の場合は、ジャンルや名義をコロコロ変えながらイギリスからアメリカへと渡った流浪の音楽家であり、ゲイ／クィアの黒人男性であり……といった、マイノリティのなかのマイノリティたる彼自身の生（あるいは性）の在処を、父親の故郷であるシエラレオネの首都フリータウンの名をタイトルに冠しながら、見出そうとするものでもある。

　もちろんそこで彼が着目するのは彼自身を育んできたゲイ・カルチャーで、作中には80年代ニューヨークのゲイ／トランス・カルチャーを題材にしたドキュメンタリー映画からのサンプリングなどを挟み込んでもいるが、同時に、"男らしさ"からの逸脱と解放に取り組んでいるのもまた本作の興味深い点だ。詩人のアシュリー・ヘイズがミッシー・エリオットに捧げる（ブラック）フェミニズムのスポークンワーズの引用に始まり、作中でもエンプレス・オブ、デボラ・ハリー、カーリー・レイ・ジェプセン……等々、客演の女性シンガーたちの声と自らの声をクロスオーヴァーさせながら自身のフェミニニティをあらわにするところに、黒人クィアとしての彼の自己認識のあり方も垣間見ることができる。

　ブギー〜ファンクなナンバーも交えつつ、アレンジは前作よりも繊細かつ煌びやかに。官能的なリリックや、ロングトーンの80s風シンセにビートボックスが絡みあう甘美なサウンドはむろん、（様々なかたちの）性愛の讃歌であるが、自身の存在そのものに深く踏み込んだ本作は、セクシュアルな側面だけにとどまらず"生きていること"、それ自体を享受することがいかに甘美かということを投げかけているようにも思えてならない。　井草

# Blonde

## Frank Ocean

2016 | Boys Don't Cry

『Blonde』を聴いていると、いつも頭のなかが濃いスモークでいっぱいになる。音が、音楽が、声が、言葉が、意味が、それらの形が、わからなくなってしまう。怒りも、哀しみも、痛みも、それまで自らを奮い立たせてきたものも、輪郭がはっきりしない。苛立って何度も思い出そうとする。そう、思い出したいんだ。確かなものを。不安だ。寄りかかるものがないと。

『Blonde』のなかにある美しさは、巧みな演出のせいかどこかおかしい。いや、これまで美しいと思っていたものは全部偽物だったのかも？　そんな疑いさえ見越したような声が響く。「諦めろよ、今夜だけはさ」（「Self Control」）。途方に暮れてしばらくすると、やっと少しずつこの状態が受け入れられてくる。きっと今、境界線の上を歩いているだろうことを。きっとこれまでも、境界線の上を歩いてきたのだろうことを。私が、私たちが、もういなくなってしまったあの人たちが、こんなにもわからない世界を生きてきて、生きていることを。それがどんなにすばらしいことで、時にどれだけ痛ましいことかを。

フランク・オーシャンの声がする。「それでも、いつだってあなたのそばにいる」。アルバムはもう終わりに近づいている。「心が闇に覆われてい

るときも／耳が聞こえないときも／目が見えないときも／この愛が私たちを守ってくれる」。「Godspeed」が終わると、「Futura Free」が映画のエンドロールのように流れていく。ぽっかりとあいた空白が、ここにあなたの記憶を挿し込むように、と訴えかけながら。

筆者があるミュージシャンに取材したとき、『Blonde』について話す機会があった。その人はこう笑って言っていた。「生涯のベストかもしれない。ぶっ飛んでるときに聴いて、このアルバムのすべてが理解できたんです。何を理解できたかは忘れちゃったんですけど」。また別のミュージシャンに取材したとき、その人はアーティストの役割についてこう話してくれた。「（それは）つまり、人々に思い出させるということ」

『Blonde』がR&Bの世界を、ひいては音楽の世界を変えた作品なのかはわからない。『channel ORANGE』より先にこの作品が世に出ていたら、ここまで夢中になれたのかどうかもわからない。ただ、一度経験してしまったことは元に戻せない。だから少なくとも私は、自分がどれだけ不確定な世界を生きているのか思い出すために、そこにある可能性と苦しみを思い出すために、また『Blonde』を再生する。 高久

# A Seat at the Table

## Solange

2016 | Saint / Columbia

ソランジュから「ビヨンセの妹の」という形容が外れたのが本作だろう。02年にデビューしたものの音楽的な独自性は薄く、歌も姉ほど力強くないことであまり評価されなかった彼女は、俳優活動も並行して行なっていた。その後、モータウン・サウンドにトリビュートした2作目を08年に、80s路線のEP『True』を12年に作っている。模索を経て、自身のレーベルのローンチと若手をフックアップしたコンピレーション『Saint Heron』の編纂をし、このアルバムの前哨戦としてオルタナティヴ路線の「Cash In」をそこに収め、ブラック・ライヴズ・マターの最初の盛りあがりから受けとったものがあり、『A Seat at the Table』が生まれている。

制作中、パニック障害などの苦難を経験し、本作は単なるアルバム以上の人生の転機だと語る。重要なのは「Cranes in the Sky」と「Don't Touch My Hair」の2曲。自身と自国が抱える問題からの逃避（酒、セックス、浪費、音楽、旅、創作）を歌う前者。この曲を含め8曲で参加した、ラファエル・サディークが08年に渡したCDが元になっているという。後者は白人が黒人に対して「髪を触っていい？」と聞くようなマイクロアグレッションへの反意から生まれており、黒人のアイデンティティとして重要な髪が「魂」や「冠」と並べられ、「私の髪を触るな」と歌われる。マスター・Pや父母との会話が引かれたインタールードで繋ぎながら、自己啓発や癒やし、ブラックエンパワーメントやブラックアートの称揚が親密な語り口で展開されていく。

そして当然、音楽的な達成が本作を、10年代を代表する名盤にしており、サウンド面の挑戦の多彩さと参加アーティストの多様性が相似形を描いている。R&Bの歴史に敬意を表しながらも既存の形式にまるで依らないビートの実験、不思議な浮遊感のある和声感、音の抜き差し、生音と電子音の溶融が試みられ、ソフトで優しく涼しげな歌声が絡みあい、何にも似ない音世界が作りあげられた。ロスタム、ショーン・ニコラス・サヴェージ、ジョン・キャロル・カービー、デイヴ・シーテック、カインドネスら、ジャンルの垣根を軽々と越えた音楽家の貢献も重要だ。

姉の『Lemonade』とは違ったかたちでR&Bの可能性を押し広げ、絶賛を受けた彼女は、次作でさらに前進し、実験をより深める。　天野

# SweetSexySavage

## Kehlani

2017 | TSNMI / Atlantic

ヒップホップ・コレクティヴのHBK・ギャングのメンバーとしても活動し、ラップのような歌い方をたびたび取り入れてきたケラーニ。しかし、ソロアルバムとしては初の作品となった本作では、ヒップホップ感と同時にR&Bへの強い愛情を感じることができる。まずTLCの名盤『CrazySexyCool』オマージュのタイトルが目を引くが、中身の方もニュー・エディションやアリーヤ、エイコンなどの名曲を引用。長くR&Bを愛聴しているリスナーなら反応するであろう瞬間が何度も訪れる。まさにスウィートでセクシーなR&B成分と、獰猛(どうもう)(=サヴェージ)なヒップホップ成分が同居しているのだ。

メインプロデューサーを務めたのは、このあともたびたびタッグを組むポップ&オーク。ビヨンセ作品で知られるノヴァ・ウェイヴや、ベリー・グッド・ビーツ所属のチャーリー・ヒートなど他プロデューサーも見事な手腕を披露している。モコモコのベースが効いたシンプルな「Keep On」のような曲もあるが、ビートの多くは華やかで明るいムードのトラップ系。そこにラップと歌の中間を泳ぐケラーニのヴォーカルが乗るのが、本作の基本的なスタイルとなる。曲によってはかなりラップに接近するアプローチも聴かせるがキャッチーなメロディも多く、特にシングルカットされた「Distraction」での霧が晴れるようなフックは非常に強力だ。

また、スーパースターならではの"ノー・コースト"な作品のようで、「ベイエリアのシーンの一員」としての側面も随所で発見できる。先述した「Distraction」でもGファンクで聴けるような高音シンセを使っているし、「Too Much」でのブヨブヨのベースも同様だ。「Get Like」と「I Wanna Be」(デラックス・エディションのボーナストラック)に至っては、ベイエリアで盛んなR&ベース路線に挑んでいる。後者はプロデュースもHBK・ギャング仲間のP・ローが担当。ローカルの絆を提示している。

ラップと歌の融合という点だけではなく、地元コミュニティに根差しているという意味でもヒップホップ・マナーが感じられる本作。なお、引用元のTLCもニュー・エディションも「ラップと歌が混在する」グループであり、エイコンも「ラップのような歌を聴かせる」アーティストだ。本作は2017年という時代の空気を反映しつつも、その空気を作りあげていった先人たちの試みも刻まれているのだ。 アポ

# Fin
## Syd

2017 | Columbia

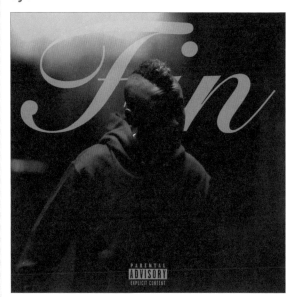

　ジ・インターネットのシド初のソロアルバム。ヴォーカリストとして知られる彼女だが、スライ＆ロビーやシャバ・ランクスとの仕事で知られるジャマイカの大物プロデューサー、マイキー・ベネットを叔父に持ち、14歳の頃からスタジオ・プロダクションを学んでいたという。タイラー・ザ・クリエイター率いるオッド・フューチャーに加入したのも、プロデューサー／DJとしてだった。バンドでは相棒のマット・マーシャンズの方が音楽面の中心と思われがちだが、実際のサウンドへの関与はイーブンといっていい。

　ヒット・ボーイ（カニエ・ウェスト、エイサップ・ロッキー）やラーキ（ケンドリック・ラマー、ドモ・ジェネシス）、メロー・X（ビヨンセ、マックスウェル）、そしてジ・インターネットの僚友スティーヴ・レイシーといったゲストプロデューサーのサポートを得ながらも、プロダクションのほとんどを自分で手がけた本作では、ジ・インターネットのジャジーでメロウなサウンドを継承しつつも、よりヒップホップの要素が強いビートとソリッドなサウンドを展開している。

　その結果、ジ・インターネットより内容が一般ウケする仕上がりになっているのが面白い。バンドと完全に同一路線といえる楽曲はロバート・グラスパーが流麗なエレピを弾くジャジーな「Insecurities」くらいで、ほかの曲はよりメジャーなR&Bにフォーマットが近いのだ。「Know」や「Dollar Bills」なんて、ティンバランドがプロデュースしていた時代のアリーヤが乗り移ったみたいだし、6LACKのラップをフィーチャーした恋人との別離の曲「Over」で聴ける低音(低温)ヴォーカルはまるでTLCのT・ボズみたいである。

　こうした既存アーティストを思い起こさせる曲作りの理由は、本作が他人に曲を提供する職業ソングライターになれるかどうかをシドが試していた時代に書きあげた楽曲をベースにしているから。しかしやがて彼女は自分自身が歌うためにそうした曲を書いていたことに気づいたという。バンドが成功したことで、自身のルーツに正直に向かいあう時期が来たことが、潜在的に作る曲に現れていたのかもしれない。そんなシドは続くセカンド・ソロ作『Broken Hearts Club』ではゲストプロデューサーにマイケル・ジャクソンやビヨンセとの仕事で知られるロドニー・ジャーキンスを迎えるなど、本作の路線をさらに発展させてみせている。　長谷川

# Ctrl
## SZA

2017 | TDE / RCA

**2**010年代R&Bを語るにあたって外せない名盤だが、興味深い問題は、SZA自身がリズム・アンド・ブルースというラベルを嫌っていることだ。彼女いわく、黒人アーティストはほとんど同ジャンルの箱に入れられてしまう、人種的に不平等な傾向がある。リリース当時によく言われたオルタナティヴR&Bという枠組みにしたって、FKAツイッグスやティナーシェといったほかのアクトは細身なライトスキン（薄い色合いの肌）ばかりだったため、容貌を比較されて苦労したという。

ひとまずそれなりの同意を得られそうな表現は、生々しき感情をあらわにしていく『Ctrl』が折衷的なサウンドを持っていることだろう。ソラナ・イマーニ・ロウとして1989年に生まれたSZAは、言葉を伸ばすような独特な歌唱法がほのめかすように、典型的R&Bアーティストのような聖歌隊育ちではなかった。家族の音楽趣味からしてちょっとバラバラだ。イスラム教徒の父はジャズと実験音楽、キリスト教徒の母は教会音楽とR&B、姉妹はメロディック・ヒップホップ。そして本人は、グッド・シャーロットやフォール・アウト・ボーイに夢中なロックキッドだったという。実際のところ、『Ctrl』にはロック要素が多く見られる。オープナー「Supermodel」はインディロック

なギター、「Love Galore」にはレディオヘッドのようなキーボードが挿入されている。当時SZAの怒りを買ったのも、オルタナティヴとして作ったリードシングル「Drew Barrymore」がR&Bとして世間の脚光を浴びたことだった。

とはいっても、ロック好きのSZAがR&Bを軽視しているわけではない。彼女が好んで使うワードは、コミュニティから忌避されがちな「ブラックミュージック」だ。「私はブラックミュージックを作るのが大好き。それだけ。エネルギーに満ちた感じのものだね。ブラックミュージックがR&Bである必要はない。私たち黒人はロックンロールを創造した。なんで還元ではなく拡張を選べないの？」。既存ジャンルでくくりきれない『Ctrl』がブラックネスなサウンドの拡張に成功したことはいうまでもないだろう。その日暮らしの不安に苛まれていた20代の生々しき感情をあらわにしていくこのアルバムで、SZAは「普通の女の子になりたい／絶対になれない」と歌う。普通のアーティストではないからこそ出来た特別なデビュー作だ。
辰巳

# Dirty Computer

## Janelle Monáe

2018 | Wondaland / Bad Boy

初期のなかのオルターエゴであるシンディ・メイウェザーを「他者」という概念で捉え、周縁の人々の頭文字からナンバーのタイトルを「Q.U.E.E.N.」と名づけるなど、モネイは初めから社会に抑圧された人々の側に立ちつづけてきた。だが本作にはそのシンディはもう登場しない。代わりにここに存在するのはモネイ本人であり、自身がパンセクシュアルであることを公表したうえでリリースされたのが本作だ（なお2022年にはノンバイナリーであることも公言している）。社会が自分に向ける眼差しへの認識、自分に与えられたものを受け入れること、アイデンティティの再定義、という3つのパートを内包する本作のモネイは、自分自身を解放すると共にそれまで以上にあらゆる人を掬いあげようとする。だからなのか本作では、冒頭のブライアン・ウィルソンのコーラスからしてジャンルの間にある扉は開け放たれ、これまでになくよりカラフルなサウンド・パレットが躍動している。

全体にトラップ・ビートを敷きつつサウンドの立体感も過去作に例を見ないが、とはいえ根幹にあるのはやはりグレイス・ジョーンズやプリンス由来の未来的なミニマル・ファンク。特に、生前のプリンスが関わったとされる「Make Me Feel」はじめ、中盤に畳みかける怒涛のダンスナンバーは圧巻かつ重要なパートだ。トランスも含めたすべての女性を、誰ぞが決めた"正しい身体"から解放するモネイ流フェミニズムの「Pynk」もいわずもがな、性と生の悦びを礼賛するこれらのナンバーはただパーティー的なだけではなく、あらゆる人が手を取りあって踊ることのポリティカルな意味も示唆する。抑圧される側としての自身の存在そのものをスピットする「Django Jane」がこの中盤パートに差し挟まれていることもそうだが、ショーアップされた楽しさのなかで堂々とアイデンティティ・ポリティクスをやり、それらが当然のように両立することを証明してみせているのだ。ラテン風の「I Got the Juice」では隣人としてのラティーノへも目配せしつつ、後半はギターが耳を惹くスローなネオソウル・ナンバーへ。かと思えば、ラストはレイシストへのプロテストでもあるアッパーなモータウン・ポップ「Americans」で締める。喜びや楽しみと同時に怒りや主張もある——ポップスとは常よりそんな音楽なのだとも、本作は私たちに伝えるようである。 井草

# Last Day of Summer

## Summer Walker

2018 | LVRN / Interscope

**清** 掃業やストリッパーとして働きつつギターを独学で学び、オリジナル曲をSonudCloudやYouTubeなどにアップしていたアトランタ出身の女性を一躍スターに押し上げたのが、この傑作ミックステープである。それから数年後にはアルバムが全米1位を記録し、数々のアワードを受賞、J・コールに「SZA、アリ・レノックス、サマーはR&B界の女王だ」(『CLEAR 2: SOFT LIFE EP』収録の「To Summer, From Cole - Audio Hug」より)とラップされるのだから、これをシンデレラ・ストーリーと呼ばずしてなんと呼ぶという感じでもあるが、しかし本作でのセンシュアルな歌声と非凡なセンスを体感すると、最初からスペシャルなシンガーであったということがよくわかる。オルタナティヴR&Bという観点からしても本作はR&B史に太字で名を残す重要作であるし、本作があったからこそ今の彼女の活躍があるというのは決して大袈裟な言い分ではないだろう。

彼女の豊かな才能を最大限に引き出したプロデューサーがアルセニオ・アーチャーであり、彼が提供した浮遊感漂うトラックの上で、時に深海魚のごとく静かにスムースに、時に繊細でヒリヒリとしたヴォーカルを披露している。静寂な音世界のなかを彼女の艶かしい歌声が流れていく冒頭

の「BP」を皮切りに魅惑的なナンバーが並ぶが、ハイライトはやはり「Girls Need Love」か。クールなシンセ音が揺らめくサウンドの上で、セックスに対する欲求を淡々と、しかし訴えかけるように歌うスロウ・チューンとなっており、曲の美しさと共感性の高い歌詞が支持され見事R&Bチャート8位を記録。翌年にはドレイクをフィーチャーしたリミックスがリリースされ(彼からラヴコールがあったそうだ)、全米チャート38位を記録している。さらに2023年10月には本作のリリース5周年を記念して、ヴィクトリア・モネ、タイラ、ティンクが各々参加したリミックス3曲にアコースティック・ヴァージョンを加えた『Girls Need Love (Girls Mix)』をリリースと、今もなおこの曲の存在感は絶大だ。そしてその輝きは今後も失せることなどないだろう。

ジェイコブ"ガンビ"ガンボアが手がけた本作随一のメロディアスなスロウ「CPR」や、甘えるようなヴォーカルが印象的なスカル・スナップス「It's a New Day」使いの「Baby」のような曲もあるが、ほとんどがダウナーなアンビエント・ナンバー。だが、ダークー辺倒ではなく、どことなく一筋の光や音楽の尊さがうかがえて、そこも本作を特別たらしめている要因のひとつだと思う。 川口

# Begin
## LION BABE

2016 | Outsiders Recorded Music / Polydor

ヴァネッサ・ウィリアムスの娘ジリアン・ハーヴェイと、プロデュースを務めるアストロ・ロウことルーカス・グッドマンが組んだNY発のデュオによる処女作。エリカ・バドゥ直系のジリアンの歌声がルーカス制作のエレクトロ・サウンドに妖艶かつポップに溶けあい、チャイルディッシュ・ガンビーノ客演の「Jump Hi」やファレル制作の「Wonder Woman」をはじめ、エッジは効かせつつ楽しい作風で魅せる。以降はハウス路線も取り入れながら精力的なリリースを継続。公私を共にするふたりは22年に第一子を授かっている。　Y

# We Are King
## King

2016 | King Creative

2011年の自主EPから間もなくプリンスの前座を務め、ロバート・グラスパー作品にも抜擢された、双子のストローザー姉妹とアニタによるミネアポリス出身のトリオ。同郷の先輩ジャム＆ルイスからゲーム音楽まで幅広い影響を受けた姉パリスの鍵盤／プロダクション、そこに美しく重なる3人のヴォーカル・テクスチャは一瞬にして聴く者を桃源郷へと誘う極上のフューチャー・ソウルだ。あまりに完璧な作品だけに今後が楽しみだったが、2019年にアニタが円満脱退。現在は姉妹デュオWe Are Kingとして楽曲提供などを行う。　Y

# Majid Jordan
## Majid Jordan

2016 | OVO / Warner

マジッド・ジョーダンのファーストはなかなかにハードルが高かった。「My Love」で嘆かれるように、カナダの大学生として出会った青年たちは、デュオ結成たった2年でドレイク「Hold On, We're Going Home」共作者として音楽シーンの先頭に立ってしまっていたからだ。そんな本作は「Small Talk」よろしく会話の断片のような趣で、当時こんな評判だった――ダウナーなダンスで、洗練されてるがノスタルジックなソウルで、暗く、ちょっと不気味。つまり、後年「普通」となるトロント流ムードだった。　辰巳

# In My Mind
## BJ The Chicago Kid

2016 | Motown

同郷のチャンス・ザ・ラッパーとコンプトン出身のラッパー＝バディを客演に迎えた「Church」で、BJ・ザ・シカゴ・キッドは、敬虔なクリスチャンである自身の目の前に魅力的な女性が現れ、翌朝教会に行かなければならないなか欲望に身を任せるべきか葛藤する様子を歌っている。カバーアートの両手を目頭に当てた顔は仮面のようにも見えるが、仮面だとしたとき、本作が表現するデュアリティの象徴として適切に思える――信仰と色欲の、タフネスと優しさの、正気と狂気の。BJにとってモータウンから初のリリースとなったアルバム。　奥田

# Charlene

## Tweet

2016 | eOne

エッジィな音作りで知られるミッシー・エリオットは、一方で伝統的なゴスペルやソウルの要素も重要視してきたアーティストだ。ミッシーのレーベルのゴールドマインドから登場したシンガーのトゥイートの音楽性も、先鋭的な試みを取り入れたとしても基本はあくまでソウル。刺激や挑戦ではなくオーガニックで普遍的なサウンドを選択した本作では、それがより一層強く感じられる。ミッシー&ティンバランドとの「Somebody Else Will」ですらピュアなヒップホップ・ソウル路線だ。柔らかな歌声が染み渡る快作。 アボ

# SAVE YOURSELF

## SBTRKT

2016 | Self-released

ロンドンを拠点にするアーロン・ジェロームの音楽プロジェクト・SBTRKT（サブトラクト）は、「自身の音楽から自分という存在を取り除きたかった」という考えから匿名性の高い取り組みとして展開されていた。特徴的なのはスペーシーなシンセの音で、オルタナティヴな空間を作るかのごとくSF的に鳴らされることでトリッピーなムードを創造している。ザ・ドリームやメイベルのほか、SBTRKT作品で知名度を高めることになったサンファもアトモスフェリックなヴォーカルを漂わせ、映画のサントラのような世界観の演出に寄与している。 つや

# Sept. 5th

## dvsn

2016 | OVO / Warner

「R&Bは死んだ」と喧伝されながらもアリーヤ等の世紀末R&B再解釈が活発だった2010年代、それらお宝の本質を見事に憑依してみせたのがこの名盤だろう。匿名的でモダンなアンビエントでありながら性愛のまじわり、その温度と身体性を一貫させたネオソウルは、ベッドルームミュージックとしてのリズム・アンド・ブルースの使命をまっとうしている。「R&Bが死んだなんて説は商売文句にすぎない」。そう語ったデュオのジャンルへの信仰心かのように昇っていくゴスペルの響きは、連綿と続くR&Bの脈動だ。 辰巳

# Velvet Portraits

## Terrace Martin

2016 | Ropeadope / Sounds of Crenshaw

スヌープ・ドッグに見出され、ケンドリック・ラマーにも貢献するジャズサックス奏者兼プロデューサーのリーダー作。今作はラマーの『To Pimp a Buttefly』と同時期の制作で、同じくア・トライブ・コールド・クエストっぽいノリを共有しつつ、「Mortal Man」の別バージョンも収録。ヒップホップ、ゴスペル、ファンクと狭義のジャズを超えた黒人音楽を縦糸に、横糸にはロバート・グラスパー、サンダーキャット、カマシ・ワシントンらLA人脈を織り込み、西海岸シーンの歴史と土壌の豊かさを濃厚に凝縮した一枚だ。 井草

# Twenty88
## Twenty88

2016 | G.O.O.D. / ARTium / Def Jam

共に88年生まれであるシンガーのジェネイ・アイコとラッパーのビッグ・ショーンがタッグを組み、トゥエンティ88名義でリリースした唯一の作品。すでに両者の楽曲でコラボ経験もあり、ふたりの相性のよさはお墨付きであった。全編を通してリアルな恋バナが飛び交い、両者のかけあいも小気味よくスピード感ある仕上がりに。「2 Minute Warning」にはあのケイシー&ジョジョも参加。ふたりはこのあと交際を公にし、破局を経てまた復縁。2023年には男児も誕生している。本プロジェクトの続編を待つ声も少なくない。 渡辺

# Man About Town
## Mayer Hawthorne

2016 | Vagrant / BMG

リパブリックからヴェイグラントに移籍して発表した4thアルバム。ジェイク・ワンと結成したタキシードの活動を挟んだことが影響しているのだろうか、従来からのレトロソウルは「Breakfast in Bed」をはじめとする数曲のみ。代わって前作『Where Does This Door Go』でも散見できたAOR路線を主軸に据えてきた。「The Valley」や「Love Like That」などでのスティーリー・ダン〜ドゥービー・ブラザーズのオマージュはさすがの完成度。以降「Cosmic Love」に参加しているベニー・シングスとの交流を深めていくのも納得の内容ではある。 高橋

# Don't Explain
## Snoh Aalegra

2016 | ARTium

イラン出身でペルシア系の両親のもとに生まれたスウェーデン人歌手のセカンドEP。ノー・I.D.、ボーイ・ワンダー、DJダヒラが制作した太いブーンバップ・ビート、アナログで擬古的な、くすんだ音像が特徴で、ざらっとした質感のドラムや豪勢なストリングスに対して、深みと伸びやかさを湛えたシアトリカルなアルトヴォイスが拮抗する。表題曲はビリー・ホリデイのカヴァーだが、堂々たる歌いぶりだ（エイミー・ワインハウスの姿がどうにもダブるものの）。「Under the Influence」のギターはジョン・メイヤー。 天野

# Ology
## Gallant

2016 | Mind of a Genius / Warner Bros.

天を衝くようなファルセットで壮大な世界へ導く「Weight in Gold」の衝撃は大きかった。マクスウェルのようなR&B〜時にサム・スミスほどポップな瞬間もありつつ、スティントが手がけるスケール感の大きいビートと合わさり、新しいオルタナR&Bの潮流を予感させた。グルーヴ・セオリー「Tell Me」を用いたネオソウル「Miyazaki」は幼少期から親しんだ宮崎アニメが由来で、2021年のEPでは竹内まりや「プラスティック・ラヴ」を意識した楽曲も録音。日本ルーツのジェネイ・アイコとの邂逅も見事だ。 Y

## 99.9%
### KAYTRANADA

2016 | XL

ハイチ生まれ、モントリオールで育ったプロデューサー／DJのデビューアルバム。すでにダンスミュージック界隈で一定の評価と信頼を得ていたこともあってアンダーソン・パークを筆頭に12名もの豪華ゲストを招集しているが、引き出しの多さに基づく高い対応力とビートに宿る強い記名性によって見事に統一感を生みだしていく。そんななか、白眉となるのはフォンテをフィーチャーした「ONE TOO MANY」とシド（ジ・インターネット）を迎えた「YOU'RE THE ONE」の2曲。いずれもハウスフィールのあるコズミックなR&Bサウンドが美しい。 高橋

## You Got the Luck
### Sidibe

2016 | Self-released

2014年の『Soul Siren』〜『Metaphysical』に続くサードEP。前2作に引き続きニコ・スタディがメインで制作を務めているが、ここでは後見人のウォーリン・キャンベルが3曲、ジャック・スプラッシュが2曲でプロデューサーとして参加。一気にメジャー感が出てきたほか、以降続いていく80年代アーバン・コンテンポラリー路線の基盤を確立するに至っている。かのプリンスが太鼓判を押した「I'm Only Dreaming」を筆頭に、ジャネット・ジャクソンとジャム&ルイスの幻のコラボを聴いているような興奮。シディベの本領発揮はここから始まる。 高橋

## The Heart Speaks in Whispers
### Corinne Bailey Rae

2016 | Virgin

古風なシンガーソングライター的佇まいながら現代とコネクトするUKのソングストレスによる3作目。再婚相手となった旧知のスティーヴ・ブラウンとの二人三脚ぶりが目立つが、フォーキーな感覚を保ちつつもビートの効いた曲が増えたのは、キングのパリス・ストローザーと組んだからでもあるのだろう。近未来的な「Been to the Moon」や「Horse Print Dress」、ドリーミーなメロウ・ソウル「Green Aphrodisiac」ではパリスが彼女に新しいステージを用意した。カーティス・メイフィールドの曲を着想源としたヴァレリー・シンプソンとの共作曲も話題。 林

## Chapters
### Yuna

2016 | Verve

マレーシアの国民的歌手によるUSでの3作目。フィスティカフスとロビン・ハンニバルが中心となり、過去作以上にR&Bマーケットを意識したプロダクションの上をユナの歌声が伸びやかに響く。各国でヒットしたアッシャーとの「Crush」は10年代を象徴するスロウジャムの名曲と言って間違いないし、ジェネイ・アイコとのデュエットをはじめ、意外に思えたデイヴィッド・フォスターやDJプレミア（デラックス版収録）との組み合わせもよく、線の細いアジア人の喉をいかにしてR&Bに使うか、という課題のお手本が詰まった作品だ。 Y

## Stay Around
### Joyce Wrice

2016 | Self-released

90年代〜00年代のフィール漂うR&Bがハマったことでリヴァイヴァル文脈でも解釈されるようになった日系シンガーのジョイス・ライスだが、デビュー当初はLAビート・シーンとも共振するオルタナティヴ寄りのトラックを携えていた。SiRのプロデュースのもとで披露される楽曲のうち、特に「Home Alone」は後半のエッジィな展開含め鋭い切れ味を誇る。クレジットにマインドデザインが名を連ねる「Aint No Need」も一筋縄ではいかないし、本作で見せるフューチャリスティックな側面は、本格的な歌唱と絡み昇華されることで傑作『Overgrown』(2021)へと繋がっていく。 つや

## Cloak
### Jordan Rakei

2016 | 4101 / Soul Has No Tempo

ロンドンに拠点を置くオーストラリアのシンガーソングライターによるデビュー作。ネオソウルと現代ジャズを基盤にしながらも、随所ではダビーでエクスペリメンタルなサウンドを展開。ジェイムス・ブレイクに通じる幽玄なヴォーカルと共に深淵な音世界に足を踏み入れる場面もあるが、そんななかでもキャッチーなポップセンスをさらりと忍ばせてくるあたりにジョーダン独自の魅力がある。リチャード・スペイヴンのトリッキーなドラミングに圧倒される「Toko」など、当時のロンドン新世代ジャズの熱気をダイレクトに伝える一枚でもある。 高橋

## Indigo
### River Tiber

2016 | Self-released

ダニエル・シーザーを招いた「West」はSZA「Broken Clocks」の元ネタとしても知られており、同曲をきっかけにこのカナダのシンガーソングライターを知ったリスナーも多いのでは？　しかしながら通して聴くと、わかりやすく心地よいのはむしろ「West」くらいで、どことなく不安を感じさせ、同時にクセになる曲調のものが多い。歌詞はもっと捉えどころのない感じ。前述の「West」における"The bluest note / I speak in code / So only you'll know"(どこまでもブルーな調べ／僕は君しか知りえないコードで話す)という一節は、端的に彼のスタンスを表しているように思える。 奥田

## HEAVEN
### Jamila Woods

2016 | Jagjaguwar

シカゴコミュニティの重要なシンガーソングライター／詩人が無料ダウンロードでリリースしたデビュー作。これ以前にチャンス・ザ・ラッパーらとの「Sunday Candy」で抱擁感に満ちた柔らかな歌声を披露していたことは知られており、待望のアルバムだった。ノーネームとの「VRY BLK」では警察の暴力について歌いながら「黒いことは魔法のよう」「私はとても黒い」と繰り返し、「Blk Girl Soldier」では「ローザ(・パークス)は自由の戦士だった」と歌いあげる。黒人女性としての歌／詩が詰まった重要作。 天野

## Loose Thoughts

**Masego**

2016 | TrapHouseJazz

トラップ・ハウス・ジャズなるジャンルを掲げるジャマイカ出身、アメリカはヴァージニア州育ちのラッパー／シンガー／マルチ・インストゥルメンタリスト、マセーゴはこの2作目のEPでも縦横無尽にセンスを爆発させている。ジャズやヒップホップ、R&Bをベースに生演奏と電子音を絶妙なバランスで織り交ぜるだけでなく、ヴォーカルとしても生き生きと躍動する。たとえば、あえてヘタウマなヒューマンビートボックスを取り入れたようなトラックをラガ風味のヴォーカルで乗りこなし、人種差別を批判する「White Man」は圧倒的だ。 高久

## The Definition Of...

**Fantasia**

2016 | 19 / RCA

ファンテイジアがUSブラックコミュニティの信頼のアイコンとなっている理由を知るには、今作を一聴すれば十分だ。ラップがラジオをジャックしていた頃アニタ・ベイカーやクイーンの名盤を目標としたこのロックソウル・アルバムは、鮮烈なエレキギターで幕を開け、勢いよくゴスペルやダンスポップ、カントリーへと拡張していく。タイトル「…の定義」の先にある言葉は生き抜くための「強さ」……とわざわざ説明されなくても伝わる、伝統的アメリカ音楽のパワーを象徴する一作。 辰巳

## For All We Know

**Nao**

2016 | Little Tokyo / RCA

クラブ・ライクなエレクトロニック・ビートはたしかに耳を引く。だが作品全体の質感は意外にもフィジカルな印象なのが本作のポイントで、80年代風の軽快なブギー・ギターから、アリーヤとティンバランドのタッグを思わせる90年代直球ナンバーまで、ざっと20年ほどのR&Bをさらって現代的なサウンドに更新してみせているのが爽快だ。当時28歳の遅咲きデビュー作だが、バックコーラスからキャリアを始めただけあり、ハーモニーの豊かさはもちろん、その愛らしい声を時に蠱惑的に、時に野生的に操るヴォーカリゼーションも秀逸。 井草

## PARTYNEXTDOOR 3

**PARTYNEXTDOOR**

2016 | OVO / Warner Bros.

ドレイク主宰のOVO、その契約アーティスト第一号なのは知られた通り。表題通り3作目だが、冒頭から前作以上に重く沈んだダークなビートに乗せて性的な欲望を呟き吐き出すように歌う、極めてビターなR&Bレコード。プロデュースはドレイクの右腕40やイランジェロほか。軽やかなダンスホール／レゲトン・ビートの4曲目、もろダンスホールでダーティな5曲目、珍しいワルツで壊れそうな10曲目、ビート感が希薄でアトモスフェリックないくつかの曲など、現代R&Bのキワを攻める様もいい。今回も客演はドレイクのみというストイックぶり。 天野

072

## Body Wash

### Mndsgn

2016 | Stones Throw

LAビート・シーンから登場したマインドデザインは、ジョイス・ライスや SiRといったシンガーの作品を手がけるR&Bプロデューサーとしての側面 も持つ人物だ。本作では自らヴォーカルをとり、そのJ・ディラ系譜のヒップ ホップを軸にしつつブギーとも隣接するメロウなサウンドをよりスムー スに聴かせている。その脱力気味の歌声からは、サンダーキャットやトロ・ イ・モアなど「R&BシンガーではないR&B要素のあるアーティスト」のそれ との同時代性が感じられる。ラッパーだけではなく誰もがシンガー化する 時代が生んだ名作だ。 アボ

## Hard II Love

### Usher

2016 | RCA

EDMが流行ればEDMに、オルタナティヴが流行ればオルタナティヴにト ライする純粋さ(?)がある意味アッシャーの魅力でもあるが、しかしそれ だけに頼らず、万人に聴きやすいポップさを備えた音楽を毎回作りだして いるのはさすがである。Dマイルやラファエル・サディーク等に加え、ポー ル・エプワースやxSDTRK、メトロ・ブーミンなどを起用している時点で 本作の方向性もうかがえるが、不穏な雰囲気をまとったサウンドのなかで も彼の歌声は独特の爽やかさや艶やかさを放っている。ファルセットを駆 使した「Tell Me」のアンビエントな美しさといったら! 川口

## The Altar

### BANKS

2016 | Harvest

R&Bとは「歌」が主体の音楽であり、2010年代にはその価値観を様々な方面 から覆していくことでR&Bというフォーマットの解体が進められた。FKA ツイッグス同様、自らの実存を突きつめて捉えることでビートやヴォーカ ルに固着したアイデンティティを見つけだし作品に反映させていく方法は、 バンクスの囁き声やアンニュイな歌唱を引き出し、波打つビートと共に新 たなゆらぎを生んでいる。クールな作風として定義されがちな印象がある が、その冷えた音像は凍てつきながらも強い。個人的でありながら、同時 に極めて社会的な音楽だ。 つや

## Galactica

### QUIN

2016 | Self-released

オルタナティヴR&Bの隠れた佳作として今も熱い支持を集めるデビューア ルバム。宇宙をモチーフにすることの多い彼女は本作について「私が自分の 人生を発見する物語だった」と語るが、「Who Am I」の冒頭の過剰なリ ヴァーブに象徴的な通り、至るところで聴けるスペーシーな残響が空間に こだまする問題提起として身体に染み入る。自身の作品を"ファンタジー・ ソウル"と称し同名のレーベルも設立したのち、その才能はパートナーの 6LACKともシナジーを起こすことでより一層のスケールを獲得。のちに傑 作『LUCID』(2019)を生んだ。 つや

# Nightride

## Tinashe

2016 | RCA

メジャーデビューを経て正式なセカンドアルバムとして発表された本作。前作のポップなイメージを覆すかのようなダークでメランコリックな雰囲気の曲が多く、陰鬱さと絡みあうティナーシェのヴォーカルが白眉。オルタナティヴなR&Bサウンドとしては非常に高い出来栄え。サンゴのミニマルなビートとシルキーな歌声が重なりあう「Sunburn」やザ・ドリームによる「Company」、イランジェロやヴァイナルズ、ボーイ・ワンダーらが手がけた「Party Favors」(原曲はヤング・サグも参加していた)など、実験的な楽曲が並ぶ。 渡辺

# FREE 6LACK

## 6LACK

2016 | LVRN / Interscope

ボルチモアで生まれアトランタで育ったシンガー／ラッパーのブラックによるデビューアルバムは、トラップを含むミニマルでダウナーなビートに青光りするヴォーカルの乗った、殺伐としたトーンで描かれる。注目すべきはボーナストラックを除けばラストに位置する「Alone / EA6」でのスポークンワードだ。そこに綴られているのは過去の所属レーベルに対して抱く彼の暗澹たる感情であり、正直に自分自身を晒していくことの覚悟といえるだろう。エモ・ラップの潮流ともリンクする、暗がりの心地よさと孤独の堪えがたさの間を揺れる歌。 高久

# 24K Magic

## Bruno Mars

2016 | Atlantic

グラミー賞で7部門を受賞したサードアルバム。メインストリームのど真ん中に君臨しながらも流行に関係なくやりたいように振る舞ってきたブルーノだが、その姿勢は(ブギーな表題曲を除けば)ここでも基本的に変わりがない。極めつきはカーディ・B客演のリミックスも登場した「Finesse」。90年代R&Bのオマージュをコンセプトに掲げているとはいえ、直球のニュージャックスウィングまでをも堂々とやりきる豪傑ぶりにスーパースターの本領を見る思いがする。DX7のシンセサウンドが甘酸っぱい「Versace on the Floor」は真に名曲。 高橋

# Starboy

## The Weeknd

2016 | XO / Republic

一躍R&Bシーンの中心に躍り出るきっかけとなったミックステープ『House of Balloons』や「Can't Feel My Face」など、ドラッグを感じさせる作品・楽曲が印象的なザ・ウィークエンド。本作にもそうした要素がないわけではないが、全体的な印象としては名実ともにスターとなった彼による、王道のポップ／R&Bといった感じ。「True Colors」は本人のキャリア史上最も甘いラヴソングではないだろうか? 「Die for You」は寒い地域の民俗音楽を思わせるビートが魅力的だが、TikTokなどをきっかけにここまでの人気を後年獲得することになろうとは、本人も予想外だったに違いない。 奥田

## "Awaken, My Love!"
### Childish Gambino

2016 | Glassnote

ヘナヘナと変調されたギターやシンセが唸る、ファンカデリック直系のサイケ・ファンク。だがカセットテープ風の猥雑なローファイサウンドには、公言しているLCDサウンドシステムの影響も感じるし、そもそも本作も以前からタッグを組んでいた映画音楽畑のルドウィグ・ゴランソンとの共作であるように、必ずしも黒人音楽一辺倒ではないのも興味深い。ミックスの黒人に向けたものとも読める「Redbone」のナイーヴさにはアメリカ社会への眼差しと憂鬱の多層性もちらつき、その後の「This Is America」を予感させる。 井草

## Process
### Sampha

2017 | Young Turks

カニエ・ウェストやドレイク、ソランジュといった本書のキーパーソンの楽曲にフィーチャーされつづけてきたサウス・ロンドン出身のシンガーソングライターが、満を持して放った待望のファースト・フルアルバム。自ら手がけるトラックは、ジェイムス・ブレイク以降といえるインダストリアルなものだが、歌声は神秘的でありつつもサム・スミスやアデルに通じるキャッチーさも伴っている。「(No One Knows Me) Like the Piano」に顕著な、ゴスペルとはまた異なるひんやりしたトランス感覚にはUKブラックとしての美意識を感じる。 長谷川

## Confidently Lost
### Sabrina Claudio

2017 | SC

R&B好きなら抗えぬ歌声を持っているサブリナ・クラウディオは、伝統派とオルタナティヴ派の架け橋かのようだ。歌唱はセクシネスを携えた天使のようだが主張しすぎることはなく、作曲面でもジャジーでライトブルースなオールドスクール調とささやかなモダンビートが静かに調和している。タイトルを訳するなら「自信を持って人生に迷う」といったところだが、事実、迷いが感じられないシンガーソングライターのようだ。「ひとりであることは孤独じゃない」と教えようとする表題曲を筆頭に、部屋で静かに聴き入りたいEP。 辰巳

## Tuxedo II
### Tuxedo

2017 | Stones Throw

ディスコリヴァイヴァルの波を受けて、ここ日本でも熱烈に支持されたメイヤー・ホーソーンとジェイク・ワンによるディスコユニットの第二弾。ザップのレスター・トラウトマンが参加した「Rotational」に象徴的だが、前作に比べて80年代エレクトロファンク色が濃厚。「Fux with the Tux」ではスヌープ・ドッグとコケインが客演していたりと、併せてGファンクへの愛着も覗かせる。この年にソロデビューするギャビン・テューレックの活躍やシンセ奏者クリントン・マキシーの存在感も含め、バンドとしての一体感が生まれつつある。 高橋

# ELDORADO

## Ro James

2017 | ByStorm / RCA

ミゲルの曲で共作し、彼と同じバイストームから本作でメジャーデビューしたドイツ生まれでNY育ちの奇才。かつてNPGにいたロージー・ゲインズの甥でもある彼はプリンスへの愛が強く、地声に甘美な裏声を絡めたアンビエントなスロウにその影響が色濃く反映されている。ウィリー・ハッチの70sソウル古典を引用したトラップ・ソウル「Permission」など、オールドスクールとモダンな意匠を合体させた楽曲から滲み出る彼独自のオルタナティヴな美意識はアルバム全編に行きわたり、DJキャンパーやDマイルの制作曲でも耽美的なムードを失わない。 林

# Gumbo

## PJ Morton

2017 | Morton

音楽を通じて故郷ニューオーリンズへの愛を表現しつづけるPJモートン。郷土料理の名を冠したフルアルバム。スティーヴィー・ワンダーを想起させるような王道のソウルネスを下敷きに、土臭くも洗練されたR&B〜ファンクネスを展開する。窮屈なステレオタイプを歌う「Claustrophobic」や、軽んじられる黒人の命について BJ・ザ・シカゴ・キッドやキーヨン・ハロルドらを迎えて歌う「Alright」などメッセージ性も強い。第60回グラミー賞では最優秀R&Bアルバム、そして最優秀R&B楽曲部門にもノミネートされた。 渡辺

# American Teen

## Khalid

2017 | Right Hand / RCA

カリードの出世曲「Location」を初めて聴いたとき、今っぽい耽美なR&Bだなと思った反面、「君の居場所を僕のスマホに送ってよ」という軽い歌詞と垢抜けてない(失礼！)ルックスとの落差に戸惑ったことを覚えている。それも当然。彼は当時まだ公立高校を卒業したばかりの18歳だったのだから。つまり彼は最先端のスタイルで今どきのティーンの感情を歌う稀有なシンガーソングライターだったのだ。その最初の成果がこのデビューアルバム。ピュアさが眩しい「Young Dumb & Broke」は後世に残るティーン・アンセムだと思う。 長谷川

# 3:33am

## Amber Mark

2017 | PMR / Virgin EMI

SoundCloudにアップした「ＳＰＡＣＥ」が大きな反響を呼び、熱心な音楽リスナーから注目を集めていたアンバー・マークのファーストEP。実母を亡くしたことによる哀しみ・弔いの意がコンセプトになっており、ソウルフルで大胆な歌声とプリミティヴでトライバルなビートが重なりあい、EPを通じて彼女の魂に触れることができるような感覚にも陥る。上述した「ＳＰＡＣＥ」のほか「Lose My Cool」、「Way Back」など、洗練されたダンスミュージックとしても楽しめる。ピュアなクリエイティヴィティが詰まった作品だ。 渡辺

## Back 2 Life
### LeToya Luckett
2017 | eOne

不憫なデスチャ脱退劇を経て初のアルバムでビルボード首位を獲得し、見
事ソロシンガーとして返り咲いたラトーヤの8年ぶり3作目。ソウル・II・
ソウル曲をモチーフに恋の終わり際を描いた「B2L」らシングル群はドラマ
仕立てのMVともリンクしており、女優業もこなし幅を広げた彼女の表現
力が歌とヴィジュアルにも反映。アンドレ・ハリスが関与しリュダクリス
が客演する「Grey」、ウォーリン・キャンベル制作の「In the Name」などミッ
ド〜スロウを中心に、以前より角がとれて大人度を増した彼女の歌声が輝
く秀作だ。 Y

## Dreamseeker
### Goapele
2017 | Skyblaze / Empire

キャリア初期からザイオン・アイやE-40といったヒップホップ勢と交流し
つづけてきた、シンガーのゴアペレ。ラップと歌の境界線が完全に融解し
た2017年にリリースされた本作は、トラップなどの要素を取り入れたプ
ロダクションも歯切れよい歌の乗せ方も、共にドレイク以降のヒップホッ
プ・モードだ。しかし、本来持っていたソウルフルな魅力は驚くほど損な
われていない。BJ・ザ・シカゴ・キッドとのトラップ・ソウル「Stay」での
美しさは圧巻だ。ラストに収められた本作では異色の生演奏ファンク
「Cool Breeze」も強力。 アボ

## Afterwords
### Jeff Bernat
2017 | Coridel

2011年、「Call You Mine」のヒットによって温もりある声に多くのリス
ナーが惚れたジェフ・バーナット。フィリピン系アメリカ人としてそのメ
ロウな作風はアジアでも根強い支持を得るが、4作目となる本アルバムで
は多彩なコラボが実現した。クール・キッズが参加する「West Coast
Getaway」は隙間のあるトラックにシンセを挿入しながらもなぜか体温を感
じさせ、ブルーとの「Hypnotized」ではエレクトロニックなビートの上で抑
制されたヴォーカルによって生温かさを演出。それは2010年代に優勢だっ
た人肌感とは一線を画する親密さであり、その差異に注目したい。 つや

## True to Self
### Bryson Tiller
2017 | RCA

イントロの「Rain on Me」からSWV「Rain」とドレイク「Brand New」を使
い、「Set It Off」ではフェイス・エヴァンス「You Are My Joy」をスク
リュー、「We Both Know」ではチェンジング・フェイセズ「Stroke You Up」
から爽やかさを抜いて引用(?)と、90年代R&Bのサンプリングとトラッ
プ・ビートの融合は、前作で「トラップ・ソウル」を定義づけた彼ならでは。
気だるい音世界や歌とラップを行き来するようなヴォーカルスタイルは変
わらずだが、ボーイ・ワンダー作のカリブ風アップ「Run Me Dry」や90s
ヒップホップ・テイストの「High Stakes」もあったりして面白い。 川口

## The Transition of Mali
### Mali Music

2017 | ByStorm / RCA

前作がグラミー賞2部門でノミネートされるなど、メジャーデビュー早々にして高い評価を受けたシンガーの2作目。エイコンとジョン・レジェンドを合わせたようなヴォーカルが彼の最大の特徴であるが、オープニング・ナンバー「Bow Out」からその持ち味は炸裂。元々ゴスペル畑の人だけあって厳かなバラードもあったりするが、ジェネイ・アイコをフィーチャーした「Contradiction」では彼女と共にラップ・シンギングを披露したり、スピリチュアルな「Sit Down for This」ではUKのプロデューサー、ピート・マーティンと組むなど、なかなかの意欲作である。 川口

## Girl Disrupted
### Sevyn Streeter

2017 | Atlantic

EP『Call Me Crazy, But...』で耳目を集めたセヴン・ストリーターだが、フルレングスのアルバムとしては本作がデビュー作。本人もアリーヤへのトリビュートだと認めており、実際に「At Your Best (You Are Love)」を思わせる「Before I Do」や、フェイス・エヴァンス「Soon as I Get Home」のリメイクはもちろんのこと、ヒットメイカの手がける「Anything U Want」など、90年代後半～00年代前半のR&Bを思わせるキラキラ感が心地よい。タイトルは映画『Girl, Interrupted』(邦題『17歳のカルテ』)を観ながら、音楽業界に身を置く自分のようだと感じたことに由来する。 奥田

## The Spectrum
### Daley

2017 | BMG

ハイトーンの美声にエモーションを込めて歌う英マンチェスターの白人シンガーによる2枚目のアルバム。今作もUS R&Bのシーンに照準を定め、ジル・スコットを迎えた切なくも美しいバラードやアンドレ・ハリスと制作したスロウなどでネオソウルを含む往時のR&Bに対する憧憬をあらわにしながら、ダニエル・エイジド(インク・ノー・ワールド)と制作したアンビエントなスロウなどで同時代のシーンにコミットする。スウィンドルを迎えたプリンス風のポップ・ファンク、xSDTRK率いるチャイルドと共演した2ステップ系などのアップも清々しい。 林

## Drive Slow
### Mac Ayres

2017 | ARIMÉ

マック・エアーズは、バークリー音大在学中に本作を制作し、その早熟な才能が一躍注目を集めることに。冒頭から20歳の誕生日を祝う祖母からのメッセージで幕を開け、ディアンジェロやJ・ディラに影響を受けたというスムースなブルーアイド・ソウルが快楽的に響き渡る。タイトル通り滑らかにゆっくりとドライヴするような心地よさがあるものの、歌詞はセンシティヴで時に内省的、サウンドも2010年代のオルタナティヴR&Bを通過した抽象性へと傾く瞬間があり、掴めるようで掴めない輪郭がじれったさを募らせる。隠れた佳作。 つや

# Freudian
## Daniel Caesar

2017 | Golden Child

本作のリリース当時22歳にして「セックスすることとメイクラヴすることは違う」と語っていたのが、このオシャワの新星ダニエル・シーザーである。そんな彼だけに、純愛を歌った、聴く者を穏やかな気持ちにさせる楽曲が続く。休日の朝にコーヒーを飲みながら聴きたいH.E.R.との「Best Part」や、愛する人と一緒になれた喜びを少し官能的な要素も交えて歌いあげるカリ・ウチスとの「Get You」は、今でもダニエル・シーザーの代表曲と捉えるファンが多いだろう。「僕はめちゃくちゃだけど、君と一緒になれて幸せだ」と歌う「Blessed」が後半のハイライト。 奥田

# Hide&Seek
## The Foreign Exchange

2017 | Reel People Music

UKのリール・ピープル・ミュージック・レコーズのコンピ・シリーズ"ハイド・アンド・シーク(かくれんぼの意)"。第一弾の選曲家はザ・フォーリン・エクスチェンジで、彼ら自身の楽曲はもちろん、ビラルやDJスピナ、アトランタ出身のシンガーソングライター、ボスコ、デトロイトのハウス・プロデューサー、ピラニアヘッドといった地域も音楽性もバラバラのアーティストのナンバーが収められており、ヴァラエティ豊かなコンピに仕上がっている。それでいて70〜80年代ソウルへの愛という共通項があるため散漫な印象は全くない。 長谷川

# Trip
## Jhené Aiko

2017 | ARTium / Def Jam

チルウェイヴの歌姫ジェネイ・アイコのセカンド作は前作以上に内省的な仕上がり。収録曲には明快なサビを持たず、ひたすら自問自答を重ねる曲も多い。そう、タイトルの「旅」とはインナースペースへの旅を指しているのだ。ただしそれでもリスナーを惹きつけるのは、声量を捨てて感情表現とフロウに全振りした彼女のヴォーカルに異様な吸引力があるから。「私を探さないで」と歌う「Jukai(樹海)」にはアフリカやベネズエラと共に流れる日系のルーツを感じさせる。プロデュースは当時の夫ドット・ダ・ジニアスやノー・I.D.らが担当。 長谷川

# Aromanticism
## Moses Sumney

2017 | Jagjaguwar

アンドロジナスなムードのなか、探求されるのは"ロマンスではない"愛。レディオヘッドに、R.E.M.やザ・ナショナルといった名前も思い浮かぶし、ストリングスを手がけるロブ・ムースはスフィアン・スティーヴンス周りの人材と、自身はアフリカン・アメリカンであるサムニーの、白人インディ界隈への自然な共鳴にまず見張る。フォークか、ポスト・クラシカルか……とはいえ楽曲の核はやはり柔らかなファルセットとゴスペル由来の極上のハーモニーで、ジャズとも緩やかに接合。黒と白の既成概念とはこうも見事に融解してしまうものか。 井草

## About Time
### Sabrina Claudio

2017 | SC

ミックステープだが、ヴォリュームのみならず楽曲の洗練具合・重厚感といった点で、アルバムと称しても遜色ない仕上がりに感じられる。ASMR的なカサカサしたサブリナ・クラウディオの声の聴かせ方がセンシュアルで幻想的。本人もコンフォートゾーンから飛び出たと語る「Used To」はトロピカルな要素が耳に心地よい。サックス奏者＝故ジェイムズ・ケイシーの参加した「Wait」には、こんなジャズの要素の取り入れ方もあるのかと驚かされる。このようにビートはヴァラエティに富むが、いずれも彼女の声を配置するための空間として機能している印象。 奥田

## Take Me Apart
### Kelela

2017 | Warp

「Rewind」のヒットで各方面からの注目を集めたケレラの初アルバム。アルカやボク・ボクら馴染み深い面々によるビートは従来のアトモスフェリックな音像だが、MVも含めて90sの香り漂う「LMK」やY2Kのバウンスを潜めた「Frontline」などR&B要素も同居。ニア・アンドリュースがペンを握った「Blue Light」なんかは、ジャネットとビョークを同時に聴いているような不思議なトリップ感覚にも浸らせる。よりダンサブルな仕様のリミックス版も、クラブカルチャーの内側にいる彼女らしい説得力がある。 Y

## Morning After
### dvsn

2017 | OVO / Warner

全編を通じてあたりまえのように官能的で、トキシックな関係を歌ったものも多い。これについてdvsnのシンガー＝ダニエル・デイリーは、現実への風刺の意味も込めているのだと説明しているが、楽しくて仕方ないように聞こえるのは気のせいだろうか？　当時のドレイク同様にカリビアンの影響を感じさせる表題曲など実験的な要素もあるが、90年代なかばを思わせるシンセ使いの「Body Smile」を終盤に配しているあたりは正統派R&Bアルバムとしてさすがといった感じ。カバーアートの朝焼けが綺麗だが、OVOサウンドらしく夜に似つかわしい楽曲が多い印象。 奥田

## Honestly
### Lalah Hathaway

2017 | Hathaway

RPGのキャラクターのような本作のカバーアートのレイラ・ハサウェイ。聴いてみると、特に前半は、やはりゲームのBGMでもおかしくないような、電子音をふんだんに用いたビートが印象的だ。「don't give up」や「change ya life」など、歌詞の内容としてはモチベーショナル・スピーチを思わせるものも多いなか、そのビートが説教臭さを和らげる役割を果たしているかのようだ。「i can't wait」におけるコール＆レスポンスはいたってポジティブで素敵。全編にわたってティファニー・グーシェがアディショナル・ヴォーカルやプロダクションなどで参加している。 奥田

# Needle Paw

## Nai Palm

2017 | Sony Music Masterworks

ハイエイタス・カイヨーテのヴォーカリストが自曲やカヴァーを吹き込んだ初ソロ作。バッキングコーラスを含む多重録音された声とギターのみで構成された親密で内省的な作りだが素朴さは皆無で、自由闊達な歌いぶりと弾きぶりでシンガー／ギタリストとしての技巧と魂、凄みと深みを緊張感をもって刻み、底知れぬ才能をバンドの作品より直接伝える。圧巻はタミア、ジミヘン、デヴィッド・ボウイとレディオヘッドをそれぞれ取りあげた3、7、10曲目。アルバムの最初と最後は豪州先住民の文化に敬意を表した儀式曲にギターを合わせたもの。 天野

# FEELS

## Snoh Aalegra

2017 | ARTium

ノー・I.D.のバックアップを受けてリリースされた記念すべきファースト・フルアルバム。自身の音楽を「シネマティック・ソウル」「ロマンティック・ソウル」などと呼んでいるが、彼女の情感豊かな歌声で歌うドラマティックな楽曲や、ブラックスプロイテーション的な曲はたしかにそう表現しても大袈裟ではないかも。アイザック・ヘイズ「Ike's Rap II」使いの「Nothing Burns Like the Cold」、同郷スウェーデンのラッパー、ティンブクトゥ参加のスペーシー・ミディアム「Like I Used Too」など、存在感のある曲がズラリ並んでおり、これから始まる彼女の快進撃を予感させるようである。 川口

# November

## SiR

2018 | TDE

音楽一家で育ったカリフォルニア州イングルウッド出身のネオソウル・シンガー、SiRはトップ・ドッグ・エンターテインメントからリリースしたセカンドアルバムで愛を歌う。DJカリルをはじめ様々なプロデューサーが参加しているがムードは一貫しており、時おり既婚者とは思えないリリックもあるが、それもゆったりとシルキーに歌われるといつの間にかうっとりとしてしまう。彼の場合は女性ロボット"K"とのやりとりを通じて、愛という見慣れたテーマのアルバムに宇宙旅行という要素を継ぎ足しているのも面白い。 高久

# Crush

## Ravyn Lenae

2018 | Three Twenty Three / Atlantic

スミノによる音楽コレクティヴ＝ゼロ・ファティーグの一員で、シカゴのブラックミュージック・コミュニティに育まれた当時19歳。ただし注目を浴びたこのEPはスティーヴ・レイシーによるプロデュースで、本人もヴォーカルで客演。地元の先輩であるノーネームとも通じるベッドルーム・ポップ風のユーフォリック・サウンドに、"レイシー印"なチープなコーラスのかかったギターやローファイ・ビートが重なり、シカゴとLAという異なる地域のコミュニティが一作のなかに交錯するのが面白い。ゴスペル由来の豊かなハーモニーも◎。 井草

## Platinum Fire
### Arin Ray

2018 | Interscope

英オーディション番組『The X Factor』の米国版シーズン1、2（それぞれ
2011、12年放映）出演で耳目を集めたアリン・レイだが、本格的にデビュー
を果たしたのは2018年のこのアルバム。アッシャーを彷彿させる歌声な
がら、シンセやヴォコーダーの使い方などは極めて西海岸的。ゲストにも
タイ・ダラー・サイン、YG、SiR、テラス・マーティンといった西海岸勢
の名前が並ぶ。どの曲も重々しくなく、夏の風に吹かれる椰子の木のよ
う。スクールボーイ・Qやエイサップ・ロッキーらとの仕事で知られるネ
ズ＆リオが多くの楽曲を手がけている。 奥田

## Isolation
### Kali Uchis

2018 | Rinse / Virgin EMI

ほぼ全曲キラーチューン。コロンビア人ゆえのレゲトン、ダンスホール、
スペイン語ナンバーも際立つがそれだけではないのが面白いところで、ボ
サノヴァ、ファンク、ソウルと曲ごとにアレンジを変えつつサラリと乗り
こなし、エスケーピズム漂うサイケなサウンドに取り込んでしまう。サン
ダーキャット、サウンウェーヴ、ゴリラズ、テーム・インパラとプロデュー
スも多彩だが、ブーツィー・コリンズの客演にもわかるようにクラシック
への誠実さも見逃せない。セクシュアルかつ刹那的なムード漂うリリック
は若き日の自身を投影したものとも。 井草

## Flawd
### Adrian Daniel

2017 | 1990

ブルックリン出身、元ダンサーの経歴を持つエイドリアン・ダニエルの作
品はどれもクオリティが高く、特にデビューアルバム『Disillusions』も捨て
がたいが、カニエ・ウェストをも彷彿とさせるような縦横無尽の音楽性が
ソウルフルに結晶化した本作を推したい。ギターの音が痛々しく鳴り、癒
やしと諦念がリヴァーブの彼方でほんのりと消えていく様が物悲しい。
「Enough」を聴くと、オルタナティヴR&Bはある側面においてはブルース
であることが理解できる。彼はインタビューで語っている、「僕たちはめ
ちゃくちゃだ、でもそれが人間なんだ」と。 つや

## Joyride
### Tinashe

2018 | RCA

ティナーシェの評価を難しくしているのは、オルタナ実験主義でありなが
ら激しく踊るポップスター性を持ち合わせるマルチっぷりだろう。ボ
リューミィな今作の場合、表題曲はリアーナが保持したトラックであった
し、「No Contest」はシアラを彷彿とさせ、日本盤収録曲「Superlove」に
至っては完膚なきまでにキッチュな90s R&Bポップである。ともあれユ
ニークな巡りあわせは、ダンスグループ文化が独自の進化を遂げたK-POP
シーンで彼女がカリスマの座につき、その影響が米国に逆輸入されていっ
たことだろう。 辰巳

## Conexão

### Amber Mark

2018 | PMR / Virgin EMI

前年の『3:33AM』は母の死にまつわる感情を綴ったセラピー的な内容だったが、この4曲入りのEPでは、ミニマルなサウンドとダウナーにして情熱的な声で愛の始まりから愛が冷めるまでを描いている。冒頭の表題曲がリムショット音を際立たせたボサノヴァ風なのは、"繋がり"を意味するタイトルがポルトガル語だからなのだろう。どこかシャーデー風と思ったら、「Love Is Stronger Than Pride」のカヴァーも登場。愛にのめり込んでいく様をエレガントに歌う「Love Me Right」、ラテン味のあるダンス曲「All the Work」もシャーデーに通じている。 林

## Wanna Be Your Man

### Prophet

2018 | Stones Throw

サンフランシスコ出身のファンクミュージシャン、プロフェットは1984年に『Right on Time』という1枚のレコードをリリースした。LAの重要レーベル、ストーンズ・スロウのファウンダーであるピーナッツ・バター・ウルフがその1枚に出会ったのが2000年代初頭。それから同作はウルフの愛聴盤となり、2013年に彼は自身のレーベルと契約するマインドデザインをプロフェットに紹介し、18年、ついに本作がリリース。30年を超える時を経て再び届けられた奇跡の歌声は、喜びに溢れた現代のファンクだ。 高久

## Lost & Found

### Jorja Smith

2018 | FAMM

ドレイクやケンドリック・ラマーからもフックアップされ、これ以上ないタイミングでドロップされたデビューアルバム。イギリス生まれのジョルジャの歌声からは、安らぎと同じくらい北風のような乾いた憂いを感じる。本作に収録されたのは16歳から21歳までに書かれた楽曲。ディジー・ラスカル「Sirens」をサンプリングし、ストリートと社会の不条理をしなやかに歌う「Blue Lights」は大きな反響を呼んだ。切なく狂おしい「Teenage Fantasy」や情感たっぷりに歌う「Don't Watch Me Cry」など収録。 渡辺

## EVERYTHING IS LOVE

### The Carters

2018 | Parkwood / Sony / Roc Nation

ビヨンセとジェイ・Zの夫婦デュオ、ザ・カーターズによる現状唯一のアルバムは、黒人をレプリゼントし、周囲の人々を、そしてふたりの間にある愛をレプリゼントしている。甘いバラード、威勢のいいトラップ、荘厳なアンセム……繊細かつ大胆に様々な表情を見せるが、とりわけビヨンセによるヴォーカルの自在さに、ジェイ・Zが黒人の歴史と接続する様に、あらためて唸るはずだ。ルーヴル美術館で撮影された「APESHIT」のMVが必見であるのはもちろん、『Lemonade』『4:44』と並べることでより意味を増す一枚。 高久

## K.T.S.E.

**Teyana Taylor** 2018 | G.O.O.D. / Def Jam

カニエ・ウェストの肝煎りでデビューしたシンガーのセカンド作。イント
ロの「No Manners」からして、モータウンの地味グループ(失礼！)、エルジ
ンズ「Love Where Are You Hiding」を早回し使いしたヘンテコな曲となっ
ているが、その後もデルフォニックス、スタイリスティックス、スライ、
JB等々をサンプリングした初期カニエ作品を思い起こさせる内容でニヤリ
としてしまう。ポップなトラックに小躍りしたくなる「Hurry」や、シスコ
「How Can I Love U 2nite」を引用した神聖な雰囲気の「3Way」など、様々な
サウンドの上を少しかすれぎみな彼女の歌声が響く好盤だ。　川口

## Summer Pack

**Childish Gambino** 2018 | mc DJ / RCA

初登場で全米チャート１位を獲得した「This Is America」の成功を受けて作
られた「夏」をテーマとする２曲入りEP。ダンスホールを取り入れたトロピ
カルなラヴソング「Summertime Magic」の一方、メランコリックな「Feels
Like Summer」では環境問題に言及。そのテーマや憂いを帯びたファルセッ
トヴォーカルからは否が応でもマーヴィン・ゲイ「Inner City Blues」がオー
ヴァーラップしてくる。自ら主演を務めた映画『Guava Island』で上記２曲
と共に使用された爽快なディスコナンバー「Saturday」の正式音源化にも期
待したいところ。　高橋

## Selfless

**Kiana Ledé** 2017 | Republic

ティーンの頃からその歌唱力を高く評価され、加えて演技の面でも活躍し
ていたキアナ・レデが放ったデビューEP。リミックスを含む全７曲を収
録。大人びた表現力で、特に感情たっぷりに歌う等身大の恋愛ソングは同
世代のリスナーから厚い支持を得た。EPからのリードシングルである「EX」
は現在までにプラチナ・ディスクにも認定され、EPには未収録だがリ
ル・ベイビーとフレンチ・モンタナを招いたリミックスも登場。また、
2023年にはSNSで「Wicked Games」がブレイクし、彼女にとっては息の長
い代表作に。　渡辺

## Hive Mind

**The Internet** 2018 | Columbia

初のグラミー賞にノミネートされた『Ego Death』に続く4thアルバム。シ
ド、スティーヴ・レイシー、マシュー・マーティン、パトリック・ペイジ
ら各メンバーのソロ活動を経ての再結集ということもあってリフレッシュ
感が高く、そんな気分は「集合精神」を意味するタイトルにも打ち出されて
いる。ギャズ「Sing Sing」のビートを引用したヘヴィファンク「Roll (Burbank
Funk)」からアリーヤが憑依したようなシドのヴォーカルが美しいメロウグ
ルーヴ「It Gets Better (With Time)」まで、これまでになく抜けのいいサウ
ンドが楽しめる。　高橋

## Silk Canvas
### VanJess

2018 | Self-released

YouTubeのカヴァー動画をきっかけに注目を浴びたナイジェリアルーツの姉妹デュオ。スモーキーな歌声の姉イヴァナ、猫撫で声から低音まで行き来する妹ジェシカによるコーラスワークにジャネイを想起する人も多いだろう。ケイトラナダやマセーゴらによるスムースなダンストラックに、90年代の香り漂う彼女たちの歌が溶けあっていく様は至福のひとときだ。キープ・クール発の2021年作EP『Homegrown』も傑作だったが、イヴァナが音楽活動を離れ惜しくも解散。ジェシカは名義をアマカと変えソロ活動をスタートしている。 Y

## Negro Swan
### Blood Orange

2018 | Domino

ブラッド・オレンジことデヴ・ハインズによる4作目は、ストリートの雑踏で幕を開ける。そしてデヴは16歳の少年に戻る。繰り返すのはファーストキスの思い出。「First kiss was the floor」。悲しい記憶が綴られたフレーズは、優しくリフレインする。きっとこの作品のテーマは黒人の、クィアな人々の抱える不安や憂鬱だが、でも全体が暗く閉ざされているわけではなく、怒りに燃えているわけでもない。その曖昧さこそ、最も本作が強調するところなのだろう。柔らかな歌声は、誰しもが繋がることのできる可能性を包み込んで響く。 高久

## For You
### Olivia Nelson

2018 | Hear This

ロンドン出身、デビュー時22歳のシンガーソングライターのファースト作。キュートなルックス＆歌声もキュートなので、いくらでもポップな方向に行けたと思うが、本人はフランク・オーシャンやハイエイタス・カイヨーテに影響を受けたとのことで、ただのカワイ子ちゃんシンガーのアルバムには終わっていない。ネオソウル・ライクな「Back When」、アタックの強いビートが印象的な80s風アップ「Up All Night」、スピリチュアルな空気漂う「Crybaby」など、収録曲は百花繚乱。そんな彼女を支えるのはアムステルダム出身のビートメイカー、ジャロウ・ヴァンダル。納得。 川口

## Lady Lady
### Masego

2018 | EQT

"トラップ・ハウス・ジャズ"を標榜し、ヴォーカルにサックス、ドラムマシンに鍵盤までを操る脅威のDIYアーティスト、マセーゴ。ファーストアルバムとなる本作には、SiRやティファニー・グーシェらが参加。タイトルとアートワークが示す通り、どこまでもロマンティックで官能的でありつつトラップ世代の生々しさも共存し、魅惑のオルタナ色を演出している。「Tadow」にはフランス出身で、マセーゴと同じくひとりで多種の楽器を操るFKJが参加。2本のサックスを中心に、多要素がインプロ的に絡みあい楽曲が構築されていく様はまさに昇天モノ。 渡辺

# East Atlanta Love Letter
## 6LACK

2018 | LVRN / Interscope

甘さ控えめでラップ的なニュアンスのある歌を得意とするブラックだが、本作はサウンドやアティテュードもR&Bよりヒップホップに近い。グッチ・メインらを輩出したイースト・アトランタらしい、冷ややかなトラップ中心のビートで歌う様はクールを超えてもはやコールドだ。美しいピアノを使った「Disconnect」のような非トラップ系の曲でも、シンガーが歌うR&Bというよりはどこかメロディック・ラップっぽく聞こえる。客演ラッパーの人数はかなり絞られているが、完全にヒップホップと同じ感覚で聴くことができる作品だ。 アポ

# NYLA
## Marsha Ambrosius

2018 | Human Re Sources / eOne

フロエトリーでのフィリー寄りの活動で広く知られるマーシャ・アンブロージアスだが、一時期ドクター・ドレー率いるアフターマスに所属していたこともある。本作でも基本的な路線はオーガニックな音使いが光るネオソウル系のフィリーっぽいスタイルだが、アフターマス周辺のフォーカスとデム・ジョインツがしっかりとサポート。包容力とねじ伏せ力が両立するマーシャの歌声の魅力を引き出している。デム・ジョインツ制作のエッジィな「Bottle Fulla Liquor」などエレクトロニックな要素を取り入れた曲もすばらしい。 アポ

# Ella Mai
## Ella Mai

2017 | 10 Summers / Interscope

マスタードが送り出したエラ・メイは、2018年当時のシーンでは珍しいほどのピュアなR&Bを志向するシンガーだ。ラップのような歌い方も取り入れてはいるものの、そのスタイルはラッパーとは明らかに違う「歌」。マスタード主導のプロダクションについても、明確に90〜2000年代のR&Bを意識したようなスウィートなものだ。シングル「Boo'd Up」や「Trip」を筆頭に、甘く切ない歌心が堪能できる。とはいえ単なる焼き直しではなく、強いループ感や跳ねるドラムなど随所にR&ベースの残り香が漂っている。 アポ

# mō'zā-ik.
## Phony Ppl

2018 | 300

2008年から活動するブルックリン発のバンドによる4作目。ソウルやヒップホップ、ジャズからロックまでごった煮にするスタイルはジ・インターネットとも比較されるが、エルビーによるファレル似の親しみやすい歌を含めN.E.R.D.とリンクする瞬間も多い。可愛らしいラヴソング〜警察による暴力で倒れた黒人への鎮魂歌など、身近な話題からシリアスなトピックまでを扱いつつ、近所の兄ちゃん的なストリートの遊び心もふんだんに持ち合わせるのが最大の魅力。アイヴァン・バリアスと組み80sブギーに傾倒した次作もすばらしい。 Y

# Saturn

## Nao

2018 | Little / RCA

マーキュリー賞とグラミー賞にノミネートされたUKのシンガーの2作目。主題はタイトル通り占星術の土星回帰(厄年のような人生の転機)。ベースヘヴィな1曲目、ブレイクビートの2曲目とキラーな開幕2曲で彼女らしい未来派R&Bが提示されるが、クワーブスと歌う表題曲は珍しくストレートなソウル／ジャズ。優美なラヴソングだが、29歳で人生を見つめる苦さも滲んでおり感動的だ。3曲目のダンスビート(ムラ・マサ制作)、10曲目のアフロビーツ、12曲目のファンクと意匠は様々だが、甘いハイトーンヴォイスはどこまでも伸びやか。 天野

# Adeline

## Adeline

2018 | Self-released

現在はアディ・オアシス名義で活動するフレンチ・カリビアンのシンガー／ベーシスト。NYブルックリンを拠点にエスコートのメンバーとしても活動し、Us3などでも歌っていた彼女が、本名に因んだアデュリーンとして発表したソロデビュー作だ。モーガン・ワイリーとの制作デュオ、ナイトシェイドとして自らプロデュースした楽曲は、憧れのダイアナ・ロスがニュー・ディスコやフューチャー・ファンクに挑んだかのようで、エスコートの延長線上にある。デニティアを招いた「Come & Go」のようなインディロック経由のR&Bも交えてクールな美声で歌い通す。 林

# Oxnard

## Anderson .Paak

2018 | 12Tone / OBE / Aftermath

アフリカ系と韓国系のミックスのラッパー／シンガーソングライターが、ドクター・ドレー主宰のアフターマスに移籍して放ったメジャーデビュー作。プロデューサーはドレーやナインス・ワンダーら様々だが、自ら叩くドラムを中核としたサウンドはライヴ感覚あふれるもの。ケンドリック・ラマーやQティップ、スヌープといったレジェンドを招きながら、自身のペースは崩していない。本作で披露されたオールドR&Bへの偏愛と知識は、次作におけるスモーキー・ロビンソンとの共演、そしてブルーノ・マーズとのシルク・ソニックに繋がっていく。 長谷川

# The Plan

## DaniLeigh

2018 | Def Jam

18歳のときにプリンスのMVに携わったキャリアを持ち、ダンサーとしての顔を持つダニー・リーのデビューアルバム。シンプルなビートの上でラップするように歌う柔軟性は、この時代におけるヒップホップ・ソウルのひとつのかたちを示しているかのようだ。リード曲「Lil Bebe」は不穏なビートとマイナーキーで歌う旋律が耳から離れず、アルバムにはリル・ベイビーを迎えたリミックス版も収録。ほかにも本作にはYBNナーミアーやYG、リル・ヨッティと個性派ラッパーらを招きつつも、彼らと互角に張りあう姿が頼もしい。 渡辺

# R&Bと非R&Bの狭間で

**フランク・オーシャンの『Blonde』はいかにして** ○文——天野龍太郎
**ジャンル間の壁を曖昧にし、音楽的な革命を起こしたか**

Featuring

FRANK O
TOM SAC
KANYE W
WOLFGAN
VIVIANE S
HARLEY
TYRONE
REN HAN
MICHAEL
JIM MAN
NABIL EL

© 2016 Frank Oc
No part of this p
any means, inclu
mechanical meth

PRINTED I

2023年4月16日、コーチェラ・フェスティヴァルのヘッドライナーを務めたフランク・オーシャンは、開始時間の遅延やパフォーマンスの内容、突然の幕切れなどによって、現地と（配信がなかったため、ソーシャルメディアから漏れ伝わる断片的な映像や情報を通してウォッチしていた）インターネット上のファンを困惑させた。後日、本人が「混沌としていた。混沌のなかにも美しさがあった」と認めているように、それはカオスであり、もっといえばただの混乱だった。フランクは、翌週の23日の出演をキャンセルした。

そのあたりの仔細な事情に立ち入る必要はないので触れないものの、フランクはそこで2017年以来、6年ぶりのライヴを行うはずだった。7年間、アルバムなどのまとまった作品を発表しておらず、音楽、ひいては表舞台での活動自体が気まぐれだったとしか思えない散発的なものであったことを思えば、「コーチェラのヘッドライナー」という大役を引き受けたことが奇跡かジョークのようなもので、正直に言って、それを台無しにした事実に彼らしさを感じないでもなかった。あの混乱こそが、フランク的だった。

たとえば彼が、2011年にミックステープ『nostalgia, ULTRA』を、翌2012年にデビューアルバム『channel ORANGE』を発表し、デフ・ジャムとの契約を続け、作品をコンスタントにリリースし、ライヴやツアーを定期的に行う「普通のミュージシャン」だったとしたら、あの混乱はなかっただろう。しかしフランクは、前作から4年を空けた2016年8月に、（謎めいたヴィジュアルアルバムで、限定的な方法でしかいまだにリリースされていない『Endless』とほぼ同時に）現代のマスターピース『Blonde』をリリースした。それも、かなり独特な方法で。結局、そのことこそ、そしてあのアルバムがその後に絶大な影響を及ぼしたからこそ、あの混乱が生じたのだ。その後の漠然とした空白だらけのキャリアを含めて、『Blonde』をものにしたからこそフランクは、スコット・ウォーカーやディアンジェロ、ローリン・ヒル、リアーナのような、非常に特殊な立ち位置のアーティストに良くも悪くもなったといえる。

音楽の面でも、それ以外の面でも、『Blonde』は、現代のポップミュージック、そしてフランク自身に打ち込まれた楔（くさび）やトラウマの

ような作品にも感じられる。それはなぜか、ということを書いてみたい。

## ◉分裂と混乱

まず、当時の記憶が薄れつつあるなかで書き記しておきたいのが、上に書いた通り、『Blonde』が極めて特殊な方法でリリースされたことだ。8月20日、LA、NYC、シカゴ、ロンドンの4都市でポップアップショップが予告なしに開かれ、そこで『Boys Don't Cry』[図1]という謎めいた雑誌が無料で配布された。雑誌には3種類の表紙があったが、銀色の袋で包装されており、中身は開けてみるまでわからない。そこに「付録」のようにしてくっついていたCDが『Blonde』だったわけだが、その後に配信されたアルバムに対して、CDにはKOHHが参加した「Nikes」が収録されている、という違いがあった（ちなみに、のちに通販された雑誌のCDにその曲は収録されていない）。

このように、3種類の表紙や収録曲の相違、カヴァーに記載された「Blond」と実際のタイトルである「Blonde」など、いくつかの状態に引き裂かれて分裂していること、それによって混乱していることこそが、『Blonde』という作品のコアだと私は思っている。そして、『Blonde』の、フランクの分裂と混乱が何を引き起こしているのかといえば、様々な分断線を曖昧（あいまい）にしているのだとも考えている。

ともあれ、『Blonde』の変わったリリース方法、ソーシャルメディアなどを巻き込んだ効果的なヴァイラルマーケティングでもあったその手法は、クールで鮮やかだった。かつてプリンスが『Planet Earth』と『20Ten』を新聞や雑誌の付録として配ったことを思わせなくもないが、特に欧米でダウンロード販売からストリーミング再生へと音楽のディストリビューションのかたちがドラスティックに変わっていった2010年代なかばまでは、大物のアーティストが新作をサプライズでリリースするということが、「サプライズ」が失われるくらいには流行していた。『Blonde』の方法は、その流れにありつつも、カウンター的でもあったのだ。その後に同様の方法が頻繁に真似られたというわけではないものの、作品を聴き手に届ける過程に独自の体験を染み込ませたこと、「驚き」を取り戻したことには、一定の意味があったといえる。

図1

『Boys Don't Cry』には、"白のフェラーリ"ほか多数の自動車関連写真やカニエ・ウェストの寄稿エッセイなどが収録されている。上掲写真は『Blonde』の終曲「Futura Free」のアウトロでも聴けるインタヴューの書き起こしページ。

## ◉R&Bの定義をゆさぶる「ドラムレス」な音作り

さて。ここで音楽面の話をようやくしてみたいのだけれど、この10年ほどの間に、『Blonde』ほどわかりやすいかたちで音楽的な影響を広範に及ぼした作品がほかにあったかというと、なかなか思い浮かばない。それこそ、R&Bの近現代史における革新的な作品ということでいえば、本書に掲載されている通り、たくさんの作品が挙げられる。ビヨンセの『Lemonade』、ソランジュの『A Seat at the Table』、ジャネール・モネイの『The ArchAndroid』……。新しい音、新しい態度、新しい価値観、なにより新しい歌を伴った傑作が多数生まれたものの、ほかのアーティストへ音楽的な影響を及ぼした、音楽的なフォロワーを多数生んだという点で、『Blonde』に並ぶものはないのではないだろうか。直接的にも間接的にも影響を受けている作品は無数にあり、その作風を真似た曲はいくらでも挙げることができ、(ビートルズ的な形式や様式を模範とする音楽の「ビートレスク」のように)「ブロンディッシュ」といえる作品は数多い。

2010年代のポップミュージックは「ポストジャンル」ということがたびたび語られた時代で、それは2024年の今も深く、様々な位相で進行中である。当然、ジャンルの壁はまだまだあると感じないこともないが、それでもはっきりとした区切りは溶解した部分が多いし、ジャンル間の交流や交通は自然なものになった。リスナーの耳は拡張され、自由さや解放を経験している。フランクの音楽は、その筆頭だろう。実際、『Blonde』を「R&B」として聴いているリスナーがどれくらいいるのだろうか? 無用な比較をするなら、『SOS』であらゆるジャンルを取り込んでみせたSZAの音楽はR&B的だと感じられるし、フランクのほかの作品でいえば、『channel ORANGE』やアイズレー・ブラザーズをカヴァーした『Endless』にはR&B的な手触りがまだ強くあるが、『Blonde』はといえば……。

『Blonde』は、『Endless』の冒頭でヴォルフガング・ティルマンス[図2]が歌っているように、様々な境界線を曖昧にしている。わかりやすい例として、プロデューサーや参加ミュージシャンの人選が挙げられる。元ヴァンパイア・ウィークエンドのロスタム・バトマングリ、フィオナ・アップルなどとの仕事や映画音楽で知られるプロデューサーのジョン・ブライオン(ただし、彼はカニエ・ウェストやビヨンセとも協働している)、フレンチエレクトロ系ミュージシャンのセバス

図2

blond

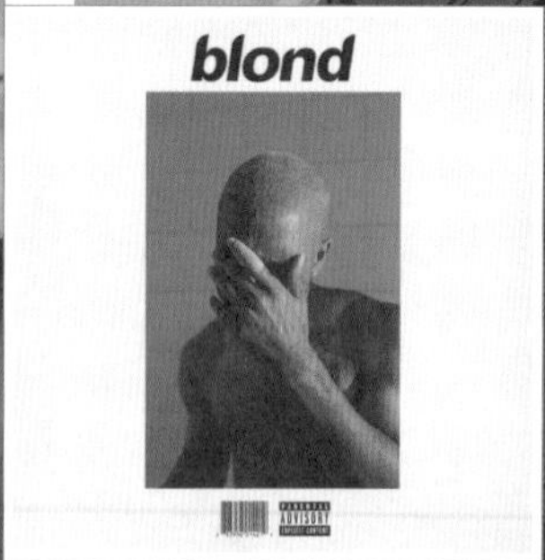

ティルマンスは、『Blonde』の
ジャケットを撮影したことでも
知られる写真家

チャン、ほかにもヴィーガン、アレックス・G、レディオヘッドのジョニー・グリーンウッド、元ダーティ・プロジェクターズのアンバー・コフマン、スロウ・ホロウズのオースティン・ファインスタイン、etc.。目立つのは、インディロックやエレクトロニック・ミュージックの音楽家である。極めつきは、サンプリングや引用されているのがビートルズ、エリオット・スミス、ギャング・オブ・フォーなどだということ。そもそも「Boys Don't Cry」という誌名からしてザ・キュアーの曲名(ないし1999年の映画のタイトル)の引用であり(『Blonde』のタイトルは当初、「Boys Don't Cry」になる予定だった)、同誌で列挙された「好きな曲50曲」からもわかる通り、それらはフランク自身の音楽的な嗜好があってこそだろう。

パーソネルを眺めるだけでもわかる越境性や折衷性は、音楽的にも当然、わかりやすく表れている。「Pretty Sweet」の中間部の、ドラムンベースにも近い高速ブレイクビート。「Skyline To」や「White Ferrari」や「Seigfried」や「Godspeed」の、アンビエントのような曖昧な音づくり。IDMのような複雑性や楽音から離れたノイズに近いサウンドの多用は、『Blonde』でも『Endless』でも聴くことができる。アルバムを締めくくる「Futura Free」が象徴するように、1曲のなかでプロダクションが次々と変遷していき、フランクの歌の自由なフロウも相まって、伸び縮みするような奇妙な時間の感覚を抱かせるところもある。

『Blonde』を聴いて印象に残るのは、ギターの音ではないかと思う。ドラムでもシンセサイザーでもベースでもなく、ファンク的なカッティングでもない、コードをじゃらんと弾き流したりリフ的なフレーズを繰り返すギター。「Self Control」のような弾き語りに近い「声とギター」の親密でシンプルでミニマルな曲、あるいはパートが多く、それ以外の場面でもギターが重要な役割を果たしている曲が複数あるのだ。

最も重要なポイントが残っている。『Blonde』を語るときによく言われるのが、「ビートレス」だということだ。ただ、私としては、これは「ドラムレス」と言い換えるべきではないかと思う。『Blonde』は全体的にクリックがちゃんと鳴っている感じがするというか、声とギターやベースやキーボードなどしかないシーンでも律動感やテンポ、ループ感がキープされており、それらが希薄になる瞬間はそれほど多くなく、「ビート」はあると感じられるからだ。

しかし、ドラムレスであることがなぜ問題になるのかというと、それはやはり、「リズム&ブルース」というジャンル名の頭に「リズム」があることを考えればわかるだろう。リズムを司り支配する力の

あるドラムという楽器、あるいはドラムを模してプログラムされた電子的な打音、その力強さや心地よさこそがR&Bと呼ばれる音楽の核のひとつであることは疑いようがない。特に反復を前提とするポップミュージックにおいてドラムが果たす役割は説明するまでもなく大きく、ドラムビートがない曲はラジオフレンドリーでもない。『Blonde』においてドラムビートが完全に入っていない曲は、スキットを除けば2曲目の「Ivy」をはじめ7曲もある（「Skyline To」にはうっすらとキックが入っているが、アンビエント・ハウスのそれよりもずっと希薄だ）。もちろん「アンビエントR&B」と呼ばれるような作品が以前からあったことは確かだが、それでも、である。R&B、ひいてはポップミュージックのアルバムでは、異例中の異例だと言っていい。

## ◉曖昧な境界線から覗く未来

『Blonde』のプロダクションの面での革命は、主流に対するオルタナティヴであり、ダニエル・シーザーやカリード、ジョージ、ブロックハンプトン、トビ・ルー、マライア・ザ・サイエンティスト、ドミニク・ファイクといった後継者たちに影響を及ぼしていることは、彼らの作品を聴けばわかる。また、ロックやベッドルーム・ポップの音楽家にも、特に『Blonde』の密室的でダウナーな側面（"The feeling still deep down is good"）はインスピレーションを与えている。ロイ・ブレア［図3］のようなアーティストは、直接的なフォロワーだといえよう。日本では、宇多田ヒカルが共同プロデューサーを務めた小袋成彬（おぶくろなりあき）の2018年のソロデビュー作『分離派の夏』、翌年の『Piercing』の一部の曲には、上記の特徴がわかりやすく表れている。変わったところでいうと、岡田拓郎の2020年のアルバム『Morning Sun』はフォークロックと言っていい作風だが、『Blonde』のビート感覚を持ち込もうと試みたそうだ。

　2012年のカミングアウトによって、フランクがゲイないしバイセクシュアルであることはよく知られている。これについての「人生はダイナミックなもので、ダイナミックな経験と共にある。そして、同じ感情を音楽ジャンルに対しても抱いているんだ」という発言こそが、すべてを語っているだろう。彼は、『Blonde』であらゆるボーダーラインを曖昧にし、そして未来を最初に見た（"We gon' see the future first"）。『Blonde』は、今でもR&Bの、そしてポップミュージックの未来でありつづけている。

図3

ロイ・ブレアの2017年作『Cat Heaven』

# 音楽を
# 辞めかけながらも、
# いまやグラミー候補
# となったSZA

●文＝＝レジー・ウグウ　●訳＝＝押野素子

［初出：ニューヨーク・タイムズ／2018年1月23日］

**デビューアルバム『Ctrl』を不安いっぱいでリリースしたSZA。同アルバムはグラミー賞5部門にノミネートされた。**

ソングライターとしてのSZAは、その鋭い自己認識で知られている——突き刺すような眼差しで、欲望と不安のメカニズムを描くため、彼女の音楽を聴いていると、聴いてはいけないものを聴いているような気分になるほどだ。しかし、並外れた自己分析能力を持つがゆえに、厄介な事態に陥ることもある。ソラナ・ロウとしてこの世に生を受けたこのR&Bシンガーは、自身のファーストアルバムを疑い抜いたあげく、リリースを1年延期した。所属レーベルの社長は、自己不信こそが彼女の「クリプトナイト（弱点）」だと語っている。

昨年12月、ロサンゼルスを拠点とするSZAは、マンハッタンのはずれにあるリハーサル・スペースで、『サタデー・ナイト・ライヴ』のパフォーマンスに向けて練習していた。彼女が昨夏リリースされたアルバム『Ctrl』制作中の辛い経験を語ると、そのクリプトナイトが姿を現した。

「不安に駆られて、アルバムは最悪ってずっと思いつづけていた」と、蛍光灯に照らされたオフィスのなか、物腰柔らかで率直な27歳のシンガーは語る。オーバーサイズのウールのセーターに身を包み、バレンシアガの厚底スニーカーを履いた片足を木製のデスクにさりげなく載せた彼女は、いまだにアルバムの欠点を列挙することができた。サウンドの幅が狭く奥行きがない。コンセプトや言葉の使い方がワンパターン。フックが弱い。レコーディングの最中に、彼女は音楽を完全に辞めるつもりだとツイートしたこともあった。所属レーベルが介入し、アルバムのリリース日を決めたとき、「さっさと出して失敗したかった」と彼女は語っている。

しかし、正反対のことが起こった。『Ctrl』は2017年に最も高い評価を受けたアルバムのひとつとなり、若い女性たち、特に有色人種の若い女性たちにとって、お守りのような作品となった。彼女たちは、性の解放と傷つきやすさを真っすぐに語るストー

リーに、自らを重ねあわせたのだ。第60回グラミー賞で、彼女は最優秀新人賞を含む5部門にノミネートされ、最多ノミネートを受けた女性アーティストとなった。

昨年の授賞式では、ビヨンセが最優秀アルバム賞を逃し、フランク・オーシャンがボイコットして、同賞に鋭い批判が集まり、#GrammySoWhite（グラミーは真っ白）のハッシュタグが躍ったが、今年は民族的に多様な若手アーティスト（19歳のシンガー、カリードや、ドナルド・グローヴァーのヒップホップ的オルターエゴ、チャイルディッシュ・ガンビーノなど）が主要部門で多くのノミネートを獲得した。SZAはこうした若手アーティストの先頭に立っている。

あらゆる賞賛を浴び、彼女の内なる批評家は言葉を失った。絶え間なく襲ってくる自己不信が、外部からの絶大な賞賛とぶつかりあうという経験で、SZAはすっかりバランスを失い、彼女はこの状態を「ディスモーフィア（異形症）」と呼ぶようになったという。

「『これって妄想じゃないの？　自分のどこかがおかしいのかも？』なんて思ってしまう」と彼女は言う。「こんなこと、100万年経っても起こるわけないと思っていたから」

いまだに信じきれてはいない。グラミー賞を受賞したらどうするつもりかを尋ねられると、彼女はこう答えた。「自分の人生を考え直さなきゃいけないだろうな」。彼女にとっては、賞賛を受けることすら一種の危機となったのだ。「だって、そんなことになったら、ディスモーフィアが最高潮に達するだろうから」

若ければ若いほど注目される音楽業界で、

SZAは遅咲きの部類に入る。バーテンダーやセフォラでの販売アシスタントの仕事をしていた彼女は、気晴らしに音楽を始め、22歳でファーストEPを自主リリースした。彼女はセントルイスで、カトリック教徒で通信会社重役の母と、イスラム教徒でテレビプロデューサーの父の間に生まれた。彼女が10歳の頃、一家はニュージャージー州郊外のメープルウッドに引っ越した。

子どもの頃の彼女は、体操の練習とイスラム教のプレップ・スクールに縛られて育った。どちらも規律と責任感が重んじられる領域だ。一方、音楽には開放感があり、プレッシャーも少なかった。

「私は全くの初心者で、手探り状態だった」と、彼女はラッパーの兄の勧めで初めて作った曲について語った。「インターネットから盗んだビートを使って、クローゼットのなかで作った音楽」。

2011年、ニューヨークのストリートウェア・ブランドでアルバイトをしていたSZAは、トップ・ドッグ・エンターテインメントの社長、パンチことテレンス・ヘンダーソンに出会った。彼はレーベルのスターアーティスト、ケンドリック・ラマーがヘッドライナーを務めるコンサートのためにニューヨークを訪れており、偶然にも彼女の勤め先がコンサートのスポンサーだった。ヘンダーソンはSZAの音楽を聴いた（友人が率先して彼女の音楽をかけ、SZA自身は恐れおののいた）。このときは食指を動かさなかったが、ヘンダーソンは連絡をとりつづけ、3年後に彼女と契約した。

その間にSZAが自主リリースした2枚のEP——『See.SZA.Run』（2012）と『S』（13）——は、R&Bシーンに一石を投じた初期の重要作だ。収録曲はブランディやジル・スコッ

トだけでなく、ヒップホップやビョーク、さらにはトロ・イ・モアやピュリティ・リングといったアーティストによる型にはまらないエレクトロニック・ミュージックとも同じDNAを有しており、彼女はザ・ウィークエンドやフランク・オーシャンといった現代のイコノクラストと比較されるようになった。

当時の彼女の歌詞は、公開日記のような『Ctrl』の歌詞とはまるで違っていた。「Time Travel Undone」や「Aftermath」といった曲は、曖昧なイメージや抽象的なシンボリズムに満ちていた。そして、曖昧さを極めるかのように、彼女のヴォーカルはリヴァーブとアンビエントなエフェクトに沈められ、幽玄な雰囲気を醸し出していた。

評論家からスタイルと作品の深みを混同しているという批判を受けると、彼女はその言葉を真摯に受け止めた。

「『彼女が何者だかわからない』、『何を言っているかわからないし、つまらない』なんて言われていたの」とSZAは語る。「そこで私は、自分に退屈していたんだって気づいた。なんの構成も意図もなく、ただ感情を垂れ流していただけだって」

『Ctrl』で彼女が目指したのは、率直さと人間らしさだ。彼女は生身の人間の心と体をありのままに表現し、かつて隠してきたこととすべてに声を与えたいと思った。

アルバムのオープニング・トラック「Supermodel」で、彼女は不在の恋人に辛辣な嘲笑を浴びせながら（「あなたは一時的な恋人だった」）、自分にも刃を向ける（「どうして私、こんなに忘れっぽいんだろう」）。シングル「Drew Barrymore」では、自覚している欠点の告白（「おしとやかじゃなくてごめん、夜に脚の毛を剃らなくてごめん」）が、反抗的

で力強い呼びかけへと変わる。

脚本家でプロデューサーのイッサ・レイは、自身のHBOシリーズ『インセキュア』のシーズン2で『Ctrl』から数曲を使用した。SZAが一気に方向性を変え、本音で語るようになったために、注意を引かれたと語っている。

「生々しい感情や個人的な話を悪びれずに表現している」とレイは言う。「初期の作品は、雰囲気ものって印象があったけれど、今の彼女は、私が身近な人物として共感できる、ひとりの人間に思える」

『インセキュア』や、昨夏サプライズヒットを記録した映画『ガールズ・トリップ』と同様に、『Ctrl』の特性は、メインストリームのエンターテインメントで十分に表象されてこなかった若い黒人女性から特に大きな反響を呼んだ。

「私たちのもののような気がした」とレイはアルバムについて話す。「私や私の知っている女性たちが共感できるような経験を彼女は語っていて、それが嬉しい驚きだった」

『Ctrl』は自己主張が強すぎるという黒人女性にまつわるステレオタイプから一部インスピレーションを受けており、私生活ではそのステレオタイプを取り戻したいという願望から生まれた、とSZAは語っている。ニッキー・ミナージュとビヨンセ（「Feeling Myself」2014年）、リアーナ（「Consideration」2016年）の楽曲で、彼女がすでに予告していたテーマだ。

「私はうるさいことを恥じてはいない。私のことを生意気で女性らしくないと思っている大勢の男たちに、そう言ってきた」と彼女は言う。「『お前はうるさくて不快だ、図々しい、わずらわしい』なんて多くの黒人

女性がいわれている。でもそれって、最高に美しいと思う」

　アルバムは、セックスと欲望を堂々と価値中立的に描いており、女性ミュージシャンが作品のなかで性的主体性を主張するムーヴメントの一端を担った。カーディ・B、トーヴ・ロー、リアーナらによる近年の作品と同様、このアルバムは遊び人の男性がもてあそび、貞淑な女性がもてあそばれるという、ポピュラー音楽に深く根づいたストーリーを否定した。「Supermodel」と「The Weekend」のヴィデオでは、彼女は物扱い<sup>モノ</sup>されることなく、カメラを誘惑している。

　「セクシュアリティの多くがタブーとされてきたのは、女性がそれについて話すことを許されていなかったからだと思う――でも、女性はもう許可なんて待ってはいない」とSZAは語る。

　グラミー賞で自分に投票するのを忘れた彼女だが（「私、取っ散らかってるから」とは本人の弁）、最優秀新人賞は自分以外のアーティストが獲るだろうと思っている。一緒にノミネートされているのは、ラッパーのリル・ウージー・ヴァート、シンガーのジュリア・マイケルズ、アレッシア・カーラ、カリードだ。レコーディング・アカデミーが様々な人種的背景を持つ多数のアーティストを評価したことに勇気づけられた、とSZAは語っている。

　「音楽は正直で、人に正直な行動を促すんだと思う」と彼女は言う。

　グラミー賞のノミネートが、より野心的な音楽制作に新たに取り組む動機を彼女に与えた。プロデューサーのマーク・ロンソン（「Uptown Funk」）や、テーム・インパラのケヴィン・パーカーとのコラボレーション

が計画されており、パーカーとは3曲レコーディングしたという。

　『Ctrl』のリリース以来、彼女のコンサートやミート・アンド・グリートは、一種のグループ・セラピーとなっている。ファンは自身の恋愛事情や深い悩み、個人的なトラウマについて彼女に話す。「こういうことって、私がただひとりで考えていることだと思っていて、それを解放して風化させるつもりだった」とSZA。「でも、風化しなかった。ほかの人たちに、『ねえ、私も似たようなことを考えているよ』って言われたの」

　ヘンダーソンによれば、SZAの最も熱心なファンは、最も傷つきやすい人々だという。「彼女が言うことの多くは、みんなが思っていてもきちんと言葉にできないことなんだ」

　圧倒的な反響によって、彼女は自身の作品に対する評価を見直した。「ディスモーフィア」が視点の歪みであるとするならば、その治療法は、単に歪みがあることを認め、信頼できる観察者に囲まれることなのかもしれない。

　最近、こうした好意的な反響が、彼女の内なる批評家たちと競争するようになった。

　「神に顔を平手打ちされているみたいな感じ」とSZAは『Ctrl』の反響について語る。それから、神のメッセージをこう解釈した。「感謝すべきことが起こっているんだから、今に集中しなさい。怯えるのは理解できるが、これがお前の仕事なんだ」

　「準備はいいか？」

チャイルディッシュ・ガンビーノが、アメリカが抱える人種差別問題などについて歌った「This Is America」でグラミー賞の主要二部門「最優秀レコード賞」と「最優秀楽曲賞」(および「最優秀ラップ／サング・パフォーマンス賞」「最優秀ミュージックビデオ賞」)を受賞した2019年。翌年5月にはミネアポリスで黒人男性ジョージ・フロイドが白人警察官に首を圧迫されて殺害されるという凄惨な事件が起き、これをきっかけにブラック・ライヴズ・マター(BLM)運動がアメリカ全土で拡大。H.E.R.「I Can't Breathe」、エリック・ベリンジャー「Enough」、テラス・マーティン feat. デンゼル・カリー、カマシ・ワシントン、G・ペリコ＆デイライト「Pig Feet」など、アーティストたちが次々とBLM運動に触発された楽曲をリリースする。そんな混沌とした時代に生まれた作品は、確固たる信念を持って作りあげた力強さと凛とした美しさ

# 百花繚乱

## In Full Bloom

## 2019▶2023

を備え持ったものばかりだ。とりわけ2019年はソランジュやサマー・ウォーカーが重要作を出したり、FKAツイッグスやキャロライン・ポラチェックがより尖った潮流を生みだしたりと、エポックメイキングな年であるため、ここから新たな章とした。彼女たち以外でも、H.E.R.、SZA、ジェネイ・アイコ、アリ・レノックス、アンバー・マークといった女性シンガーを中心に、多くのアーティストが歴史に名を残す作品をリリース。

また、彼女たちの作品でも顕著な通り、この時期になるとあえて〈オルタナティヴR&B〉なんて言わずとも、オルタナティヴがメインストリームR&Bの一部となっていたし、2ステップ、ジャージークラブ、トラップ、ドリル、アフロビーツ、アマピアノ等多彩なビートを取り込んだR&Bも続々と登場している。フランク・オーシャン、ドレイク、ザ・ウィークエンドらが作ったR&Bの新しい潮流は、どんどん裾野を広げ、枝分かれしていくが、その分かれた枝は一本一本太く逞しい。

# When I Get Home

## Solange

2019 | Columbia

**2**010年代の音楽を語る際、チョップド＆スク
リュードの話題は欠かせない。DJスク
リューが開拓したこのDJ手法は、ターンテーブル
で音楽をスロウダウンさせて随所で反復や各種エ
フェクトなどを加えるもの。エイサップ・ロッ
キーやドレイクなどのラッパーからヴェイパー
ウェイヴまで、2010年代の多くの音楽に影響を与
えた。

　この手法が生まれたのはテキサス州ヒュースト
ン。ソランジュの"ホーム"の地である。「家に帰
るとき」と題した本作で聴かせるのは、そんな
ヒューストンのカルチャーを現代ジャズやネオソ
ウル等のフィルターを通して表現したような、甘
美でどこか奇妙な音楽だ。

　冒頭を飾る「Things I Imagined」からテキサス色
は表れている。ここでの同じフレーズを何回も反
復する構成は、まさにチョップド＆スクリュード
のそれだ。「Down with the Clique」になるとそれ
はより露骨で、フックでは「ダ、ダ、ダ」と声が楽
器の音と共に切り刻まれる。「Almeda」での徐々
に回転数を下げていくようなメロディにもその影
響は感じられる。チョップド＆スクリュード要素
の導入といえば、エイサップ・ロッキーのように
声のピッチを下げることが主流ななか、ソラン

ジュのこのアプローチはかなりユニークだ。その
ほかにもデヴィン・ザ・デュードとスカーフェイ
スというヒューストンが生んだ名ラッパーふたり
の参加もあるし、全体に漂うスペーシーなムード
もNASAの基地があるヒューストンらしい。
チョップド＆スクリュードが強い存在感を示して
いた2010年代の締めくくりに、その本場である
ヒューストンのアーティストがリリースするのに
相応しい作品だ。

　しかし、本作がヒューストンのフレイヴァーだ
けで作られているかと問われると、そうではな
い。本作には、何回リピートしても掴みきれてい
ないような気がする妙な「わからなさ」がある。地
域性から考えたらヒューストンらしく、ジャンル
から考えたら紛れもなくR&Bなのだが、どうもそ
れ以上の深みがあるように思えてならないのだ。
そしてそれは、メトロ・ブーミンからジョン・キャ
ロル・カービー、パンダ・ベアーなどジャンルも
活動拠点もバラバラな面々が集っていることだけ
が理由ではないだろう。この「わからなさ」の正体
を探りたいという気持ちが、また私たちリスナー
をリピートに向かわせる。そう、本作はどこまで
も「反復」のアルバムなのだ。　アボ

# Shea Butter Baby

## Ari Lennox

2019 | Dreamville / Interscope

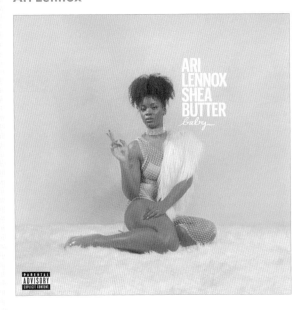

稀代のラッパー、J・コール率いるドリーム ヴィル・レコーズが誇る唯一のR&Bシン ガーであり、唯一の女性アーティスト、アリ・レ ノックス。EP『Pho』やドリームヴィルのコンピ作 『Revenge of the Dreamers II』などで十分にファ ンを焦らしてから、いよいよデビューアルバムの お披露目となった。完成までに実に4年を費やし たというこの『Shea Butter Baby』だが、サウンド プロダクションの中心にいるのはエリートやオー メン、ロン・ギルモアといったドリームヴィルの インハウス・プロデューサーたち。だからなのか、 ネオソウル的な質感を持つアリのヴォーカルがよ りインティメイトに聴こえるような、温かみのあ るサウンドが目立つ。

キャメオの「Two of Us」を下敷きにしたシング ルカット「Whipped Cream」は、叶わぬ恋の相手 を思い浮かべつつTV画面を眺めながらホイップク リームを食べつづける、という描写をアリらしく 歌ったもの。何気ない「あるある」な描写が、さら に楽曲の良さを引き立てる。ラベルの「Lady Marmalade」や、バスタ・ライムス「Woo-Hah!! Got You All in Check」でも使われたガルト・マク ダーモット「Space」を忍ばせた「BMO」、ヒュー バート・ロウズ「Land of Passion」をネタにした

「New Apartment」など、歌声と共鳴するサンプリ ング・ビートのバランスも見事。ひときわ官能的 なムードが伝わってくる「Up Late」ではマセーゴ がサックスで参加している点にも注目だ。

ゲストアーティストはごくミニマルで、「Broke」 では、同じくドリームヴィル・レコーズに所属す るJIDが参加。「あの頃は若くてお金もなかったよ ね」と歌うアリのヴォーカルに応じるJIDのヴァー スは聴きどころ。そして表題曲となる「Shea Butter Baby」にはJ・コールをフィーチャー。元々は映画 『クリード 炎の宿敵』のサウンドトラック用に書き 下ろされた楽曲で、身体にまとったシアバターの 香りが漂ってくるようなセンシュアスな響きを持 つ一曲。ここでのJ・コールも、相手の身体をチョ コレート・バーに例えた色気漂うヴァースを披露 している。　渡辺

# - Ugh, those feels again

## Snoh Aalegra

2021 | ARTium / Roc Nation

近年は、マニー・ロングやキアナ・レデのように ポップアイドルから名義を変えて本格的な R&B シンガーへとシフトする人や、シニード・ハーネットやカリ・ウチスのように非米国黒人でありながら US R&B シーンに接近する人が目立つ。そのどちらにも当てはまるのが、スウェーデン出身のペルシア系シンガーであるスノー・アレグラだ。10代で母国のソニーと契約するもうまくいかず、2009年にシェリー名義でデビュー。ロンドンを経て LA にたどり着き、従姉妹が結婚していたノー・I.D. のアーティウムと契約して現在のアーティスト名を名乗り、コモンやドレイクらの楽曲に客演したことは今や語り草である。

これは2作目のフルアルバム。タイトルは2017年作『Feels』の続編を匂わせており、再びノー・I.D. が総指揮を執る。ただし、今作ではノー・I.D. 以外の制作陣をほぼ入れ替え、ゲストも起用しないなど、"シネマティック・ソウル"と謳う音世界を、よりパーソナルで濃密なものにしている。シェリー時代にシャーデーの「Smooth Operator」をカヴァーしていた彼女らしいミステリアスなムードや気高い歌声は変わりないが、過去には目立たなかったエイミー・ワインハウス的な哀感と力強さを覗かせるあたりにも変化が感じられる。

マーカス・ジェイムスをソングライターとして多くの曲に起用したのは、前作で彼が共作した「Fool for You」の評判を受けてのものだろう。ネスらが手がけ、アダルト R&B チャートで高順位をマークしたミッド・スロウ「I Want You Around」もマーカスとの共作。フューチャリスティックなミディアム・グルーヴに乗る P2J 制作の「Situationship」、D マイルが手がけた「Whoa」と、前半からキャッチーな曲が続くのは彼女のポジティブな感情が反映されたのだろうか。ジョナ・クリスチャンが手がけたゴスペルフィールな「Find Someone Like You」、ジョエル・コンパスが制作したインディロック風のバラード「You」、ルーク・ジェイムスがペンを交えた「Nothing to Me」など、曲としての強度は前作を凌ぐ。トロントの名匠マシュー・バーネットらが手がけた「Toronto」はダニエル・シーザー的な感覚をベースにしつつ敬愛するプリンスのスタイルを投影したようなスロウで、かつて彼女にラヴコールを送った亡きプリンスへのオマージュであることは想像がつく。全体を通して、音の選び方から曲の雰囲気まで、2020年代 R&B の潮流を予言していたようなアルバムだ。　林

# Chilombo

## Jhené Aiko

2020 | ARTium / Def Jam

**ア**フリカの言葉で「野生の獣」を意味するジェネイ・アイコのミドルネームを冠したサードアルバム。「Chilombo」の名を家系に取り入れたアイコの父親、ドクター・チルことカラモ・チロンボとも本作で3度目の共演を果たし、録音は曽祖母が住んでいたハワイで全編録音、と彼女のルーツと向きあった環境で作りあげられた作品だ。大半のプロデュースを務めるのはミゲルやユナを手がけるフィスティカフスと、向井太一やAwichの制作にも関わるキーボーディストのLeJKeysで、Fワード満載に怒りの銃口を向ける「Triggered (freestyle)」、2022年に第一子を授かった恋人ビッグ・ショーンと緊迫のかけあいを見せる「None of Your Concern」と、序盤から静かに狂気を忍ばせる。

不健康な関係を終わらせ本来の自分を取り戻すH.E.R.とのデュエット「B.S.」、90年代風のダンスをオマージュしたMVを含めアリーヤの姿が重なる「P*$$y Fairy (OTW)」、ミゲルとフューチャーを迎え2011年の楽曲をセルフリメイクした「Happiness Over Everything (H.O.E.)」など、曲調こそ穏やかだが時に極めてダーティな雰囲気を身にまとうのも彼女の専売特許だ。

「本当の人生みたいな浮き沈みの流れがたくさんある」と本人が語るように、アルバムは進むにつれ風通しがよくなり、彼女の最大の持ち味でもある癒やしの世界へ。トリッピーなガンジャ・チューン「Tryna Smoke」〜時間の尊さを訴えるナズとの「10k Hours」まで実に美しい一連の流れを経て、ジョン・レジェンドとのデュエット「Lightning & Thunder」からアルバムのラストまで、まるで自然の恵みのような歌声があたたかく降り注ぐ。以前に瞑想用の楽曲も発表していた彼女は、ヒーリングやセラピーに用いられるチベット仏教発祥のシンギングボウルを全編に採用。図らずもコロナ渦でリリースされた本作は、前例のない不安に苛まれた世界が必要としていた音楽であるように思う。

ゲストを追加したリミックスと、「Summer Madness」使いでインタールードを拡大した「Summer 2020」などを収録するデラックス版も聴き応え抜群。アイコのメディテーション・ソウルがきっとあなたの心の平穏を保ってくれるはずだ。 Y

# Back of My Mind

## H.E.R.

第61回グラミー賞で「最優秀R&Bアルバム」の栄冠に輝いた2017年作『H.E.R.』はEPを合体したコンピレーションだったので、本作がH.E.R.にとって初めてのオリジナルアルバムとなる。ギャビー・ウィルソン改めH.E.R.（＝Having Everything Revealed）と名乗った彼女が、その名の通り真にすべてを曝け出したともいえる作品。21曲の大ヴォリュームだが、ここにはグラミー受賞曲もアカデミー受賞曲も収録せず、それらを手がけたDマイルの参加もない。裏を返せば、本作は"アルバム"としてゼロから取り組んだものであり、過去の楽曲でも組んだDJキャンパーやギッティ（ジェフ・ギテルマン）を中心に、ヒット・ボーイ、カーディアク、ウーテンなどの気鋭プロデューサーたちがH.E.R.の思いを形にした。人気ラッパーを中心としたゲストは業界内での彼女の評価の高さを物語る。

すでに実績を上げていた彼女だからこその勝利宣言「We Made It」で堂々と開幕。敬愛するプリンスばりの情熱的なギターも掻き鳴らし、本人が弾くそのギターはディアンジェロに通じるブルージーなバラッド「Hold On」でも紫炎を放つ。以前「Hard Place」（2019）を手がけたロドニー・ジャーキンス制作の「Exhausted」、地元ベイエリアの先輩にあたるゴアペレの「Closer」（2001）を引用した「Closer to Me」といったメロウ・チューンも含めて2000年代前半のネオソウル的なムードを感じさせるのは、そうした音楽へのシンパシーでもあるのだろう。恋人への不信感を募らせる「Cheat Code」ではレフュージー・キャンプ・オールスターズ feat. ローリン・ヒルの「The Sweetest Thing」（1997）を引用している。

クリス・ブラウンとの「Come Through」はダニエル・シーザーとの「Best Part」（2017）も踏まえたデュエットといえそうだが、より濃厚な雰囲気が漂うスロウジャム。ハーブ・アルパート feat. リサ・キース「Making Love in the Rain」（1987）を引用した「Damage」ともども妖しさが立ち込める。一方、ケイトラナダらが制作した「Bloody Waters」ではサンダーキャットがジェームス・ジェマーソンばりのベースで深いグルーヴを醸成し、反戦や反人種差別にさりげなく触れたメッセージ性も含めて往時のマーヴィン・ゲイを想起させる。楽曲に70年代から00年代までのソウル〜R&Bクラシックや社会意識を忍ばせるセンスは、いかにもH.E.R.らしい。様々なオマージュを込めながら独創性を発揮した大作だ。 林

# 333

**Tinashe**

Chapter 3

百花繚乱 | 2019▶2023

**通**算5枚目のフルアルバム。ソニー傘下の RCAレコーズと袖を分かち、自らのレーベル、ティナーシェ・ミュージックを立ち上げてからは『Songs for You』に続く2作目となる。音楽的にはさらに多彩なポップネスをまとい、そしてヴォーカルが持つ表情もぐっと多様になり、ティナーシェのあくなきクリエイティヴィティを表出させた傑作に仕上がっている。サウンドの質感を繊細に変化させながら、1曲目から最後まで、リスナーを飽きさせずにティナーシェのジャーニーへと引き込んでいく。

インディとはいえ、ヒットメイカやスターゲイトら、メジャー級のプロデューサーを揃えているところもティナーシェの才能ゆえだろうか。アルバムの1曲目、鳥のさえずりで彩られ、ドリーミーでスピリチュアルな雰囲気の「Let Go」にキングストン・キャラウェイ名義でプロデューサーとして参加しているのはシー・ローである。そして、アルバムのハイライトとなる楽曲も多い。「X」はジェレマイを招いたキャッチーなR&Bソング。

表題曲「333」はUK出身のアーティスト／ライターでもあるアブソルートリーを迎え、大胆なサウンドとラップのようなヴォーカルを交えたドラマティックな一曲。「Unconditional」はケイトラナダらしいミニマルで洗練されたグルーヴとティナーシェの熱っぽいヴォーカルが絡みあう二部構成の楽曲で、コンプトン出身のラッパーであるバディとの「Pasadena」はコケティッシュなファンクさを感じるアッパーチューンだ。同時に、彼女の実験的な魅力も存分に発揮されており、ドラムンベース調のビートに乗る「SHY GUY」や、マッド・ディセントからもリリース経験のあるDJ、ワックス・モチーフを迎えたポップ路線の「Undo (Back to My Heart)」は新たなティナーシェの可能性を感じるし、「Bouncin'」はトリッキーな難解ヴォーカル・アレンジが見事だ。

とにかく全編を通して飽きさせず、次から次へとティナーシェのアイデアが溢れてくるようなアルバム。アーティスティックであると同時に彼女の人間性も伝わってくるような内容で、あらためて、活動体制を変えてクリエイティヴ・コントロールを再度獲得したティナーシェが全力をぶつけてきたような衝撃をも感じる。当初のリリースから約半年後には4曲を追加したデラックス版もリリースされており、より変化に富んだ質感が詰まっている。ストリーミング・プラットフォームで本作を聴かれる際はぜひデラックス版で最後までみっちり楽しんでほしい。　渡辺

# Skin

## Joy Crookes

2021 | Insanity / Speakerbox / Sony

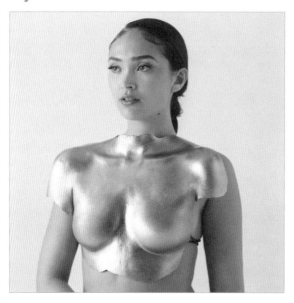

ジョイ・クルックスの音楽性は、オルタナティヴR&B以降の流れのなかにおいては位置づけが難しいかもしれない。時折トリップホップ的なダブ感を見せるものの、根幹にあるのはストリングスとジャズのアレンジが効いたネオソウルに近しく、ヴィンテージ・ソウルとしての質感を押し出している。なによりも、そのヴォーカルはアデルやエイミー・ワインハウスを想起させるレトロで艶やかな空気をまとっており、仮にオルタナティヴ以前にデビューしていたとしても高く評価されたアーティストだろう。ただ、彼女はシンガーソングライターであり、ソウルフルなサウンドを追求することで自らを内省的に捉え、乱反射する視点によって世相に対し問いを立てるような、極めて2020年代的といえる態度を持ち合わせてもいる。その自伝的歌詞にはオリヴィア・ロドリゴのような平易な言葉での鮮やかな視点とリトル・シムズのような鋭く堂々とした野心が観察でき、若き音楽家によるストーリーテリングとしては稀に見る才能を称えられてきた。結果、BBC「サウンド・オブ・2020」選出や同年のブリット・アワード「ライジング・スター」ノミネートを経て、満を持してリリースされたのが本アルバム。ロンドンのコンク・スタジオとアビー・ロード・スタジオにて上質なサウンドで録音された『Skin』は、タイトルが示す通り、社会的にも外見的にも様々な境界を分かつ"肌"が重要なテーマになっている。「Kingdom」や「Power」といった曲ではイギリスのEU離脱とブラック・ライヴズ・マターについて語り、「I Don't Mind」では他者との愛と距離感について悩む様子を見せる。そこでは現代を生きるひとりの若者として、自らの身体を覆う皮膚がどれだけ日々の生活におけるアイデンティティを規定しているかという切実さが歌われるのだ。それにはもちろん、アイルランド出身の父とバングラデシュ出身の母のもとでロンドンにて生まれたという彼女自身のルーツが深く関係している。UKエイジアンとして15歳から22歳の間に経験した出来事を時に繊細に、時にパワフルに描きだす才能は、「あなたに与えられた皮膚は／生きるために作られたの」(「Skin」)というリリックに象徴されよう。アートワークは、ソランジュ『A Seat at the Table』を手がけたフォトグラファー、カルロタ・ゲレーロにより制作された。随所に挿入される生活音の親密さ含め、ここには"オルタナティヴ後"の視点が自然と織り込まれている。　つや

# Three Dimensions Deep

## Amber Mark

2022 | PMR / EMI

カナダのエレクトロ・デュオ、クローメオ、UKのプロデューサー／マルチ奏者のウィルマ・アーチャー、インディロック・バンド、ダーティー・プロジェクターズ、LAのエレクトロ・ポップシンガー／プロデューサーのエンプレス・オブ等々、アンバーがデビュー後コラボしてきたアーティストの幅広さからして彼女の独自性、オルタナティヴ性がよくわかるが（クローメオ『Head Over Heels』のエンジニアとしてグラミー賞でノミネートされたりもしている）、2枚のEPを経てリリースされた本デビュー作はあくまでメロディ主体、そしてそのメロディを優しく歌いあげるアンバーの抑揚の効いたヴォーカルと、それらを包むハイセンスだけどそこまで我が強くないサウンドによって、心地よいとしか言いようがない作品に仕上がっている。しかも全曲ビートが立っていてダンスミュージックとしても機能しているのだからたまらない。こんな奇跡的なアルバム、なかなか他に類を見ないと思うのだが、どうだろう。

これまでセルフプロデュースで臨んできた彼女だが、本作ではジュリアン・ブネッタをメインプロデューサーに据え、他プロデューサーも積極的に起用。そして自分の不安やトラウマを認め、間違った処理の仕方をしていた日々を振り返り、そ

れらに対する新たな答えを宇宙規模で追求していく、という3つのテーマ（彼女いわく「Without」「Withheld」「Within」）で構成された作品となっている。その壮大なテーマがゆえに、前作から4年もの歳月を要したのだろうし、自ずと壮麗な作品に仕上がったのだろう。とりわけ前年にリードシングルとしてリリースされた「Worth It」は本作の決定打ともいうべき楽曲であり、彼女の評価を飛躍的に上げた一曲。ファースト・ヴァースはアフロビーツ、セカンド・ヴァースは90年代ヒップホップ・ライクなビートで構築された展開、哀愁漂うアンバーの歌声、セルフディスカバリーを促す歌詞、どこを切っても最高の泣きのミッド・ダンサーとなっている。ボビー・ブランド「Dear Bobby (The Note)」を引用したエッジィな「One」、クレイグ・デイヴィッド「Rendezvous」使いの切ないアップ「Softly」、ラップも披露するクロスオーヴァーなダンスチューン「FOMO」、ロッキッシュな「Darkside」、歌う喜びを全身で表現しているようなMVも最高の小気味よいミディアム「Bliss」等々、17曲も収録されているのに飽きることなど一切ないし、むしろ最後まで何度も聴いてしまう。それくらいこのアルバムの聴き手を惹きつける力はすごい。　川口

# Gemini Rights

## Steve Lacy

2022 | RCA

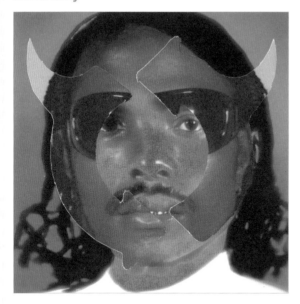

**1**998年にギャングスタ・ラップのメッカ、コンプトンで生まれた彼は、7歳のときビデオゲーム「ギターヒーロー」でギターに魅せられ、11歳の頃には演奏を独学で習得。高校生のときにキーボーディストのジャミール・ブルーナー（サンダーキャットの弟。キンタロー名義でソロ活動中）と知りあったのをきっかけに彼を通じて弱冠16歳でジ・インターネットに加入することになった。10代でメジャー契約を持つバンドに加入すること自体、普通ではないけど、レイシーは加入後の初アルバム『Ego Death』でいきなり8曲のプロデュースを担当。続く『Hive Mind』では大半の楽曲の作曲も担当し、サウンド面の中心人物となってしまった。

バンドでの仕事ぶりが評価されたレイシーのもとには外部から楽曲提供やプロデュースのオファーが殺到。これまで彼が手がけたアーティストにはJ・コール、カリ・ウチス、ブラッド・オレンジ、そしてソランジュといったブラックミュージックのVIPが名を連ねている。なかでも特筆すべきは地元コンプトンの先輩ケンドリック・ラマーの「PRIDE.」だろう。というのも、この曲のトラックをレイシーはiPhone 1台だけで作ってしまったのだ。プロデューサーとしての彼の活

動は、ロックバンド、ヴァンパイア・ウィークエンドの『Father of the Bride』にも関わるなど、もはや黒人音楽の引力圏から逸脱しつつある。

本作は、そんな彼のセカンド・ソロアルバム。主なレコーディング場所は自宅スタジオ、楽器も極力自分で演奏という体制こそ変わっていないものの、ジ・インターネットの僚友マット・マーシャンズやジャズドラマーのカリーム・リギンズ、キーボーディストのジョン・カービーといった腕利きゲストプロデューサーを招いた曲も多い。収録曲の音楽性は多岐にわたっており、ボッサ・ワルツの「Mercury」やプリンスがスウィングル・シンガーズをバックに歌ったみたいな「Amber」のような非R&B曲にも冴えを見せているが、やはり突出しているのは、エモさ溢れるギターポップ「Bad Habit」だろう。「君が僕を求めていたなんて知らなかった」という、ありそうでなかったリフレインの歌詞が、ジ・インターネットなんて知らなかったZ世代をも惹きつけ、TikTokで火がつくと、ハリー・スタイルズ「As It Was」を引きずり下ろし、驚きの全米首位を2週連続で獲得してしまった。

　長谷川

# RENAISSANCE

## Beyoncé

2022 | Parkwood / Columbia

**英** ヴォーグ誌の取材に応えてビヨンセはこう言った。「私は自分の喜びに専念する許可を自身に与えることにした」。これまでアーティストとして、黒人女性としてカルチャーを背負ってきた彼女が求める喜びとは一体どのようなものなのか。その答えの一部が、この7作目『RENAISSANCE』にある。

アルバムを再生してすぐに勘づく、あるいは先行シングルを聴いた段階で予測できたことかもしれないが、『RENAISSANCE』はダンスレコードだ。これまでの作品で最も躍ることに傾倒していると言っても過言ではない。ビヨンセは楽しむためにここにいる。人と人との触れ合いを。ダンスを。汗臭い密室で欲望を解き放つことを。

後期資本主義社会で生きる億万長者としての責任、などと言うと色気がないが、当然ビヨンセは自らの喜びを謳歌するうえで、歴史に、先人に、その場所を築きあげてきた主に有色人種のクィアな人々にリスペクトを示すことも忘れない。メインストリームからアンダーグラウンド・シーンにまで及ぶ膨大なクレジット、そして数々の引用にサンプル。驚くのはビヨンセのアンテナの感度の高さで、その音楽愛には脱帽だ。

もちろんひと口にダンスレコードと言っても、中身は多種多様だ。ディスコやハウス、アフロビーツから、ハイパーポップを感じさせるものまである（A.G.クックも本作には参加している）。そういったダンストラックの上でも、ビヨンセのヴォーカルはいつも通り力強く、儚く、美しい。なかでも出色は、デトロイトで生まれNYを拠点に活動する黒人トランスジェンダーのDJ兼プロデューサー、ハニー・ディジョンも参加する3曲目「ALIEN SUPERSTAR」だろう。ダンスホール風味の漂うビートに重厚なセンス、そしてなによりそれらとヴォーカルが重なりあって生まれる自信に溢れたノリはクラブ・アンセムとして申し分ない。

本作は、ビヨンセが自らの欲望を叶え、結果的にパンデミックで追い込まれていたクラブカルチャーにも大きく貢献した作品であり、パンデミックが終わりに近づいてリリースされた多くのダンスポップ作品と比べても頭ひとつ抜けた傑作と言っていいだろう。ステージの上でビヨンセが持ち前のスケールと徹底的なこだわりで多様性の花を咲かせる、本作のツアーを追ったドキュメンタリーコンサート映画『Renaissance: A Film by Beyoncé』も必見だ。　髙久

# Working on My Karma

## dvsn

2022 | OVO / Warner

初期からオルタナティヴR&Bシーンのなかで一際1990〜2000年代のピュアなR&Bへの憧憬を打ち出してきたdvsn（ディヴィジョン）だが、本作はその愛情がこれまでで最もストレートに表れた作品だ。ナインティーン85の単独プロデュースは1曲のみで、ジャーメイン・デュプリが7曲、ブライアン・マイケル・コックスが5曲で参加。「What's Up」にはジャギド・エッジまで迎え、ソー・ソー・デフのロマンティックなスタイルを再構築している。

しかし、だからといって単なる後ろ向きの作品ではない。本作のもうひとつの特徴として挙げられるのが、ダニエル・デイリー以外の声をふんだんに使っていることだ。客演として参加しているのは先述したジャギド・エッジと、「Last Time」でメロディアスなラップを聴かせるヤング・ブルーのみだが、「Hatin」にはショーン・ギャレットも参加。何曲かでは女声コーラスも聞こえてくる。また、「If I Get Caught」にはジェイ・Z、「Stay Faithful」にはリル・キキ……と、声ネタをサンプリングした曲も多い。ダニエル・デイリー以外の声が入っていない曲はわずか2曲である。かといってコンピレーションやプレイリストのような作品というわけではなく、主役はあくまでもダニエル・デイリーのスウィートな歌声だ。「What's Up」でのジャギド・エッジにしてもコーラス的な贅沢使いで、その徹底したプロデュースが光る。これはダニエル・デイリーの歌声の魅力あっての作りだ。どんなに時代が変わってもR&Bとは「歌」の音楽だということを再認識させてくれる。

また、ラッパーの声ネタを使ったとしても、ヒップホップに接近しすぎない絶妙な距離感も本作の魅力だ。ジェイ・Zやリル・キキの声ネタは短いフレーズに切られ、ビートの一部と化してダニエル・デイリーの歌声を引き立てている。「Take It Slow」でのマグノリア・ショーティの声ネタは比較的長く切り取られているが、共にサンプリングされたジョン・レジェンドの声ネタの渋味で巧みに中和。そしてダニエル・デイリーの甘い声が乗ることで、完全にR&Bとして昇華されている。時にはラップのようなアプローチを取り入れることもあるが、甘美なサウンドが曲をR&Bから離さない。ダニエル・デイリーの歌とナインティーン85のプロダクションは、お互いをギリギリのポイントでR&Bに踏み留まらせているのだ。このコンビネーションには長く活動するデュオならではの凄味がある。オルタナティヴR&Bの先を感じさせる傑作。　アポ

# Raven

## Kelela

2023 | Warp

オルタナティヴR&Bにおける最も重要なアプローチのひとつに、アーティスト自身のアイデンティティや経験に基づいた得も言われぬ感情を、いかにサウンドとして結晶化させるかという試みが挙げられる。いまだ世の中で概念化しきれていないことを伝えるがゆえに、そこでたびたび引用されるのが（広義の）アンビエント・ミュージックであった。なぜなら、構造化されたビートやメロディを持たないアンビエントのゆらぎは、共感・同調へ安易に還元できないような苦悩を表現するのにぴったりだったはずだから。ただ、その方法というのは千差万別で、フランク・オーシャンのようにインディロックにルーツを持つリヴァービィな響きもあれば、ジェネイ・アイコのように囁きとろけるようなヒーリングを醸し出すものまでいくつかの潮流が存在している。なかでも、ケレラのアプローチはユニークだ。エチオピアにルーツを持ちワシントンDCで育ったのちに現在はLAを拠点に活動する彼女は、2019年『Aquaphoria』でアスマラと共に環境音楽やニューエイジまでをも射程に捉えたアンビエントR&Bの究極形を打ち立てたが、そこでの実験を糧に、よりエレクトロニック・ミュージックのビート感を取り戻しつつ現行シーンに戻ってきたのが

本作。同様にアスマラを共同プロデューサーに迎え、ケイトラナダやバンビーらも招へいしたうえでワープからリリースされた本作は、結果的にもはやケレラしか表現しえないような深遠さと快楽性を両立させている。

アートワークに描かれており曲中でもサンプリングされているが、本作には"水"のせせらぎや曖昧さといった、形式を規定しない流動的な価値観が貫かれている。その背景には黒人であり女性として疎外されてきた、インターセクショナルな体験が関係しているという。「Divorce」で歌われる「水面下で私は横たわる／潮に逆らって溺れる／岩を押し山に登る」というリリックの通り、地面を流れる水と時おり射す崇高な光という両側面を描くかのごとく、本作は朝方のレイブ会場に漂うような絶望と希望を表現する。それらをトラックに還元し説明するとしたら、低域を這いつくばる暴力的でダビーなキック＆ベース音と、高域を漂うアンビエント・サウンドという表現になるだろう。と同時に、ロウとハイの中間を艶かしく浮遊するケレラのヴォーカルがひりひりした緊張感を醸し出す。オルタナティヴR&Bの、あるひとつの形式の完成形がここにはある。　　つや

# Girl in the Half Pearl

## Liv.e

2023 | In Real Life Music

**ダ**ラス出身、教会のゴスペル（母はクワイアの指揮者、父は鍵盤奏者）とジャズとR&Bで育ち、現在はLAで活動するオリヴィア・ウィリアムズことリヴを、NMEは「R&Bの新たなアヴァンギャルド・スター」と紹介した。

17年の最初のEPで同郷のピンク・シーフと早くも共演、その後の作品も作風は一貫している。彼女の音楽は、マイクやネイヴィ・ブルーなど現行のアンダーグラウンド・ヒップホップのスターたちと同じ感覚の粗いサンプルのループを基調にしているのだ。そして、それをソウルやファンクに転用する、という発想が肝になっている。その才能はアール・スウェットシャートに注目され、彼のツアーに参加し19年作『FEET OF CLAY』で客演、レイヴン・レネイとも共演した。ミュウミュウの広告に起用されるなどファッション界からも注目されている。

メジワーンのプロデュースによるデビューLPは、徹底してローファイだった。それから2年半、21年の「A COLORS SHOW」への出演も経たこの2作目は、音はリッチになったが大人しくウェルメイドに収斂せず、むしろ前衛的に拡張され、先鋭的に研ぎ澄まされている。開幕の「Gardetto.」や5曲目はアトモスフェリックなドラムンベースで驚かされるが、これらを含め本作はセルフプロデュースの曲が多くを占める。他方、マインドデザインによる3曲は、煌びやかなシンセの音色がニューエイジ的かつヴェイパーウェイヴ的。また、ジョン・キャロル・カービーが参加した「Wild Animals」ではジャズと密室宅録ファンクとヒップホップが継ぎ接ぎされ、ジャスティン・レイズン制作の「Six Weeks」は以前の汚れたループ感とインダストリアルノイズの接合が度肝を抜く。

このようにプログレッシヴな作風へ躁状態で振りきれているものの、ウィスパリングから力強い歌いあげまで自在に操るヴォーカリゼーション、メロディやハーモニーの感覚は不思議と親しみやすく、彼女のベースに何があるのかがはっきりと感じられる。なかでも別れの痛みを切々と歌った「Find Out」は、ストレートな名曲だ。そして過去の関係性の精算や自立、成長、自己省察、内なる"womanhood"の目覚めを歌ったリリックは、自由なサウンドと同様、フリースタイルラップ的に吐き出されていく。

ベン・ヒクソンによるダンスリミックス・アルバムもリリースされた。 天野

# Red Moon in Venus

## Kali Uchis

2023 | Geffen

　ア メリカでスペイン語曲のヒットが浸透した2020年代初め、カリ・ウチスはシーンのアイコンだった。二言語で歌うコロンビア移民としてラテンとUS式R&Bポップを融合させたサウンドで人気を築き、ビルボードのラテンチャートで10年ぶりとなる女性ソロ首位獲得まで達成していたためだ。しかし、当人のシーン観はまた別のところにあったようだ。彼女が問題視したのは、人の不安や自信喪失を商業化する現代社会で、有害な内容の曲が多すぎることだった。実際、この頃のトレンドといえば、元カレへのFワードを合唱するゲイル「abcdefu」といった毒舌失恋ソング。対して「甘き愛こそ今の世界に必要」だと考えたカリが出したのは、ほぼ英語詞で愛情主義を徹底する『Red Moon in Venus』。別離を歌った「I Wish you Roses」に、怒りや怨み、悲しみといった定番のネガティブ感情は一切ない。それどころか、大いなる愛をもって相手を慈しむのだ。「知っておいて、私があなたにあげた愛は永遠にあなたのもの」

　カリ・ウチス史上最も統一的なサウンドと評されたこのサードは、サイケデリックなファンクソウルをもって「すべての音が温かい」没入感を形成している。「私の庭のなか」と題されたオープナー

で「愛してる」と語りかける歌い手は、さながらリスナーに愛と癒やしを授ける女神様だ。同時に、本作を奥深くしているのは、超常的な幸福だけではないことだろう。むしろパーソナルで、ところどころ驚かされたりもする。たとえば「Worth the Wait」では、愛する人に対してこんなラインが落とされる。「ふたつ目の壊れた家族で終わりたくない」。実のところ、カリの家庭環境は厳しいものだった。働きづめだった移民の子どもとして育ち、肯定的な愛の言葉をかけられた経験が少なく、父親との口論をきっかけに車上生活も経験したという。つまり、愛情をきちんと他人に伝えることの重要性が身に染みている立場だからこそ、ダイナミックに愛を伝える作品を創造したのだ。くわえて、10代の頃ジャズバンドに参加していたカリは、つらい人生のなかで芸術に救われた人でもある。文字だけなら大げさなリリックが私たちの魂に溶け込む理由は、なによりもアーティスト自身が本気でその言葉を信じているからだろう。「私たちの愛は奇跡を起こせる、私たちは世界を救うこともできる」　辰巳

# While We Wait

## Kehlani

2019 | TSNMI / Atlantic

ミュージック・ソウルチャイルドとの成熟したデュエットを聴かせる「Footsteps」で幕を開ける本作は、ケラーニが長女妊娠中に完成したミックステープ。サー・ノーランがプロデュースを務めタイ・ダラー・サインを招いたリード曲「Nights Like This」は伸びやかなメロディラインがケラーニらしい。ヒット・ボーイが制作に携わりドム・ケネディが参加した「Nunya」や、人気プロデューサー・チーム、ポップ＆オークのオークが手がけた「Morning Glory」など、女性が抱える心境をまっすぐに歌う楽曲はケラーニならでは。 渡辺

# The Jungle Is the Only Way Out

## Mereba

2019 | Interscope

エチオピア人の父とアフリカン・アメリカンの母に誇りを持ち、黒人女性大学で学んだ経歴もあるシンガー。スピレッジ・ヴィレッジの一員でもある彼女が自主制作EPの発表から6年後、遂にリリースしたデビューアルバム。「もっと書かなきゃ／もっと闘うための自由を」との詞で幕開けする内省的な魂の旅の記録であり、自由で現代的なR&Bサウンドのなかにフォークやゴスペル、レゲエの要素が見え隠れするのが面白い。ナインス・ワンダー制作のシングル「Black Truck」ではラップもこなし、「入植者みたい」と辛辣なラインも聴ける。 天野

# Free Spirit

## Khalid

2019 | Right Hand / RCA

2年ぶりに発表したセカンドアルバム。他人の前では単なる友だち同士のフリをしているガールフレンドとの関係をより深いものにしたいと悶々とする Z 世代男子の心情を歌った R&B チャート首位曲「Better」をはじめとする従来路線のナンバーをより成熟させる一方で、ディスクロージャー制作のスロウジャム「Talk」やジョン・メイヤーがファンキーなギターを弾くヨットロック風味の「Outta My Head」、そしてファーザー・ジョン・ミスティとの共作曲「Heaven」など、ロック方面への挑戦も自然体で行なっているのが頼もしい。 長谷川

# Ventura

## Anderson .Paak

2019 | 12Tone / Aftermath

デビュー作の『Venice』から『Oxnard』に至る「ビーチ三部作」を終えて心機一転臨んだ4作目。『Oxnard』と同時期に完成していたそうだが、骨太な前作に対してこちらはしなやかなソウルフィーリングが際立つ。「Reachin' 2 Much」「King James」「Jet Black」など、時にジャジーなニュアンスも覗かせるブギーの充実ぶりもさることながら、シルク・ソニックへと繋がっていく「Come Home」「Make It Better」「What Can We Do?」等でのレトロかつスウィートな味わいが本作の肝になるのだろう。グラミー賞最優秀R&Bアルバム賞を受賞。 高橋

# HOMECOMING: THE LIVE ALBUM

## Beyoncé

2019 | Parkwood / Columbia

「アメリカ文化のターニングポイント」とも評された2018年の「コーチェラ・フェスティヴァル」ヘッドライナー公演、通称「Beychella」の模様を収めたライヴアルバム。まずは映像で体験するのが筋だとは思うが、この歴史的偉業に手軽にアクセスすることが可能になったという点において音源化の意義は大きい。ボーナストラックとしてメイズ「Before I Let Go」のカヴァーと、ステージでは「Bow Down」とのメドレーで披露した「I Been On」のスタジオ版を収録。本編の緊張を解きほぐすような前者のレイドバックした歌唱がすばらしい。 高橋

# Leven Kali: Low Tide

## Leven Kali

2019 | Interscope

のちにビヨンセ『RENAISSANCE』で4曲手がけて名を上げるソングライター／プロデューサーのアーティストデビュー・アルバム。艶かしいスロウ「Nunwrong」、シド参加の浮遊感あふれるミディアム「Do U Wrong」など、耳馴染みがよいメロウなナンバーが並ぶが、80sブギーな「Cassandra」のようなアップも聴き応えあり。なにより彼のソフィスティケイテッドされた歌声は本当に魅力的でじっくりと聴き入ってしまう。来日ライヴでは父親のジェリー・シーイが所属していたマザーズ・ファイネストの「Love Changes」を織り込んでいた「Sumwrong」の少し90sな雰囲気もたまらない。 川口

# Essentials

## Erika de Casier

2019 | Independent Jeep

次作『Sensational』を4ADからリリースし、さらにNewJeansへの楽曲提供により時代の寵児となったエリカ・デ・カシエールのファーストは、現在に繋がる涼しげでガーリーな声が漂うアンビエント感あるR&B。しかし、今よりも90年代Gファンクの影響が強く織り込まれており、ティンバランドを想起させるフューチャリスティックな要素やアリーヤへの憧憬も透けて見える。これがコペンハーゲンを拠点に活動する作家から生まれるという驚き。2020年代を席巻することになった彼女のサウンドは、90年代R&Bとの強い接続のもとで鳴らされていたのだ。 つや

# Apollo XXI

## Steve Lacy

2019 | Three Quarter / AWAL

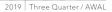

今や超売れっ子になった彼の転機は、やはりグラミーにノミネートされたこのファーストアルバムか。デモEPから続くローファイ／ベッドルーム感（「これでいいんだ」という発明的な粗だが、iPhone直挿し録音は卒業済み）は、シュギー・オーティスとスライと初期プリンスを圧縮したかのよう。しかし、ジ・インターネットでの軽やかさはそのままに、バイセクシュアルである性指向やカミングアウトをテーマにしたことも相まって、次世代インディR&Bの扉を新たに開いた感がある。リリース当時よりいま聴く方が非凡な才能を感じられる。 天野

## Lucid
### Raveena

2019 | Moonstone / Empire

ニューヨークを拠点に活動するインド系アメリカ人シンガーのデビューアルバム。オープニングを飾る「Hypnosis」のタイトルに示唆的だが、とろけ落ちそうなほどメロウなサウンドスケープによってゆっくりと聴き手を夢幻の境地に引き込んでいく45分はさながらソウルフルなメディテーション。ミニー・リパートンの艶かしさとコリーヌ・ベイリー・レイの温かさを併せ持った声の魅力も相まって、そのピースフルな音世界の心地よさにひたすら耽溺してしまう。自身の過去のトラウマを音楽を通じて癒やす、とのコンセプトを完璧に具現化した傑作。　高橋

## Origin
### Jordan Rakei

2019 | Ninja Tune

ニンジャ・チューンからのリリースだけあり生音にもトラックメイカー的感性が。リチャード・スペイヴンらジャズドラマーたちのプレイもトラックのように組み立てられ、テクノロジーと人間性という本作のテーマに通じる部分も。本人はJ・ディラの影響を公言していて、一筋縄には進んでいかないナンバーが多々あるのも納得。MJインスパイアなディスコ・ブギーなど、オーストラリアからロンドンに移住、という境遇ゆえか国や地域にこだわらない軽やかさもいいが、小綺麗にまとまるのはトム・ミッシュら含むこの界隈ならではだろうか。　井草

## Case Study 01
### Daniel Caesar

2019 | Golden Child

カナダはトロントのシンガー、ダニエル・シーザーのセカンドアルバムは、ゴスペルとR&Bの見事な融合を成し遂げた柔らかな前作『Freudian』と比べると実験的な要素が増している。たとえば「ARE YOU OK?」での吸い込まれるようなヴォーカルや、ジョン・メイヤーの参加した「SUPERPOSITION」でのサイケなアレンジにそういった傾向は顕著だろう。音楽的野心は感じるが、とはいえ、シーザーの歌が最も魅力的に感じるのはブランディとの「LOVE AGAIN」のようなオーセンティックなバラードの方で、少々もったいない気分に。　高久

## III
### BANKS

2019 | Harvest

「エロス」が元々のタイトルだったものの、三幕式で成長を示すために『III』と命名された本作は、バンクスの個性を打ち立てている。成熟には酸いも甘いも知らなければいけないから、序曲から不快さが心地よいほどのインダストリアル調で過去との別離を宣言する。なにより心理学を学んだ彼女らしいのは、ナルシスト男と共感性が高すぎる自分の関係を描いた「Stroke」を「有害だけど超セクシー」と定義づける、明晰ながらも泥臭い強かさだろう。そこまでいけば、苦難があろうと、解放に向かうまでだ。　辰巳

## Angel's Pulse
### Blood Orange

2019 | Domino

どの仕事も外さない現行シーンのキーパーソン、その多面的なディスコグラフィのなかで初のミックステープとして配信されたコンパクトな作品。短曲がシームレスに連なる構成は本人が語る「意識の流れそのものを日記の1ページに映しだしたかのような作品」に結実している。トロ・イ・モアやアルカやケルシー・ルーを呼んだかと思えば、スリー・6・マフィアのふたりと南部ノリをやり、ティナーシェやジャスティン・スカイも歌で貢献。『Blonde』の横に並べたいポストジャンル性と私的な手触りがある。内省と社会性が交じるリリックも重要。　天野

## The Lion King: The Gift
### Beyoncé

2019 | Parkwood / Columbia

とにもかくにもゴージャスなアフロビート・アルバム。スーパースターの映画プロジェクトのもと、南アフリカやガーナ、そしてバーナ・ボーイを筆頭としたナイジェリアのスターが大集結している。アフリカ大陸のアーティストが普通にヒットを飛ばすようになった2020年代を目前にしていた当時のUSシーンにとっては、強烈な才能の「お披露目会」でもあったと位置づけられる。大いなる神の存在を歌った開幕曲「BIGGER」は、決してまとめることのできない広大で多様なアフリカ音楽の神秘に捧げた祈祷かのようだ。　辰巳

## Tuxedo III
### Tuxedo

2019 | Funk on Sight

日本での人気が高い、言わずと知れたメイヤー・ホーソーン&ジェイク・ワンによるディスコ／ブギー復興デュオが、ストーンズ・スロウを離れてリリースした3作目。レヴィン・カリ、バトルキャット、MFドゥーム、デイム・ファンク、ベニー・シングスら幅広いゲストとのコラボが試みられ、ディスコグラフィのなかで最も多彩かつジェントルな魅力に溢れている。シックの、ジャム&ルイスの、アイズレー・ブラザーズの……といった元ネタ喚起力とコーラスの構築も洗練されており、太いシンセベースには抗いがたい魔力がある。　天野

## 1123
### BJ The Chicago Kid

2019 | Motown

自身の誕生日をタイトルに冠したメジャー2作目。社会への鋭い眼差しも含めた硬派なシンガーとしてのエッジを失わずメインストリームを軽やかに歩む彼らしさは、アンダーソン・パークを迎えた冒頭のダンサー「Feel the Vibe」から感じとれる。多方面とコネクトする万能感は、JID、エリック・ベリンジャー、リック・ロス、オフセット、アフロジャックといったゲストの名前からも伝わってくるものだ。ファルセットを交えたビタースウィートな歌声も堂々としたもの。エラ・メイ「Close」のリメイクは同時代の"R&B歌い"に対するシンパシーなのだろう。　林

## forevher
### Shura
2019 | Secretly Canadian

エレクトロ・ポップを作っていたロンドン出身のシンガーソングライターが化けた快作。相棒のジョエル・ポットとの共作で、英国らしいシンセ趣味とダンス志向を保ちながら「トム・ミッシュ以降」なグルーヴ感を打ちだしている。線の細い歌声は、ファルセットで親密さを表現。レズビアンとしての視点を活かしたシングル「BKLYNLDN」は、肉体的な欲望から始まったガールフレンドとの関係性について「これは愛ではない」と思いつつ、結局は恋に落ちた自身に気づき、彼女のいるブルックリンへと居を移したことから生まれた名曲。 天野

## I Used to Know Her
### H.E.R.
2019 | RCA

"Having Everything Revealed（すべてを明らかにする）"という言葉の頭文字をとって、ギャビー・ウィルソンから名義を変えてデビューしたR&Bシンガー、H.E.R.。2018年の2作のEP『I Used to Know Her: The Prelude』と『I Used to Know Her: Part 2』を合わせ、新曲をいくつか追加しリリースした本作は、この新進気鋭の脆く、柔らかい部分をコンパイルしている。とりわけ新曲として収録された、スウィートなギターにしなやかなラップと穏やかな歌の光る「21」は、普段年齢以上の洞察力を感じさせる彼女の瑞々しさを湛えている。 高久

## Chasing Summer
### SiR
2019 | TDE / RCA

タイトルの"夏"は自由の象徴なのだと、SiRは語る。夏を追いかけるために彼が乗ったのは飛行機だ。本作のカバーアートには、彼の友人の父親が集めたというクレームタグが敷きつめられており、アルバム本編も、パイロットのアナウンスで幕を開け、幕を閉じる。ここで、SiRの地元イングルウッドがロサンゼルス国際空港（LAX）からほど近いことを思い出したい。そう、飛行機は彼の〈ホーム〉の象徴でもあるのだ。トピックは様々だが、イングルウッドの丘を吹き抜ける風のようなカラッとした爽やかさが作品を貫いている。 奥田

## Over It
### Summer Walker
2019 | LVRN / Interscope

交際中であったロンドン・オン・ダ・トラックをエグゼクティヴ・プロデューサーに迎えたデビューアルバム。本稿執筆時の直近の作品ではエリカ・バドゥを思わせるネオソウル的な作風を確立しているが、本作においては、主にトキシックな恋愛を題材とした歌詞もドラム使いもコンテンポラリーなR&B的。アッシャー「You Make Me Wanna...」をサンプルし本人をゲストに招いた「Come Thru」や、「Body」における712「Get It Together」のサンプリングなどから、本人の90年代R&Bへの愛が感じられる。ブレイクのきっかけとなった「Girls Need Love (Remix)」も収録。 奥田

# Pang

## Caroline Polachek

2019 | Perpetual Novice

元チェアリフトのキャロライン・ポラチェックによる、本名名義でのソロ1枚目。PCミュージック出身のダニー・L・ハールとの共作によるハイパーポップ的ディレクションが光り、「So Hot You're Hurting My Feelings」はTikiTokでヒット。いちライターとしてこの選盤は意外だったが、たしかにその「So Hot…」はブリル・ビルディング産R&Bを下敷きにした80年代ポップ風、さらに乾いたバックビートに未来的なサウンドを施した「Door」と、R&Bとハイパーポップが邂逅した秀逸なナンバーも。　井草

# Sweet Insomnia

## Gallant

2019 | Mind of a Genius / Warner

独自のR&Bサウンドを追求するガラントが3年半ぶりに発表したセカンドアルバム。当時のインタビューでは「ノスタルジックな雰囲気を大事にした」と語っており、流麗なファルセットとメロディがビタースウィートに響く楽曲が並ぶ。サウンドの骨子を担うのは、前作に続きプロデューサーのスティント。6LACKが参加した表題曲は、ダークながらもゾクゾクするグルーヴが迫って来、ガラントの渋い魅力を端的に表現した良曲。アトモスフェリックなシンセが踊る「Compromise」にはサブリナ・クラウディオが参加している。　渡辺

# MAGDALENE

## FKA Twigs

2019 | Young Turks

R&Bとしてはデビュー作よりもこちら。「cellophane」に参加しているジェフ・クラインマンやマイケル・ウゾウルはじめ、優れたプロデューサー陣が集まり引き続きエッジの立ったサウンドをキープしつつも、きちんと"歌"を聴かせる内容に。テーマであるマグダラのマリアがこれまで様々な解釈で単一的なイメージにとどまらない女性像として描かれてきたように、本作も本人のアイデンティティに立脚しつつそれらを多方面から解体。ただ、「home with you」で披露される通り、アブストラクトに傾きすぎないある種の歌心が彼女の存在を肯定もする。　つや

# Songs for You

## Tinashe

2019 | Tinashe Music

度重なる延期でヒットのタイミングを逃した前作を最後にRCAを離脱し、自身のレーベルからリリースした意欲作。ヒットメイカらが従来の路線を押さえながらデビュー時からのアイドル色は払拭され、ミス・バンクスを迎えたドラッギーなダンストラック「Die a Little Bit」や「Stormy Weather」ではFKAツイッグスにも近い官能的な一面を見せる。進化したダンスが満載のMVも含めて彼女本来のクリエイティヴィティが解放された記念碑的アルバムだ。本作以降はさらに刺激的なクラブサウンドへ接近中。　Y

## Free Nationals
### Free Nationals

2019 | OBE / Empire

アンダーソン・パークのバンドとして知られるロサンゼルス出身の4人組による初アルバム。ダニエル・シーザーからクロニクスまで、曲ごとにヴァラエティに富んだゲストを迎えながらもホストとしてのバンドの存在感が揺らぐようなことは一切なく、ライヴで鍛えあげられたフレキシビリティが全面的に発揮されている。パークをフィーチャーした軽妙なファンク「Gidget」、カリ・ウチスと共に爽やかなメロウネスを描く「Time」、都会的な疾走感が心地よいフュージョン調のインスト曲「Lester Diamond」など、全編を強靭なグルーヴが貫く。　高橋

## BUBBA
### KAYTRANADA

2019 | RCA

2016年のデビュー作以降、さらに人気を押しあげたケイトラナダのセカンド。兼ねてから交流のあるR&Bシンガー／ラッパーが中心に集った本作はダンサブルなトラックが増え、より彼のライヴDJセットに近い仕上がりに。とはいえ爆発力重視ではなく、カリ・ウチスを迎えた「10%」をはじめ心地のよいミドルテンポがシームレスに繋がっていく。彼のリミックスワークでも随一の人気を誇るティードラ・モーゼスとの組み合わせや、ファレルとの共作もよいアクセントに。今作でグラミーも2部門受賞、その躍進はとどまるところを知らない。　Y

## HAPPY 2 BE HERE
### Ant Clemon

2020 | Legion / Human Re Sources

カニエ・ウェストの『ye』や『Jesus Is King』に大抜擢されたソングライター／シンガーであるアント・クレモンズによるファーストアルバム。ギターの音色とループされたドラムサウンドのシンプルなビートの上で、ファルセットと地声を行き来しながら歌うスタイルからは、たしかに当時のカニエっぽさを感じる節も(だって実際にカニエにインスピレーションを与えていたのがアントなのだから)。タイ・ダラー・サイン、ティンバランド、そしてファレル・ウィリアムスが参加し、シンプルながらも実験的なサウンドに彩を添えている。　渡辺

## After Hours
### The Weeknd

2020 | XO / Republic

自身のサウンドをポピュラーミュージックそのものにしてみせた80sドリームポップなメガヒット。夜の大都会を舞台としたダークな映画的世界観も見逃せないポイントだろう。アーティストが自らの肉体を誇示するR&B文化を拒絶する匿名アクトとして出てきた彼にとって、ザ・ウィークエンドという存在はアバターにすぎない。だからこそ、危険でセクシーながらユーモラスで間抜けなストーリーテリングもお手のものなのだ。ビルボード史上最も売れた曲となった「Blinding Lights」は、愚かな飲酒運転の歌だという。　辰巳

# 3.15.20

## Childish Gambino

2020 | mc DJ / RCA

現代アメリカ文化の最重要人物が、運命的な「This Is America」の発表と名
曲「Feels Like Summer」(本作では「42.26」)を含むEP『Summer Pack』から2
年でリリースした4作目。リリースの前週に現れたウェブサイトなどプロ
モーションも注目された。シームレスな構成やタイムスタンプでしかない
曲名といった音と詞で語る姿勢は挑戦的で、二分法を批判する「Algorhythm」
などリリックも当然重要。なおチャイルディッシュ・ガンビーノの引退は
最近覆されたようだが、果たして……? 天野

# Rose in the Dark

## Cleo Sol

2020 | Forever Living Originals

リトル・シムズのプロデューサーとして知られるインフローを中心に結成
されたSAULT(ソー)のメンバーであり、現在ではプライヴェートのパート
ナーでもあるクレオ・ソルによるファーストアルバム。こちらもインフ
ローのプロデュースだが、そのほかのプロジェクトとは別の狙いがあるこ
とは明白だ。凝ったアレンジが細部まで行き渡り、自然と心が潤うような
音。ここで鳴っているのは、激しい怒りに燃えるSAULTのプロテストとは
違った角度から魂に寄り添うソウルミュージックであり、混沌のなかに輝
く親密なR&Bである。 高久

# TAKE TIME

## Giveon

2020 | Not So Fast / Epic

短編小説家の経歴を持つギヴィオンが信じる芸術論は、愛の痛みこそこの
世の平等というものだ。ひとりひとりの人生には様々な経験がつきものだ
が、どんな大金持ちだろうとつらい失恋を経験しうるのだから、ラヴソン
グは広く共感を集められる……。「HEARTBREAK ANNIVERSARY」でブレイ
クしてみせた作家が言うのだから、反論は難しいだろう。物語のアイディ
アありき、それを美しく聴かせるためにサウンドを形成していくソングラ
イティングは、バリトンヴォイスと溶けあうことで上品なソウルを完成さ
せている。 辰巳

# PARTYMOBILE

## PARTYNEXTDOOR

2020 | OVO / Warner

パーティーネクストドアは素直なアーティストだ。ラップのような歌も得
意とするヴォーカルスタイルも浮遊感のあるサウンドも、OVOサウンドの
面々のなかで最もストレートにドレイクの後を追っている。本作でもアフ
ロビーツやレゲトンといったドレイクが通ってきたビートの導入はもちろ
ん、歌い方にはヤング・サグやフューチャーのような人気ラッパーの影響
を発見できる。しかし、それらはあくまでもひとつの要素であり、クール
なオルタナティヴR&Bという軸から大きく外れることはない。素直さと作
家性のバランスが絶妙な良作だ。 アポ

# KIKI

## Kiana Ledé

2020 | The Heavy Group / Republic

2作のEPを経てリリースされた待望のファースト・フルアルバム。アウトキャスト「So Fresh So Clean」を引用したシングル曲「Mad at Me」を聴いて新たに彼女の歌声の虜になったファンも少なくないだろう。気だるくも大胆で、赤裸々に自分の感情をヴォーカルに乗せるキアナの魅力が、このアルバムで決定的なものになった。「Labels.」ではザ・ノトーリアス・B.I.G.「Juicy」を、「Honest.」ではブランディ「Have You Ever」を下敷きにするというキャッチーな目配せも。アリ・レノックスやラッキー・デイといったゲスト陣もハマっている。　渡辺

# A Muse in Her Feelings

## dvsn

2020 | OVO / Warner

ロニー・リストン・スミスを引用した「A Muse」のようなナインティーン85手がけるOVOらしいアンビエント・サウンドは健在のままに、客演ゲストを多数招きバウンスやダンスホールの要素も取り入れた3作目。作品ごとに存在感を増し、だんだんと熱を帯びてきたダニエル・デイリーの歌唱も頼もしい。ブライアン・マイケル・コックスが2曲関与し、スノー・アレグラとの「Between Us」ではアッシャー「Nice & Slow」をサンプリングするなど、アトランタに接近しY2Kレミニスする次作への布石もうかがえる。　Y

# It Was Divine

## Alina Baraz

2020 | Mom+Pop

デンマークのガリマティアスとの共演盤で世に出たオハイオ出身のシンガー。ジェネイ・アイコに通じるゆるふわな美声をアトモスフェリックなサウンドに乗せた初の公式アルバムは、自身が癒やしを得るための、いわばヒーリングR&B集。2018年のEPに収録された曲で注目を集めたカリードとの再コラボのほか、6LACKやスミノをゲストに迎え、ロビン・ハンニバルやDマイルの制作曲まで、妖美な雰囲気を醸しつつポップにまとめあげている。ビートの立った「Until I Met You」は、ナズを招くことで故エイミー・ワインハウスとの繋がりを求めた曲だ。　林

# HIGHTIDE

## Leven Kali

2020 | Interscope

ビヨンセ『RENAISSANCE』からEXOなどのK-POP勢まで、ジャンルや国境をまたいで楽曲提供を行う奇才の2作目。シドを迎えた「Made 4 U」をはじめ、オーガニックな音色で編みあげた楽曲に滲む90s R&B的な懐かしさとトラップ・ソウル的な現代感の交錯が高揚感を生む快作だ。ハイテク・スニーカーを履いたときのような心地よさで軽やかにグルーヴする「12345（GET REAL）」では、マザーズ・ファイネストのベース奏者、ジェリー・シーイを父に持つ"ファンク・チャイルド"ぶりが顔を出す。タイ・ダラー・サインとのスロー・バラードにもファンクネスが滲む。　林

## It Was Good Until It Wasn't

### Kehlani

2020 | Atlantic

カリフォルニア州オークランド出身のシンガー、ケラーニはセカンドアルバムでも赤裸々に歌っている。パートナーだったラッパー、YGの浮気（本人は否定）を含む数々のトラブルを曲に変え乗り越えてきたケラーニだが、冒頭「Toxic」でも有害だとわかっている人に夢中になってしまうことを吐露する。とはいえ、アーティストの表現が明確に実生活と繋がっていることのみが魅力的なわけではない。ヴァラエティに富んだアレンジと、歌とラップの間を自在に行き来する歌声が、そこにある欲望を切に伝えているのだ。オーセンティックなR&Bとしても聴ける作品。 高久

## MANTIC

### Ro James

2020 | ByStorm / RCA

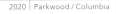

プリンス作品でお馴染みのロージー・ゲインズを叔母に持つ、ドイツ生まれニューヨーク育ちの実力派。由緒正しき血筋が表れたセクシーなR&Bが大洪水のセカンドは、Dマイル、DJキャンパー、ギッティらの仕事も目を見張るが、極めつきはサラーム・レミ作「Be Mine」。プリンス風のイントロから、ザップ「Computer Love」とオーディオ・トゥー「Top Billin'」を力技で掛け合わせたキラーチューンだ。レーベル仲間であるミゲル、ブランディらとの絡みも濃厚。蒸し暑い夜がよく似合うベッドソング集だ。 Y

## Ungodly Hour

### Chloe × Halle

2020 | Parkwood / Columbia

ビヨンセが後見人を務めたアトランタの姉妹デュオによる2作目。スコット・ストーチ作でヴィクトリア・モネもペンを交えた「Do It」ほか、ディスクロージャーらが新しい風を吹き込んでグッと親しみやすいサウンドに進化し、パフォーマンスでも毎度異なるアレンジと、メイクアップや振付けも自分たちで行うという徹底ぶりで才能を発揮した。現在姉クロイはソロ作を発表し、妹ハリーは実写版『リトル・マーメイド』のアリエル役に抜擢など各自でも活躍中。然るべくしてビヨンセが惚れ込んだ、生粋のインディペンデント・ウィメンだ。 Y

## The Album

### Teyana Taylor

2020 | G.O.O.D. / Def Jam

「A」「L」「B」「U」「M」の5つの章からなる、アルバムという媒体へのこだわりが感じられる大作。ソウルフルで暖かい「A」、エレクトロニックな「L」など微妙にスタイルを切り替えながら進んでいく構成となっている。時にはアフロビーツやレゲエにも接近するが、主役のソウルフルな歌はどんなビートでも堂々と乗りこなしている。エリカ・バドゥやケラーニ、フューチャーなど個性豊かな客演陣との絡みもすばらしい。ラストはゴスペル風味のコーラスにローリン・ヒルの朗読もフィーチャーした「We Got Love」で大団円。 アボ

## Lianne La Havas
### Lianne La Havas

2020 | Nonesuch / Warner

ヴィンテージ・サウンドに乗せ喪失と再生を歌いあげる「Bittersweet」は白眉。ただ今作ではそれ以上に、優等生的にとどまったセカンドの反動ゆえの折衷的な感性が耳を惹く。ミナス風な「Seven Times」や「Sour Flower」などは派手さには欠けるも浮遊するギターのアルペジオに彼女自身のナチュラルな感情がこれまでになく自然に溢れ出しているし、ムラ・マサとのパンキッシュなコラボ、ゴスペル・コーラスで温かに生まれ変わったレディオヘッドのカヴァーなど、ネオソウルの枠を自由にはみ出しているのが痛快だ。　井草

## B7
### Brandy

2020 | Brand Nu / eOne

デビューから早四半世紀以上、ヴォーカルバイブルとも称される歌唱で後進への影響力も大きいブランディ。8年ぶりの作品はDJキャンパーをメインプロデューサーに迎え、音数は絞りつつも彼女の代名詞でもある未来的なサウンドを展開し、何層にも重ねられたヴォーカルが慈悲深く作品全体を包み込む。チャンス・ザ・ラッパー、ダニエル・シーザー、娘シライなどゲスト人選も的確。本作の前年に惜しくも逝去した盟友、ラショーン・ダニエルズの美しいペンが光る遺作としても記憶したい、コンセプチュアルなアルバムだ。通し聴きを推奨。　Y

## Couldn't Wait to Tell You...
### Liv.e

2020 | In Real Life

ピンク・シーフ、グールファイヴと共に不穏なラップ・グループ、クリプトナイトとしても活動していたテキサス州ダラス出身のシンガー、リヴ（ジェイド・フォックスと名乗っていたこともある）のデビューアルバムは20曲の断片の集積だ。歌とラップと会話の狭間を曖昧に動くヴォーカル。ローファイで時に液状化するトラック。どれも個性的で、でも歌詞では何気ないロマンスについて綴られていたりするギャップ。それぞれの点は次第に線となって押し寄せる。ボロボロに崩れているようですべてが計算された、一切隙のない傑作だ。　高久

## JAGUAR
### Victoria Monét

2020 | Tribe

現在では2023年にメジャーから出したヒットアルバム『JAGUAR II』の前哨戦という見え方になるEPだが、この時点ではインディペンデントな立ち位置で、同じDマイルがメインで制作していても神秘的なムードが漂うオルタナティヴなR&Bといった印象があった。とはいえ、ベイビーフェイスがペンを交えた「Touch Me」のようなメロディアスで懐かしい成分を含んだ曲は、人懐っこく華のあるヴィクトリアのヴォーカルともども、とことん親しみやすい。SGルイスの制作でカリードを招いたモダンなディスコ・チューン「Experience」では爽快に滑走する。　林

## Land of Nothing Real
### Lonr.

2020 | Neverheardofyah / Epic

本名のイライジャ・ディアス名義でH.E.R.のソングライティング・パートナーも務めたロナー。アーティスト・ネームの正式名称をタイトルに冠したこのデビューEPでは、つんのめる小刻みのビートがクセになるDJキャンパー制作曲「Make the Most」でH.E.R.を迎えている。24kゴールデンが怒気を込めるようにラップする「LIT」も含めて"R&Bを歌うジュース・ワールド"といった印象も受ける人だ。ヒットした「A.M.」など、トラップ・ビートを基調にした曲からは緩く自由な空気が漂い、トロ～んとしながらも情熱的な声で抑揚をつけながら歌っていく。 林

## 5th Element
### IV Jay

2020 | Atlantic

カリブにルーツを持つニュージャージー出身のアイヴィー・ジェイは、インスタグラムに投稿したアリシア・キーズなどのカヴァーが注目を浴び、16歳でアトランティックと契約したSNS時代のシンデレラガール。まだ幼さが残る可愛らしい歌声で、キアナ・レデ風の「Love Song」やドン・トリヴァー客演の「For You」など90s R&Bの影響を受けたキャッチーなトラックを乗りこなしていく。同年にジャージークラブのリミックス集も発表、ピンク・スウェッツともコラボするなど、大きいブレイクもそう遠くないはずだ。 Y

## Dur&
### Durand Bernarr

2020 | DSING

エリカ・バドゥのバックヴォーカリストを務め、ジ・インターネットなどにも関わってきた奇才。ラサーン・パターソンに通じる鼻にかかった声でファルセットから低音までを自在に操りながら伸びやかに歌う人で、13の異なるストーリーを綴ったという本作でも奔放なヴォーカルでグルーヴするように歌ってみせる。ケイトラナダを招いたミニマルなマシンビートのファンク「Volume」、ザップの名曲を引用したアリ・レノックス客演の「Stuck.」、アナ・ワイズと声を重ねた「Passport」といったゲスト招聘曲も含めて、妖しい色気が全編に充満する快作だ。 林

## Alicia Keys
### ALICIA

2020 | RCA

「スーパーウーマン」の二つ名を持つアリシア・キーズがノーメイク姿で活動していた頃のセルフタイトル・アルバムは、完璧主義から解放された遊び心に満ちている。「Time Machine」ではディスコ、「Wasted Energy」だとレゲエ、題名そのまま伝説とのデュエット「Jill Scott」はもちろんネオソウルと、四方八方に移り変わるサウンドを統一させているものは、どこまでも前を向く姿勢だ。「負け犬」を「逆境に負けぬ強さ」と読み替えたアンセム「Underdog」は、エド・シーラン提供曲のなかでも随一。 辰巳

# Galore
## Oklou

2020 | Self-released

ピアノとチェロを学んでいたというクラシック音楽のルーツに対し、A.G. クック的なテクスチャへのフェティシズムをぶつけるフランス人アーティスト／プロデューサー。シャイガールやクク・クロエなどが所属するレーベル、NUXXE周辺で活動していたこともあり、幽玄でエーテルなR&Bを奏でる。直接的にしろ間接的にしろ現在の欧州のオルタナティヴなシーンにおけるビョークの影響というのは計り知れないものがあるが、本作においても、身体に固着的なエレクトロニック音がビョーク作品を想起するようなロマンティシズムと共に漂う。　つや

# For Broken Ears
## Tems

2020 | Leading Vibe

ナイジェリアのシンガーソングライター／プロデューサー、テムズの声はこのEPの頭から幽玄に力強く響いている。「これは枠のない心／これは闇のない光／これは欠点のない真実」。さらに2曲目「Ice T」ではさらに語気を強めており、うねるヴォーカルの表現力にはつい固唾を呑む。EPのラスト2曲では、独自の語り口を維持しながらナイジェリアのアーティストとしてアフロ・ポップにも接近。全7曲、20分程度ではあるが、オリジナリティと可能性を見せつけるには十分なR&B作品だろう。事実、このあと彼女はスターダムを駆け上がっていく。　高久

# A N N I V E R S A R Y
## Bryson Tiller

2020 | RCA

時代精神を撃ち抜くデビューをしたからこそ困難を歩んだブライソン・ティラーが、自身のクラシック『ＴＲＡＰＳＯＵＬ』再考としてドロップしたのが本作である。つまりトラップと90年代R&Bのミックスなわけだが、本作はより歌の要素が色濃い。メアリー・J・ブライジをサンプリングした「Inhale」、待望のドレイク客演曲「Outta Time」を筆頭に、優等生的ですらあるメロディアスな構成は、ほとんど一本調子でローテーションできる。落ちついたラップで成熟を語るインタールードの美しさも特筆に値する。　辰巳

# if You Feel
## Xavier Omar

2020 | RCA

旧名SPZRKT（スパジー・ロケット）。シアトル出身のビートメイカー、サンゴとの共演でも知られるテキサス州出身シンガーのファーストソロ作。冒頭こそ軽やかな（しかしダークではある）4つ打ち「FIND ME.」が登場するが、ほぼ全編深遠なサウンドのミディアム〜スロウで占められており、そこに乗る彼の淡い歌声に魅了される一枚となっている。そんなアルバムのなかでポッと温かい光を感じさせるメレバとのデュエット「Like I Feel」が白眉か。チキチキ・サウンド（死語？）＆ゴスペル風味のコーラスをバックにラップを聴かせる「want/need」なんていう曲もあり。　川口

## Positions
### Ariana Grande

2020 | Republic

元々90sを基軸にした華やかなR&Bを歌っていたアリアナが、その素養を下敷きにしながらも遥か広大なポップ・スペクタクルを作りあげた大傑作。スコット・ストーチやロンドン・オン・ダ・トラックといったプロデューサーが活躍する安定のR&B曲ももちろん良いが、「34+35」からドージャ・キャットとの「motive」、ザ・ウィークエンドとの「off the table」など多彩な手を尽くす序盤の流れが特に秀逸。オルタナティヴなアプローチも含め新旧R&Bの語彙が極上の贅沢なポップソングになりえることを証明した、前作『thank u, next』と並ぶR&Bポップの金字塔。　つや

## missunderstood
### Queen Naija

2020 | Capitol

『アメリカン・アイドル』へ出場するも敗退、その後ユーチューバーとしてファンベースを獲得し、当時の夫の浮気を歌った「Medicine」のヒットで歌手活動を本格的にしたクイーン・ナイジャのデビュー作。人懐っこい歌声と共感を生むリリックで、アイザック・ヘイズやデバージなど大ネタを用いながらY2Kサウンドをオマージュし、恋心をキャッチーに歌いあげる。オーク・フェルダー、リル・ロニーら現代R&Bの職人たちが尽力し、客演にも人気者たちが集結。スターへと成長していく姿が誇らしい、王道R&Bの新しい担い手だ。　Y

## Sin Miedo (del Amor y Otros Demonios) ∞
### Kali Uchis

2020 | Interscope / EMI

ブレイクした前作は当然重要。が、ラテンポップが世界的に主流化するなか、コロンビア系のルーツとハイパーなディーヴァのイメージを打ちだし、一皮剥けたこの2作目は違った意味で重要。全曲スペイン語で歌い、レゲトン界のトッププロデューサーであるタイニーが後半6曲に参加した。10曲目はプエルトリコ系のラッパー、リコ・ナスティとのダークなトラップ、11曲目はジョエル&ランディを招いてレゲトンを展開と音楽性は多彩だが、ドリーミーなサイケデリアに包まれた統一感が見事。現代R&Bの広がりを象徴するレコードだ。　天野

## Magic 8ball
### Mac Ayers

2021 | Dixon Court

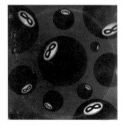

NY出身、名門バークレー音楽大学で学んだシンガーソングライター／マルチ・インストゥルメンタリスト。ディアンジェロに影響を受けたというわりには(?)爽やかな曲を作る人であり、このEPも大半が穏やかなミディアム〜スロウで占められている。数少ないアップ「Where U Goin' Tonight?」も上品で心地よい作り。サラッとした歌声なので、そこで好みが分かれるかもしれないが、揺蕩うメロディに身を委ねるスロウ・チューン「Sunny & 62」や、カートゥーンズをフィーチャーした8分の6拍子バラード「Never Let Me Go」の美しさに文句をつけることなどできないだろう。　川口

# Collapsed in Sunbeams
## Arlo Parks
2021 | Transgressive

幼い頃に詩作を始めそこから音楽へ派生したというだけあり、同性の友人への恋心も含むティーン時代の多感な心情を、固有名詞を多用した日記的かつ文学的なリリックとポエトリーリーディング風の歌唱で繊細に昇華。一聴するとリンダ・ルイスを思わせるヴォーカルが映えるユーフォリックなベッドルーム・ポップなのだが、そのウワモノの下には絶えずニュースクール・ヒップホップ的なビートが流れ、時にそれらをトリップホップ由来のデッドな音像にもまとめてしまう……。親密さとサイケデリアの絶妙なバランスにも唸るデビュー作。 井草

# COLORWAY
## DESTIN CONRAD
2021 | Self-released

Vineへの動画投稿で多くのフォロワーを獲得していたフロリダ州タンパ出身のシンガー。友人であるケラーニのアルバムでも共作していた彼のデビューEPは、出世曲となったアンニュイなバラッド「IN THE AIR」を筆頭に、繊細な表情で愛の力やその複雑さについて歌っていく。レインボーカラー風のジャケットはクィアである彼のセクシュアリティに基づいており、表題曲には多様性を受け入れて互いに補完しあおうというメッセージが込められている。スワヴェイを迎えたトラップ系のスロウ「LAZY」、アンブレイが声を交える「FRAUD」もムードを醸成。 林

# Overgrown
## Joyce Wrice
2021 | Joyce Wrice Music

サンディエゴ出身の日系シンガー、2016年のEPデビューからラッキー・デイらとの共演を経て作りあげた初のアルバム。父親が愛聴していた90年代のR&Bに強い影響を受けたそうだが、シングルの「On One」や「So So Sick」など、往年のヒップホップ・ソウルの雰囲気を巧みに取り入れた全体像は(シンガーとしての資質も込みで)エラ・メイのデビュー作と重なるところがある。総合監修を務めるDマイルが10曲を手がけているほか、ケイトラナダ、マインドデザイン、ジェイムズ・ポイザーらの制作曲も含んだ「R&Bの良心」を強く感じさせる一枚。 高橋

# Abstractions
## Zo! & Tall Black Guy
2021 | The Foreign Exchange Music

デトロイト出身、フォーリン・エクスチェンジ作品で活躍してきたキーボーディストのゾー！と、同郷生まれでUK在住の人気ビートメイカー、トール・ブラック・ガイによるコラボ集。2000年代のドゥウェレにも通じるデトロイトらしいネオソウル～クラブジャズまでを自然な感覚でまとめあげ、ひたすらに心地よい時間が流れていく。スラム・ヴィレッジのエルザイとサイ・スミスを迎えたGファンク「The Ride」や、久しぶりの登場が嬉しいダリエン・ブロッキントンとフォンテが声を交える「Hold My Hand」が絶品。 Y

## Shelley FKA DRAM
### DRAM

2021 | Empire / Atlantic

本稿執筆時点ではまたアーティスト名を元に戻しているDRAMが、シェリー(Shelley)時代にリリースした唯一の作品。彼はこの名義変更について、自身がDRAM名義でリリースした楽曲を含む様々なものと結びつけられるようになるにつれ、その名前に当初の信条(Does Real Ass Music)としての意味を見出せなくなったためだと語っている。ジャンルもR&Bになり、過去との違いを示すには十分な作風の変化だが、前作でも息ピッタリだったエリカ・バドゥとのコラボは本作でも健在。元カノとの記念日に彼女の好きだった料理をひとりで注文する「Remedies」が切ない。 奥田

## Studying Abroad: Extended Stay
### Masego

2021 | EQT / Capitol

日本、アフリカ、欧州への旅から影響されて制作、コロナ禍中にリリースしたEPの拡大盤。冒頭の「Passport」(Dマイル制作)は琴のような音を取り入れた日本へのオマージュソング(?)で、続く「Silver Tongue Devil」はナイジェリアのアフロビーツを自己流に解釈したもの(追加曲「Yebo/Sema」も独特のアフロビーツ)。独自のトラップ・ハウス・ジャズは洗練を極め、トラップ・ビートとギターやサックスなど生楽器の融合は実に優雅。シェンシーア、ドン・トリヴァーなど旬なゲストの参加も的確。 天野

## Ready Is Always Too Late
### Sinéad Harnett

2021 | Thairish Limited

タイとアイルランドにルーツを持ちロンドンで育ったシニード・ハーネット。その出自を裏づけるエキゾチックな美声の持ち主で、マセーゴとヴァンジェスを招いた「Stickin'」をはじめ、鮮やかに粒立ったビートの上をメロウに泳いでいく。とりわけ冒頭のタイトル曲とギッティ手がける「Like This」のメロディは、何度聴いても胸を締めつけられるほど美しい。拡大版ではアリーヤ・バージョンの「At Your Best (You Are Love)」のカヴァーも収録。現代のレディ・ソウルと呼ぶにふさわしい傑作だ。 Y

## Rare Pleasure
### Mndsgn

2021 | Stones Throw

J・ディラやマッドリブなどからの影響も色濃いLAビート・シーンの気鋭が初のバンド編成で録音したアルバム。本人がシンセやメロトロンなどを操り、キーファー(Key)、スワーヴィ(B)、カルロス・ニーニョ(Per)といったLAシーンの名うてと共に70年代のソウルやファンク、ジャズをモダナイズして、スウィートでドリーミーなサウンドを紡いだこれは、いわば現代版のフュージョン。多重コーラスを交えて醸しだす神秘的な音像が心地よい。「Slow Dance」などでデヴィン・モリソンが声を添えるほか、フーシェイやアナ・ワイズの女声もムードの醸成に貢献。 林

## ALPHA
### Charlotte Day Wilson

2021 | Stone Woman

ケイトラナダやバッドバッドノットグッドなどと共演してきたカナダのシンガー、シャーロット・デイ・ウィルソンによる初のアルバムが本作だ。ギターや自身でプレイするサックスなどを用いた温かいオーガニックなソウルを軸に、少しエレクトロニックな仕掛けも導入したサウンドは、ネオソウルとオルタナティヴR&Bの良いところ取り。本人の美しい歌声もすばらしい。また、数曲で聴かせるヴォーカルのピッチを下げた処理も巧みで、変声ながら自然に聴くことができる。シドを迎えた「Take Care of You」でのフックは圧巻。 アポ

## TEMPORARY HIGHS IN THE VIOLET SKIES
### Snoh Aalegra

2021 | ARTium / Roc Nation

イラン系スウェーデン人でLAを拠点に活動する、スノー・アレグラの代表作。トラックは「TEMPORARY HIGHS」に象徴される通り随所でアンビエントな残響をまといながらも、ファレルが提供した「IN YOUR EYES」やタイラー・ザ・クリエイターが参加した2曲ではパーカッシヴなサウンドも難なく乗りこなす。それは、シャーデーを彷彿とさせるようなジャズシンガー寄りの歌唱法によるところも大きいのだろう。とりわけ冒頭の「INDECISIVE」のスペーシーなムードは、アートワークとも相まって欧州出身ならではのフューチャリズムを感じさせる。 つや

## Soulquarius
### PHABO

2021 | Soulection

LAを拠点にするシンガー、フェイボによるソウレクションからのデビュー作。タイトルが想起させる通り、90年代後期～2000年代初期にソウルクエリアンズが描いたようなネオソウル由来のヨレたグルーヴを、ゴールドリンク仕事で知られるルイ・ラスティックらによる10年代らしいベースの効いたビートに絡めていく。デスティン・コンラッドとの「Slippery」や「Polaris」などトラップ・ソウル以降のスロウジャムらしい酩酊感も抜群で、翌年にテキサスのOG・ロン・Cによるスクリュー版が出たのも納得の流れだ。 Y

## Mother
### Cleo Sol

2021 | Forever Living Originals

UK発のソウル・コレクティヴ、SAULT（ソー）のヴォーカルを務め、リトル・シムズへの客演も話題を集めたクレオ・ソル。ジャケットの通り母親になった心境を歌った2作目は、公私のパートナーでもあるインフローが指揮を執ったオーケストラルな演奏と慈悲深い歌声が聴く者を優しく包み込む。ギャップ・バンド「Yearning for Your Love」を下敷きにしたような「Promises」など随所にニューソウルを投影しつつ、肌触りはキャロル・キング『つづれおり』を連想させる瞬間も多い。タイムレスな名盤だ。 Y

## Cheers to the Best Memories

### dvsn & Ty Dolla $ign

2021 | OVO / Warner

ジェイ・Zとカニエ・ウェストの『Watch the Throne』をR&Bで生みだしたい、という好奇心のもと制作された豪華なコラボレーションは、タイトルにある通り、数々の艶かしい思い出（なまめ）をブーミーな低域で増幅させつつトラックに歌がずぶずぶと溶けていく濃厚な作品に。全体としてはオーセンティックな作風だが、ギターがエモーションをかき立てる「Fight Club」やラウ・アレハンドロが花を添える「Somebody That You Don't Know」など変化球もあり、なかでもニュアンスに満ちたインタールードの出来がすばらしい。王道のなかに潜むオルタナティヴ性に気づかされる一枚。　つや

## Drunken Wordz Sober Thoughtz

### Sevyn Streeter

2021 | TStreetz / Groundwërk / eOne

TG4とリッチガールで「Se7en」として活動、クリス・ブラウンやアリアナ・グランデらの作曲家としても知られる才能が12年にソロデビュー、本作はセカンドアルバムとなる。JBの大ネタを敷いたシングル「Guilty」のほか、南部ヒップホップ、未来派ブレイクビート、バラード、ネオソウル、80年代風、オーガニック系などR&Bの多様な歴史と最前線が凝縮されており、それらを軽やかに歌いこなす技量と自在なフロウ、懐の深さ、感情を乗せる力も、性の開放とエンパワーを謳う（うた）詞もすばらしい。「実力派」と呼びたくなる歌い手。　天野

## Land of Nothing Real 2

### Lonr.

2021 | Neverheardofyah / Epic

前デビュー作ではH.E.R.がお返し共演した（彼は本名のイライジャ・ディアス名義でH.E.R.作品を手がけていた）メロウなナンバーがあったりしたが、このセカンドはよりぶっ飛んでいるというか、ジャンルを超越しているというか。ピコピコ・シンセが飛び交う音数少なめなトラックの上でハイトーンヴォイスを披露する「RED LIGHT」や、雄叫びから始まるダーク・ミディアム「RENT FREE」、オルタナティヴ・ロックな「LIVE LIFE」などがあったりと、なかなかの革新作。穏やかなメロディの「HI LONR」に少しホッとしてしまったり。ゲストでヤング・ブルーやコイ・リレイが参加。　川口

## Access Denied

### Ray BLK

2021 | Island

ナイジェリア生まれ、ロンドンのキャットフォード育ちで学友MNEKと活動、ポストコロニアル文学を学び、「BLK」は「Building Living Knowing」を意味するなど、面白い背景を持つシンガー。自主制作の「My Hood」のヒット、ニッキー・ミナージュのツアーへの抜擢を経た初アルバムは、深みを湛えた（たた）堂々たる歌声がなによりすばらしい。ナナ・ローグスらによるトラップR&B的プロダクションは少々単調だが、「黒いマドンナになりたかった」と歌う1曲目やダンスホールを歌いこなす終曲が印象的。　天野

# Constellations
## RINI

2021 | Warner

メルボルン出身のフィリピン系オーストラリア人シンガーソングライター＝RINIのアルバム。「星座」を意味するタイトルの通り、夜を意識したようなスロウな楽曲が目立つし、そもそもカバーアートが夜っぽくて80年代っぽくてキザったらしい。こうなったら作品の世界感に思いきり浸るのが吉。間違ってもスウェットで部屋に寝転がりながら聴いてはいけない。「Over Some Wine」は恋人と一緒にワインのボトルを空けながら、「Mimosa」はプールサイドでミモザを飲みながら聴こう。同郷のオリヴィア・エスクヨスも複数曲にクレジットされている。　奥田

# Where I Left You
## BeMyFiasco

2021 | The Foreign Exchange Music

以前はビアンカ・ロドリゲス名義でEPを出していたダラス出身の女性がルーペ・フィアスコに由来する芸名でフォーリン・エクスチェンジ(FE)から発表した初フルアルバム。盟友のフォンテやゾー！、DJコズモスらが手がけた楽曲は、カーリッタ・デュランドを迎えたプリンス風のスロウ・ファンクやダリエン・ブロッキントンがソウルフルな声を交えるミッド・ソウルなど、FEファミリーの流儀に則った80年代感のあるメロウなネオソウルだ。ローラー・ディスコ感覚のポップなブギー「Caramel」も話題。抑制の効いた魅惑的な美声にも引き込まれる。　林

# Wildest Dreams
## Majid Jordan

2021 | OVO / Warner

青というと、音楽では悲しみのメタファーだ。「Waves of Blue」でその定型を翻したかったと語られた本作は、マジッド・ジョーダン進化の試みでもある。セカンドで完璧にモノにした計算高く親密な作風は、今回、陽的で神秘的な官能へと羽を広げている。このサウンドシフトと連動するのが、バーレーン生まれのマジッドによるアラビア語的価値観が宿る詞だ。アッシャー「Climax」脱構築のごとき表題曲では、湿気に満ちた色気が耳を包み込む。「君の影で浴していた心地よさを思い出すよ」　辰巳

# Heart Won't Stop
## Jordan Hawkins

2021 | SinceThe80s

ラヒーム・デヴォーンはかつて「R&B・ヒッピー・ネオソウル・ロック・スター」を名乗っていたが、その肩書きはジョーダン・ホーキンスの方が似合う。ジミ・ヘンドリックスやプリンスの影響下にあるギタープレイを、モダンなヒップホップ要素のあるネオソウル系のサウンドに落とし込むそのセンスは強烈な個性だ。しかし歌声は甘くセクシーで、どんなにギターを弾きまくったとしてもR&Bから逸脱しすぎない絶妙なバランス感覚も備えている。クロスオーヴァー志向のようで、R&Bの魅力とは何かを再確認させてくれるような快作だ。　アポ

## Still Over It
### Summer Walker

2021 | LVRN / Interscope

サマー・ウォーカーのセカンドアルバム。今回も、ラッパー並みの赤裸々さで自身の愛憎劇を時系列に沿ってぶちまけて歌う。イントロでカーディ・Bが、アウトロでシアラがそれぞれスピーチを披露しており、女性からの支持率も天井知らず。JTとの「Ex for a Reason」やSZAとの「No Love」など、シングル曲でもグイグイ攻めていく。前作に続き実際のパートナーでありベイビーパパでもあるロンドン・オン・ダ・トラックも制作に参加。シルキーな歌声とエッジの効いたリリックのバランスがお見事。ビルボード・チャートでも堂々首位に輝き、その人気は不動のものに。　渡辺

## Drones
### Terrace Martin

2021 | Sounds of Crenshaw

ジャズミュージシャンとしても活躍するテラス・マーティンだが、本作で光るのはプロデューサーとしてのセンスだ。サウンドの基本となっているのは、Gファンクをジャズ目線で再構築したようなレイドバックしたメロウなもの。そこに必要に応じて客演を招いていく作りだが、その人選や役割はかなりユニークだ。ヒップホップ職人のヒット・ボーイをカマシ・ワシントンやロバート・グラスパーとのインストに迎え、ケンドリック・ラマーはラップせずフックを歌う。それらすべてが完璧に馴染んでおり、圧倒的な心地よさを生みだしている。　アボ

## BEFORE WE GO
### India Shawn

2021 | LACA / Epic

Dマイルが全面バックアップしたエピック移籍第一弾。どちらかというと内向きな前2作とは対照的に、メジャーならではの壮大さや華やかさを感じる一枚となっている。サイケデリック・ロックバンド、アンノウン・モータル・オーケストラとのコラボ「TOO SWEET」なんていう飛び道具もあるが、しかしあくまでメロウな仕上がり。フリー・ナショナルズがバックを務めたアンダーソン・パーク参加の「MOVIN' ON」、6LACKの存在感も光るセンシュアルな「DON'T PLAY WITH MY HEART」も文句なし。翌年には本作に7曲加えた『BEFORE WE GO (DEEPER)』をリリース。　川口

## Most Wanted
### Jean Deaux

2021 | Duality / Empire

シカゴ出身のジャン・ドゥは、サバとの「Photosynthesis」で注目を集めて以降、ダーティでバウンシーなサウンドにこだわりながらR&Bとヒップホップの融合を試みているひとり。なかでも、今作は「Junmpin'」や「Stay Down」といった曲における異なるビートの繋ぎが優れており、あわせてラップと歌もスイッチを繰り返しながら艶かしく表情を変える。ゆらめくギターとハイハットの絡みが幻想的なチル感を演出する「Stay Down」、シンセが妖艶な雰囲気を与える「Every Night After」など、どれもトラックが粒ぞろい。プロデューサーにはルイ・ラスティックらが参加。　つや

# Dawn FM
## The Weeknd
2022 | XO / Republic

トンネルの先の光に到達するのを待つ渋滞に巻き込まれている間(「煉獄」とも形容している)、車内で流れるラジオをテーマにしたザ・ウィークエンドの5作目はマックス・マーティンとダニエル・ロパティン(OPN)を共同エグゼクティヴ・プロデューサーに迎えて制作された。これまでも共に特大ヒットを生みだしてきた前者のプロフェッショナルな仕事に、音の探求者にして哲学者である後者のアイディアが重なって、アルバムというアートフォームの有用性を伝える、楽しくも味わい深い一作に仕上がっている。　高久

# Don't Say I Didn't Warn You
## Nija
2022 | Capitol

クリス・ブラウン「No Guidance」やサマー・ウォーカー「Come Thru」をはじめ、ビヨンセ、ケラーニ、アリアナ・グランデなどに楽曲提供を行なってきたニュージャージー出身のヒット職人による初アルバム。ドリル〜トラップ・ビートの上をストリート・フレイヴァー満載で力強く乗りこなす様は、声質こそ違うけれどアリーヤの影がチラつくようなカッコよさで、アルバム丸ごとジャージークラブに変換したリミックス版を出すなど、ダンスフロアへのアプローチも刺激的。これこそ2020年代のR&Bド真ん中でしょう。　Y

# Starfruit
## Moonchild
2022 | Tru Thoughts

かすれ気味のウィスパーヴォイスが無二の魅力を持つ、アンバー・ナヴランを中心にしたLAのトリオの5作目。コロナ禍中に制作した本作でもネオソウル道を邁進、エレクトロニック・ビートとエレピやピアノ、ホーンを組み合わせて、メロウで親密なとろけるサウンドを作りあげている。同時にレイラ・ハサウェイやラプソディ、タンク・アンド・ザ・バンガズらゲストを多数招き、以前にない広がりが生まれた。ストレートなソウルへのアプローチも逆に新鮮だ。冨田恵一が指摘する「米西海岸ジャズ・フレイヴァード・ポップの伝統」が実を結んでいる。　天野

# Asha's Awakening
## Raveena
2022 | Moonstone / Warner

トラップ・ライクでもあるスカスカのトラックに甘いウィスパーヴォイスが乗った楽曲は中毒的かつ未来的。インド出身の伝説的なシンガー＝アシャ・プトゥリの客演には南アジアへの眼差しも感じられるが、本作で個性的なのは彼女が「古代パンジャブの宇宙王女」という設定を演じ、その人生を表現している点だ。暴動によって祖国インドを追われアメリカに移住したパンジャブ人の家族を持つラヴィーナはいわばアジアン・ディアスポラで、その意味でもアフロ・フューチャリズムとの相似を思わせる興味深い一作だ。ヴィンス・ステイプルズも客演。　井草

# Black Radio III

## Robert Glasper

2022 | Loma Vista

センセーショナルな代表作『BLACK RADIO』から10年を経、BLM運動の高まりや分断を煽るアメリカ社会における"時代の声"をグラスパー的に構築したシリーズ作第三弾。活動家としても知られるキラー・マイクらをフィーチャーしたシングル楽曲「Black Superhero」にそのコンセプトが凝縮されている。レイラ・ハサウェイとコモンをフィーチャーした「Everybody Wants to Rule the World」のカヴァーは、今の時代にこそ聴かれるべき一曲。H.E.R.やジェニファー・ハドソン、レディシらの力強いヴォーカル、QティップやD・スモークらのリリックに底知れぬパワーをもらうアルバム作品だ。　渡辺

# Marigold

## Alex Isley & Jack Dine

2022 | Self-released

アーニー・アイズレーを父に持ち、クラシックとジャズの素養を携えたアレックスのヴォーカルは、優しく囁くようだが実にソウルフル。ブロンクス出身のジャック・ダインと2回目のコラボとなる今作でも、巷に転がる安易なメロウ・サウンドとは一線を画す丁寧なプロダクションが花を咲かし、細やかな恋愛模様の機微を歌う。旧知の仲であるロバート・グラスパーとは翌年にも「Back to Love」でお返し客演しグラミー賞にノミネート。ムーンチャイルドからタンクまで、彼女の声が持つヒーリング効果に同業者からのラヴコールも多い。　Y

# Broken Hearts Club

## Syd

2022 | Columbia

ジ・インターネットのメンバーとしても知られるシドのセカンドアルバムはタイトル通り、失恋についての作品だ。でもなぜだろう、軽やかに、起伏たっぷりに動く歌声はこれまでより力強い。サウンドも手伝っているだろう、「Tie the Knot」では楽しげにミニマルなシンセが跳ね、「Fast Car」に至ってはベタなファンク・チューンとさえ呼べる。「Right Track」では軽快なアルペジオ・フレーズの上で弾む。もちろん鬱々とした失恋ソングもあるが、シドはここで、別離を振りきったように清々しい声も手にしているのだ。　高久

# blue water road

## Kehlani

2022 | TSNMI / Atlantic

前作までのトラップ・ビートは影を潜め、このサードでは彼女の可憐な歌声を活かした流麗な曲がズラリ。とりわけ、アコギのアルペジオとストリングスの美しい音色で彩られた「everything」は白眉。サンダーキャット＆アンブレイをフィーチャーした神秘的な「wondering/wandering」も良いし、アンビエントな雰囲気をまとったシド参加の「get me started」も良いし……と全曲挙げたくなってしまうが、それくらいどの曲も存在感があって輝いている。ゲストはほかにジャスティン・ビーバー、ブラスト、ジェシー・レイエズ。ポップ・ワンゼルの手腕も光る一枚だ。　川口

## Heart on My Sleeve
### Ella Mai

2022 | 10 Summers / Interscope

「R&Bとラップの違いは制作にかける長さ」だと訴えただけあり、エラ・メイは4年もの時間をかけて丁寧かつ正統派R&Bなセカンドアルバムを作りあげた。カール・フランクリンを降臨させた「Fallen Angel」が代表するように楽器演奏が豊富で、曲の繋ぎもなめらか。痛ましきトラウマと怒りを歌う同僚が多かった女性R&B新時代のなか、感情の揺れそのものを追うようなシンプルで楽観的な詞に魂を宿らせているのは、ディープながら軽やかなヴォーカルワークにほかならない。 辰巳

## HYPNOS
### Ravyn Lenae

2022 | Atlantic

シカゴの教会育ちのシンガーで、スミノらとのコレクティヴ、ゼロ・ファティーグの一員でもある彼女が、メジャー契約の6年後にようやく完成させた初のアルバム。いかにもスティーヴ・レイシーなファンクで開幕、ミニー・リパートンを彷彿とさせる名曲「Skin Tight」など彼印の6曲にどうしても惹かれるものの、サンゴやケイトラナダら越境的な制作陣の仕事にも注目したい。なにはともあれ、唯一無二の歌声が最大の魅力だ。センシュアルな響き、空中を舞い踊る浮遊感、消え入りそうな儚さ……。次作がいま最も楽しみな才能。 天野

## Forest in the City
### UMI

2022 | Keep Cool / RCA

ライヴ中に観客と一緒に瞑想のセッションを行うほどの、生粋のメディテイターであるUMI。そんな彼女のことだから、都会での生活のなかに"森"を求めたのも無理はない。もっと自分らしく、もっとのびのびと——そんな彼女の自由への希求が、本作の楽曲たちとしてマニフェストした。「whatever u like」では誰もが内に抱える子どもに愛を示し、「wish that i could」ではひとりの女の子に対して「あなたのものになりたくて仕方がないの」と打ち明ける。そして、ずっと求めてきた自己愛と心の平穏を手に入れたとき、彼女はその視点から「bird's eye view」を歌うのだ。 奥田

## Bigger Dreams
### Nia Sultana

2022 | #JUSTAREGULARDAY / Interscope

"ソウルストレス"を自称するNYブルックリン出身のシンガーがインタースコープから発表した初EPは、甘ったるくも清涼感のある歌声を含めて"ジェネイ・アイコ以降"といえる妖美な曲が並ぶ。リック・ロスを迎えた「Proven」、ギッティことジェフ・ギテルマンらの制作でチェ・エクリュと声を交えた「Cristal」など、エレガンスを感じさせるエンジェルヴォイスとドリーミーな音空間に吸い込まれるチルR&B集。「Ambience」では序盤から「期待しすぎていた……。でも、チ○コがフィットしなかったんだ」とサラッと歌うのだから頼もしい。キュートな小悪魔。 林

## Hello Poison

### Arin Ray

2022 | Interscope

DJキャンパーがエグゼクティヴ・プロデューサーを務めたセカンド作。ディナー・パーティーやガラント、キアナ・レデなど多くのアーティストからラヴコールを受ける彼のヴォーカルは、時に甘く、時に悩ましく。目玉はテラス・マーティンをフィーチャーし、ブランディがアディショナル・ヴォーカルで参加した「Storm」。この艶かしさに抗えるR&Bファンなどいないはず。ほかにもSZA作品でお馴染みScumが制作に関与した「Gold」など駄曲なし。タイ・ダラー・サイン、アリ・レノックス、ヴァンジェス、ブラスト、Dスモーク等、ゲストも豪華絢爛だ。　川口

## Remember Your North Star

### Yaya Bey

2022 | Big Dada

ワシントンを拠点とするシンガーソングライター兼マルチアーティスト、ヤヤ・ベイはここで黒人女性の直面する苦悩について美しく歌いあげている。サウンド的にも多彩で、たとえばスウィートなレゲエ「meet me in brooklyn」では家族がバルバトス出身であることを明かしつつストレートに「愛していると言って」と歌い、DJネイティヴサンの手がけるアマピアノ「pour up」では踊るように軽快なヴォーカルを披露。彼女は本作を"論文"とさえ形容するが、そのベースには風通しのよいコミュニケーションが存在するのだ。　高久

## Give or Take

### Giveon

2022 | Not So Fast / Epic

ジャスティン・ビーバー「Peaches」への客演でファンを増やしたあとの実質的なセカンド。EPの合体作だった前作以上に陰鬱な曲が目立ち、ゲストもいないのは、母親との対話を基にしたパーソナルな内容だから。重くまとわりつくようなバリトンヴォイスで歌うバラードはサム・スミスやシールに通じており、メインストリームで注目を浴びながらもダークでオルタナティヴな表現を貫きとおすあたりにある種の誇りを感じる。以前コラボしたドレイクのOVOから出ていても不思議ではない作品。ブラクストン・クックやOZらのサポートも地味に光る。　林

## Diamond in the Desert

### Sidibe

2022 | Self-released

プリンスがストリーミング・サービス「TIDAL」の「Purple Pick」で取りあげるなど、生前その才能を絶賛していたルイジアナ州出身シンガー。ジャネットやシャンテ・ムーアを彷彿とさせるシルキーな歌声の持ち主であり、2014年のデビュー時から彼女を支えるニコ・スタディがここでもその歌声を活かした柔らかいサウンドを提供している。シャーデーのような神聖な雰囲気が広がった表題曲、モノネオンの参加も話題となったミッド・ダンサー「Tellin' U」など、どこを切っても美しく、そしてどことなく切なさが残る曲ばかり。それも彼女の歌声だからこそ成せる技だろう。　川口

# Wasteland
## Brent Faiyaz

2022 | Lost Kids / Venice / Stem

ノー・I.D.やネプチューンズ、DJダヒラがプロデューサーとして名を連ね、タイラー・ザ・クリエイターやドレイクらも参加した豪勢かつコンセプチュアルなセカンドアルバム。リードシングル「DEAD MAN WALKING」では艶かしいヴォーカルに刹那的な野蛮さを閉じ込める。ラファエル・サディークがプロデュースを務め、アリシア・キーズもヴォーカルを添える「GHETTO GATSBY」などダーク＆シネマティックな楽曲群にもブレントの繊細な表現力が宿り、聴きごたえ抜群の世界観を提示している。　渡辺

# The Lead
## FLO

2022 | Island

ロンドン出身の3人組によるデビューEP。目下R&BにおけるY2Kリヴァイヴァルの先頭に立つ彼女たちだが、そのポジショニングを一撃で決定づけたのが本作。もろに『The Writing's on the Wall』期のデスティニーズ・チャイルドを想起させる「Cardboard Box」や「Not My Job」、アリーヤ「Are You That Somebody」をモチーフにしたと思われる「Feature Me」など、往年のティンバランド〜ミッシー・エリオットのサウンドを鮮やかな手際で現代に甦らせている。制作はリトル・ミックスやデュア・リパ等のヒット曲で名高い同郷の売れっ子MNEK。　高橋

# age/sex/location
## Ari Lennox

2022 | Dreamville / Interscope

すでにクラシックの風格漂う大傑作。シャーリー・ブラウン「Blessed Is the Woman (With a Man Like Mine)」使いの「Pressure」をはじめ、オールド・ソウル使いのジャジー・ソウル／ネオソウルの感触がする楽曲が多く収録されているが、そのどれもが上品。にもかかわらず濃厚で官能的。もちろんその音世界を作りあげたのには彼女の艶かしいヴォーカルに依るところが大きいが、そんな歌声を最大限に活かした制作陣、エリートやWu10、ジャーメイン・デュプリ、B・M・コックス等の手腕もすばらしい。ゲストはラッキー・デイ、サマー・ウォーカー、クロイ。完璧。　川口

# Wanderlust
## Durand Bernarr

2022 | DSING

エリカ・バドゥやRC＆ザ・グリッツのライヴでも唯一無二の存在感を放ってきたデュランド・バーナーの最新作。ラサーン・パターソンを思わせるアクロバティックな歌唱力を活かし、ディーヴァ然として華やかに歌う様が実に誇らしく（彼はクィアを自認）、ブライアン・アレキサンダー・モーガン制作の「Rollin'」、華麗にスウィングする「New Management」やブギーにブラコン風など、彼が歌えばすべてがカラフルに輝いていく。強烈で親しみやすいキャラを知るとさらに虜になる、生まれながらのショー・ストッパーだ。　Y

## Nymph
### Shygirl

2022 | Because Music

2010年代ポップミュージックを根本から変えた電子がPCミュージック派閥によるものだとしたら、20年代の変革は今作のような貌をしているのかもしれない。ハイパーポップ系譜のダンスミュージックではあるが、コラージュされるのはキュートなY2KやUKガラージで、なにより、セックスと身体性と人間関係をテーマにしているというのにかくも幻想的だ。シャイな少女として理想の姿を夢想し実践していったことが音楽制作のルーツとなったというが、実際、様々な自己像を音に変えていく万華鏡のようなデビュー作である。　辰巳

## Motive
### Joyce Wrice

2022 | Joyce Wrice Music

前年リリースのデビュー・フルアルバムで一躍時の人となった感があるが、彼女のアーティストとしての幅の広さを提示したこのEPの存在意義も非常に大きい。デビュー作にも関与していたケイトラナダが3曲プロデュースしているが、フィーチャリングでも参加したアフロビーツ・ライクな「Iced Tea」が時代の気分に合っていて心地よし。この曲やマック・キーンが手がけた同路線の「Bittersweet Goodbyes」、ガチャガチャしたビートだけど彼女のまろやかな歌声のおかげでメロウにまとまっている「Pace Yourself」など、ビートを前面に出した作りが印象的な意欲作だ。　川口

## SOS
### SZA

2022 | TDE / RCA

ダイアナ妃の孤独に共振したカバーアートが示すように、SZAは孤高のスターだ。前作『Ctrl』評で紹介したように、R&Bレッテルを忌み嫌う彼女は、超マルチジャンルな大作に打って出た。ポップパンクな「F2F」を聴けば彼女がロックキッドだったことを疑う者はいなくなるだろうし、そのかたわら、クラシックソウル「Gone Girl」はピュアな美しさをエコーさせる。黒人女性としてホイットニー・ヒューストン以来の最長チャートインを果たした今作により、「ブラックミュージック」を拡張させるSZAの野望は見事達成されたのだ。　辰巳

## Dark Side
### Justine Skye

2023 | Nynetineth

ファッションやコスメ業界とも絡み、音楽業界を超えた注目を集めるジャスティン・スカイ。元々アリーヤをはじめとした90s〜00sのR&Bにインスパイアされた楽曲をリリースしてきたが、近年Y2Kトレンドの時流にハマったことでより一層の注目を集めている。きっかけは2014年にリリースした「Collide」がTikTokでリヴァイヴァルヒットしたことだった。本作はそれを受けての「Collide」の3ヴァージョンを含むコンピ盤。ほかにもティンバランドやジャスティン・ティンバーレイクとコラボした過去作を収録しており、彼女の軌跡をまとめて振り返ることができる。　つや

## Masego

### Masego

2023 | EQT / Capitol

「俺の人生はアニメ、若い宮崎(駿)」というフレーズが歌われる、陶酔的なトラップ・ハウス「Black Anime」(！)で幕を開ける2作目。自ら提唱するトラップ・ハウス・ジャズのうち、ジャズのオーガニックな生演奏よりトラップ・ハウスのエレクトロニックでヘヴィなサウンドに寄ったプロダクションが特徴。なかでも驚きは終盤の「In Style」で、ビヨンセから刺激を受けたのかニューオーリンズ・ブラスとセカンドライン・ビートが後半で炸裂する。EPの経験が活きたアフロビーツ「Say You Want Me」も聴きもの。　天野

## Since I Have a Lover

### 6LACK

2023 | LVRN / Interscope

5年ぶりとなるサードアルバム。リリースの2年前にはフィーチャーされたリル・ティージェイのシングル「Calling My Phone」が自身初のビルビードTOP5にランクインするヒットとなるという出来事も。だからなのか、前2作に比べるとアップテンポでポップな曲調の楽曲もあり、ラッパーのゲストも少なく、彼の転換期を感じさせる仕上がりに。「Talkback」では大ネタとなるスティング「Shape of My Heart」をサンプリングし、「Temporary」ではドン・トリヴァーを招きとことんメランコリックに歌う。　渡辺

## NEVER ENOUGH

### Daniel Caesar

2023 | Republic

昨年12月に初単独来日公演を行なったカナダのシンガーソングライターがジャスティン・ビーバーとの「Peaches」のヒットを経た3作目。自身と弟ザカリーなどが中心になりコロナ禍中に録音、フォークやカントリーからも影響されたといい、オーガニックかつベッドルーム的なサイケデリアが全編を覆っている。バッドバッドノットグッドとの1曲目、大御所ラファエル・サディークが参加した5曲目、マーク・ロンソン制作の優美な11曲目といった音楽面も、ムスタファ、サーペントウィズフィート、オマー・アポロら客演の人選も挑戦的。　天野

## Enigmatic Society

### Dinner Party

2023 | Sounds of Crenshaw / Empire

ロバート・グラスパーとテラス・マーティンを中心に、カマシ・ワシントンとナインス・ワンダーも参加したスーパーグループのディナー・パーティー。ミュージシャンの演奏で聴かせるジャズというよりは、R&Bのプロダクション・チームのようなスタイルで活動している。本作はメンバーのなかではテラス・マーティンの色が濃いメロウな作品で、Gファンク的なベースやヴォコーダーも聴くことができる。客演には3曲で歌うアリン・レイとフィーリックスのほか、アント・クレモンズとタンクが参加。華のあるソウルフルな歌声で作品を彩っている。　アボ

## HEAVY
### Jean Deaux

2023 | Duality / Empire

ヒップホップに寄った前々作『Watch This!』と、これまでのディスコグラフィのなかでも最もスムースなムードで王道R&Bを極めた前作『Most Wanted』を経て、今作ではそれら双方を武器に引き続きシカゴのプロデューサー陣と組みながら独自のパーカッシヴなビート路線を邁進。結果、バランスはこれまでで最もよい。同名のホラー映画を彷彿とさせる重苦しい雰囲気のなかで1曲目「JD's REVENGE」が始まり、その後はドープなシンガー／ラッパーであるジャン・ドゥの面目躍如。特にprodxvzn参加の「Fire Breather」と「Zodiac Killa」がファンキーでオルタナティヴ的。　つや

## Nymph_o
### Shygirl

2023 | Because Music

リミックスアルバムは珍しくもないが、オリジナル版と比肩する満足感を与える作品は稀だ。というか、R&B好きならこちらの方が親しみやすいかもしれない。ドリームポップ志向となった今作はより音色が厚く美しい。ティナーシェとの「Heaven」はほぼ完璧だ。ヴォーカリストとしてレンジはあまり広くないシャイガールだが、ビョークによる「Woe (I See It from Your Side)」リミックスではオーケストラにも対応する柔軟性を発揮しており、「Shlut」だとダウナーなラッパーとしてハードにキメている。　辰巳

## Big Boss
### Keke Palmer

2023 | Big Bosses

子役時代から活躍を続け、SFホラー『NOPE／ノープ』でスター女優の仲間入りをしたキキ・パーマー。10代の頃から断続的に何枚かアルバムをリリースしているが、女優の余技などではなく本人は至って真剣で、自身の半生を追ったドキュメンタリーと同じタイトルを冠した本作でも、開放感に満ちた声で歌いきっている。どこかノスタルジックな楽曲が多い本作のメインプロデューサーはリアーナ「Umbrella」やジャスティン・ビーバー「Baby」でお馴染みのトリッキー・スチュワート。テン年代後半のサウンドの再評価の呼び水になるかも。　長谷川

## CLEAR 2: SOFT LIFE EP
### Summer Walker

2023 | LVRN / Interscope

2019年作の続編となるEP。その間に出したアルバムとはやや趣の異なる自己救済的な企画作で、J・コールが愛の言葉で励ます"音声ハグ"を筆頭に、感情を吐き出しながら心の平穏を取り戻していく。全編に横溢するのは、自身の出産立ち会い人を務めたエリカ・バドゥの影響。つまりネオソウルのムードが色濃く、チャイルディッシュ・ガンビーノを招いた「New Type」ではエリカのダメ男批判曲「Tyrone」を着想源としている。ソランジュやスティーヴ・レイシーらの制作でサンテリアの聖人にインスパイアされたアンニュイなモノローグまで滋味深い。　林

## In Between
### Lauren Jauregui
2023 | Attunement

元フィフス・ハーモニーのシンガーといえばノーマニやカミラ・カベロといった優れたポップスターの名前が浮かぶが、ハスキーな声でアンニュイなテイストを好むローレン・ハウレギは、グループのなかでも最も内省的なオルタナティヴ性をまとっている。キューバ系のルーツを持ち、本EPではデンボウのリズムを配し繊細なラテンポップ〜R&Bを披露。優れた言葉遊びで浮遊する「Em (oceans)」やラテン・ギターが胸をしめつける「All in My Feelings」など、常にどこかスモーキーで霧のかかった不透明さがある。フルアルバムが待たれる異才だ。　つや

## Fountain Baby
### Amaarae
2023 | Interscope

2020年のデビュー作が各メディアで絶賛されたガーナ系アメリカ人のアマレイ。甘いアニメキャラのような声のウィスパー・シンギングで、アフロビーツとR&Bを呼応させながら特有のサウンドに固執せずジャンルやジェンダーの壁を超えていく。クリプス「Wamp Wamp」をサンプリングした「Counterfeit」やアイヌ歌謡を引用しクリスタル・ケイも声を交えた「Wasted Eyes」など、パーカッシヴなリズムと呪文のようなメロディがクセになる。ベイビーフェイスが最新作で招いたのも頷ける新時代のアイコンだ。　Y

## The Age of Pleasure
### Janelle Monáe
2023 | Wondaland / Bad Boy / Atlantic

5年ぶりになった今のところの最新作。ビヨンセ風の勇壮なトラップ・ポップに始まり、短曲をシームレスに繋ぐDJミックス的構成で32分を駆ける。レゲエの要素を増大させ、アフロビートとアフロビーツとアマピアノを繋ぐ汎アフロカリビアン的横断性、アフロディアスポラ的歴史観が前向きかつ楽天的に奏でられ、グレイス・ジョーンズからシェウン・クティ、アマレイまで客演の人選も鋭い。賛否は別れたが過去の路線を捨てた意味はあり、女性のエンパワーを歌った前作からノンバイナリーをカムアウトした現在への過程も感じる。　天野

## When I Hear Your Name
### Maeta
2023 | Roc Nation

「マエタ」と書いて「メイタ」と読むロック・ネイション発のシンガー。プロデューサーにDJ ダヒ、ケイトラナダ、DJキャンパー、ルイ・ラスティック、オーク、ザ・ドリーム等、ソングライトにS7A、デスティン・コンラッド等、ゲストにタイ・ダラー・サイン、アンブレイ、フリー・ナショナルズ等と、とんでもないことになっているが、これら強力アーティストのバックアップを受けて、水を得た魚のごとく伸びやかでクールな歌声を全編で披露している。ラッキー・デイをフィーチャーした幻想的な「Clarity」をはじめ、美しく官能的な佇まいに魅了されない方が無理だろう。　川口

# So Gold
## Shafiq Husayn

2023 | Nature Sounds

サーラー・クリエイティヴ・パートナーズのメンバーであり、エリカ・バドゥ等の作品を手がけてきたLAの奇才のソロ第三弾。総勢20名以上のゲストが参加した特大ヴォリュームな作品集となっているが、やはり目玉は盟友アンダーソン・パークが参加した2曲か。LAアンダーグラウンドな空気をまといつつ、ポップ要素も散りばめたバランス感が絶妙な「Crush You」、情報量の多いトラックにクラクラするラップ・チューン「Supastar Youngin」と、この2曲だけでもタイプの全く違う曲で、彼の引き出しの多さを痛感する。シド等参加のドリーミーな「No Particulars」も最高。　川口

# Grudges
## Kiana Led é

2023 | The Heavy Group / Republic

YouTubeのカヴァー動画などで注目を集めてきたキアナ・レデの2作目。「恨み」を意味するタイトル、そして「Bitter Bitch (INTROlude)」のアウトロで"This sh*t is toxic as f*ck"と忠告される通り、実際にトキシックな恋愛を題材とした楽曲が大半を占めるのだが、どちらかといえばポップ寄りの本人の声質も手伝ってか、特に前半は不思議とすっきりと聴ける仕上がり。恋愛や人生そのものに対する恨みの感情に向きあい解決しようとした彼女は、当初本作を『Closure』と題する予定だったが、まだその段階に達していないという理由から『Grudges』と名づけたのだそうだ。　奥田

# JAGUAR II
## Victoria Monét

2023 | Lovett Music / RCA

2023年を代表する傑作。ケイトラナダが手がけたアフロビーツ・ライクな「Alright」のような時代を意識した曲もあってさすがだが、ラッキー・デイ参加のテンポ感が心地よいミディアム「Smoke」、〈On My Mamaチャレンジ〉がSNSで流行った「On My Mama」、EW&Fと娘のヘイゼルをフィーチャーした穏やかなスロウ「Hollywood」など、Dマイル作品がやはり光る。極めつきはどこまでも美しいスロウ「How Does It Make You Feel」。サビのメロディ展開には悶絶必至。シルク・ソニック「Blast Off」を彷彿とさせる「Good Bye」も感嘆の溜息をつくのみ。　川口

# BB/ANG3L
## Tinashe

2023 | Tinashe Music / Nice Life

PBR&B＝10年代前半のR&B拡張期から独創的な作品を作っていた彼女だが、予想だにしないオルタナティヴ路線に振りきってやりきった感のある前衛的な6作目（といっても20分強のEPサイズ）。参加プロデューサーはマシーンドラム、ノサッジ・シング、ヴラディスラフ・ディレイら。エッジィな電子音楽が雪崩れこんできており、ハイパーな1曲目、IDMやUKベースが交差した2曲目や8曲目のほか、浮遊感たっぷりのつんのめり気味なUKG「Gravity」がすばらしい。どこへ行くか、次に何をするか読めない不思議な才能だ。　天野

# Heaven
## Cleo Sol
2023 | Forever Living Originals

公私ともにパートナーであるプロデューサー＝インフロー率いるSAULTの一員として活動しつつ、ソロでもタッグを組んだ3作目。前作『Mother』を踏襲しながらさらにミニマルに絞られたサウンドにより、アフロからカリブ風まで、そのビート自体がより際立つ。一聴すると地味にも感じそうだが、同じくインフローが手がけるリトル・シムズとも通じるアコースティックな楽器の鳴りを丁寧に重ねた音像はベッドルーム的なのにダブステップにも聞こえてくるのが不思議。キャロル・キング風の"ほぼフォーク"な「Airplane」も。　井草

# Gentle Confrontation
## Loraine James
2023 | Hyperdub

コード9が主宰するロンドンの重要レーベル、ハイパーダブからは3作目となるアルバムでエレクトリック・プロデューサー、ロレイン・ジェイムスはこれまでと違った角度からパーソナルな声を響かせている。たとえば前々作にあたる『Reflection』はパンデミックのなか、黒人でクィアである自身と向きあった作品だったが、本作は過去に焦点を当てているのだ。それに、生々しく綴られたリリックをどんなヴォーカリストよりもリアルに伝えているのはジェイムス自身の歌声で、その切実さにまず心を掴まれるはず。むろん、音だけでも雄弁だ。　高久

# falling or flying
## Jorja Smith
2023 | FAMM

話題をさらった"本格派"デビュー作から約5年を経てのセカンド。栄光と自己喪失を経験したロンドンから地元ウォルソールに戻り、旧来の友人を含むデュオ＝デイムデイムと多くのナンバーを共作、ゴージャスなオケを伴いながらも、ソウルやR&Bにとどまらずハウスやトランスからインディ・パンク風までとアレンジの幅も格段に広がった。歌唱も"歌いあげ"系からスピットするようなそれへと変化し全体的にリズム・セントリックだが、レゲエ～カリビアン・ビートが特に目立つことからもルーツや原点回帰といったテーマ性が浮かぶ一枚だ。　井草

# Water Made Us
## Jamila Woods
2023 | Jagjaguwar

シカゴが生んだ才女のサード作。詩人でもあり、アルバムタイトルは黒人文学の立役者、トニ・モリソンの言葉から引用なんて聞くと、IQ高めのとっつきにくい作品と思われるかもしれないが、デュエンディータ参加の「Tiny Garden」はサビを繰り返し歌いたくなるようなポップでカラフルな曲だし、全裸で臨んだMVもすばらしい、サバ参加の「Practice」も軽やかなダンスチューンに仕上がっている。ほかにもフォークあり、インディロック調あり、ディスコティックなナンバーありと、ジャンルの壁を打ち壊し、縦横無尽に駆け抜けるジャミラ。まさにオルタナティヴ。　川口

# I Killed Your Dog

## L'Rain

2023 | Mexican Summer

ロレインことタジャ・チークによる「アンチ・ブレイク・アップ（別れを拒絶する）」をテーマに掲げた3作目は、前作、前々作と比べても親しみやすく、挑発的。皮肉交じりのユーモアにも溢れており、同時にエレクトロ、アンビエント、ロック、ジャズなどが混じりあったサウンドや艶やかなヴォーカルのゆらぎのなかには、曖昧で混乱に満ちた感情という、かたちのないものが屹立している。これまで彼女の音楽にまとわりついた「実験的」というある種のレッテルを打ち破る、「別れ」よりむしろ「繋がり」を強調したすばらしいレコード。　高久

# Obsidian

## Naomi Sharon

2023 | OVO

obsidian

OVOサウンド初の女性アーティストであるナオミ・シャロンは、シャーデーを思わせる低く深みのある歌声の持ち主だ。アフロビーツの軽快なドラムパターンやアマピアノで使われるログドラムなども取り入れたサウンドは、まさに2023年のOVOマナー。ドレイクが前年にリリースしたハウス系アルバム『Honestly, Nevermind』をより一歩前進させたようにも聞こえる。数曲で聴かせるアコースティックで素朴な曲もすばらしい。柔らかでソウルフルな元々の持ち味がレーベルカラーと完璧に噛みあった快作だ。　アポ

# Lahai

## Sampha

2023 | Young

前作『Process』からおよそ6年のスパンを置いてリリースされたシンガーソングライター、サンファによるセカンドアルバムは圧倒的な歌声と緻密なプロダクションが高次元で融合した傑作だ。その声がケンドリック・ラマーをはじめ多くの第一線で活躍するアーティストに求められてきたのは言うまでもないが、生音と電子音を絶妙なバランスでミックスし、彼のルーツである西アフリカの要素を持ち込んで心地よくも高揚感を煽るビートが生まれていることは書き留めておくべきだろう。ただでさえスピリチュアルなリリックは、ここではさらに神聖さを帯びて響く。　高久

# To Be Eaten Alive

## Mariah The Scientist

2023 | Buckles Laboratories / Epic

裁判が注目を集めるヤング・サグとの恋仲が噂される、アトランタのシンガーの3作目。そのサグと歌い交わす「ボニー&クライド」な「Ride」も収録。ケイトラナダ製の「Out of Luck」、ワンダガールによるほんのりドリルな「Bout Mine」など「R&Bっぽくしたくなかった」という意図が多彩さに結実。なかでも美しく力強く歌いあげる、ビート感が希薄な「Lovesick」がすばらしい。題やジャケについては、「蠍座の女」として有毒な蠍に自身を喩え、「生きたまま食べられる」ことで相手を殺すことを説明している。　天野

# ビヨンセが塗り替える「ディーヴァ」の定義

## ルネッサンス・ワールドツアー鑑賞記　　　　　　●文──渡辺志保

> ディーヴァはハスラーの女性バージョン（diva is a female version of a hustla）

　そうビヨンセが歌ったのは、2008年。アルバム『I Am... Sasha Fierce』に収録されている「Diva」からの一節だ。MVの冒頭には一般的な辞書に掲載されている「diva」の定義（成功し、グラマラスな女性パフォーマー、もしくは人気を獲得した女性シンガーの意）を映しだしつつも、歌詞のなかでは自分自身の言葉でその意味を塗り替えた。1998年に（当時）4人組のR&Bグループであるデスティニーズ・チャイルドとしてデビューアルバム『Destiny's Child』をリリースし、2003年に初めてソロアルバム『Dangerously in Love』を発表したビヨンセは、決してオルタナティヴで実験的なサウンドを積極的に好むタイプのシンガーではなかった。どちらかというと正統派のR&Bマナーを重んじてきたタイプであるし、優等生的振る舞いを期待されていたシンガーでもある（この点においては、白人主流のポップマーケットにおいて成功するための正攻法的振る舞いだったのかもしれない）。『I Am... Sasha Fierce』からは「Single Ladies（Put a Ring on It）」という特大ヒットチューンかつビヨンセにとって現時点で唯一となるグラミー賞の主要部門を受賞した名曲や、「もし男の子だったら……」と想像すると同時に、"男性が都合よく考える寛大で健気な女性像と、そんな女性たちを傷つける自分勝手な男たち"を歌うパラドキシカルなバラード、「If I Were a Boy」といったシングルがリリースされたが、ミニマルなヒップホップ・ビートで歌う「Diva」はなかでも異彩を放つ一曲であった。

### ◎フェミニズムとブラック・エクセレンスを体現

　「Diva」がまるで宣戦布告だったかのように、以降、ビヨンセはハスラーとしての一面を色濃くしていく。実父でありビジネスパートナーでもあったマシュー・ノウルズを解任したのは2011年のこと。2010年には自身が代表を務めるプロダクション・カンパニー、パー

クウッド・エンターテインメントを設立し、映像作品のリリースや若手アーティストであるクロエ＆ハリーの育成・デビューなども手がけていった。私生活では2008年にジェイ・Zと結婚。そして妊娠中にアルバム『4』(2011)をリリースし、その翌年に長女のブルー・アイヴィーを出産。ディーヴァであり、ハスラーであり、ママになったのだった。

　興味深いのは、やはり『4』からビヨンセの作風がドラスティックに変化していったことだろう。各作品の詳細については別項のレヴューに譲るとして、ザ・ドリームを大々的に迎えた『4』は、ヴォーカル・プロダクションやビートの雰囲気まで、それまでの優等生的ビヨンセをよい意味で裏切る部分が少なくない。裏声を交えながら歌いあげる「1+1」はいかにもザ・ドリーム的であるし、シンセと厚いコーラスが印象的な「Party」はアンドレ3000がゲスト参加している点も含め、これまでのビヨンセの作風にはあまり見られなかった曲調でもある。そして、『4』以降はさらにアルバムというアートフォームに込めた"意義"や"ステイトメント"も大きくなっていく。自身の名を冠した『BEYONCÉ』(2013)では"ヴィジュアル・アルバム"という方式をとり、全楽曲のMVも付属した作品をサプライズリリースした。『4』に収録された「Run the World (Girls)」でも、タイトルの通り「世界を制するのはガールズ」と宣言したビヨンセだったが、ここで彼女はさらに踏み込んで作品にフェミニズムを打ち出していく。その一例が、「Flawless」の曲中にチママンダ・ンゴズィ・アディーチェがTEDトークで披露したスピーチ「男も女もみんなフェミニストじゃなきゃ」の一部を引用したことだろう。「成功したとしても、成功しすぎてはダメ。男たちを怖がらせてしまうから」というアディーチェの言葉は、ビヨンセの楽曲をさらに補強するに十分だったし、あらためてビヨンセがフェミニストとして名乗りをあげたことも大きなインパクトを与えた。

　ディーヴァの声はさらに大きくなる。『Lemonade』(2016)も緻密かつ壮大な映像と共にサプライズリリースされ、夫婦不和というパーソナルなトピックを下敷きに、アメリカ南部生まれという自身のルーツをとことん掘り下げ、女性が命を繋いでいくことやブラック・ライヴズ・マターにまつわる社会問題などをテーマとした。双子を出産したあとはコーチェラのステージにヘッドライナーとして登場し、歴史的な黒人大学(HBCU)のホームカミング・イベントという体裁のステージを披露。マーチングバンドのかけあいとダンス

図1

サビになるとみんなで肩を組むダンスをして盛り上がる定番曲

の節々に、F.L.Y.「Swag Surfin'」[図1]やニューオーリンズを代表する
ノー・リミット・レコーズが放ったアンセム「Down for My N'z」と
いったサウスで愛されるヒップホップ・クラシックを織り込み、
ネットフリックスで公開されたドキュメンタリーフィルムでは黒人
女性作家であり活動家でもあるマヤ・アンジェロウまでをフィー
チャーし、信じられないほどのエネルギーを使ってブラック・エク
セレンスを体現してみせた。歌うこと、そして自分を煌びやかに見
せることのみに終始するディーヴァではなく、自分が何者であるか、
その背景を丸ごとレプリゼントするディーヴァとして、ビヨンセは
己の道を進みつづけたのだった。

## ⦿セットリストに秘められたビヨンセの想い

　2023年5月から、ビヨンセは5年ぶりのツアーに出ることをアナウ
ンスした。前年にリリースされたアルバム『RENAISSANCE』を提げ
て欧州、そして北米を廻るツアー。日程は56公演に及んだ。ここか
らは筆者自身のパーソナルな内容を交える内容となり恐縮だが、少
しお付き合い願いたい。私はこれまで、音楽ライターという生業を
言い訳のようにして、年に数回は海外、主にアメリカに行って好き
なアーティストのコンサートを本場で楽しむことを生き甲斐にして
いた。ビヨンセやケンドリック・ラマー、カニエ・ウェスト……わ
ざわざアメリカに行って観る＆体験する、ということこそが生きる
活力になっていた。2020年の春先、コロナ禍が訪れると同時に出産
を経験した私は海外旅行どころではなく、これまでとガラリと変化
した毎日に戸惑いつつ、渇望感と赤子を抱えながら日々を送ってい
た。妊娠中にビヨンセがプロデュースした『The Lion King: The Gift』
の歌詞対訳の業務にあたり、ビヨンセが娘のブルー・アイヴィーと
共に歌う「Brown Skin Girl」の歌詞に涙したり、その後、生後半年に
満たぬ乳飲み子と共に朦朧（もうろう）とする頭でビヨンセが手がけた映像作品
『Black Is King』を観たりするなか、「今、自分に足りないものはビヨ
ンセだ。次、海外に行くときはビヨンセのツアーに合わせて行くん
だ」と早々に意思を固めていった。かくして、最新アルバムを提げた
「Renaissance World Tour」の日程が発表された数週間後にはニュー
ヨーク行きのエアチケットを手配し、私は無事にニュージャージー
公演の客席に着席したのだった。
　2022年の夏に発表されたアルバム『RENAISSANCE』が内包してい
るテーマは、"黒人音楽としてのダンスミュージック"だ。シカゴや
デトロイト、ニューヨークで発展したハウスミュージック。その背
景には、アンダーグラウンドなクラブシーン、特にLGBTQコミュニ

ティの"ハウス"として機能していたボールルームのカルチャーがある。そして、ビヨンセの母、ティナの甥にあたるアンクル・ジョニーもまた、このアルバムの大きなインスピレーション源だ。HIV感染症でこの世を去ったアンクル・ジョニーは、ティナと共に裁縫を得意とし、ビヨンセにプロム用のドレスを作ったこともあるという。『RENAISSANCE』には、そのジョニーが愛し、属したコミュニティへ敬意を払うという意図もあるのだ。私が訪れたニュージャージー

図2

終演後に撮影。スタジアムの前に掲示されたツアーのデジタルサイネージと名残惜しそうなファンたち

公演にも、多くのゲイ・カップルが参加していた。印象的だったのは、会場となるスタジアムの正面で熱いキスを交わしていたふたり。周りからは拍手を受け、まるでふたりの関係を祝うかのようなムードに包まれていた。そして、オーディエンスの気合いの入った衣装の数々！［図2］　ビヨンセのコスチュームを完コピしたような"ディーヴァ"たちが溢れていた。私が宿泊した会場隣のホテルでも、フロントにはリリックにも登場するテルファーのバッグを手にしたビヨンセ・ファン（ビーハイヴという）たちの長蛇の列。誰かがBluetoothのスピーカーで「ALIEN SUPERSTAR」を流しはじめ、みんなが列に並びながら合唱するという光景にも出くわしたほど。夫と息子と一緒にエレベーターに乗っていると、美しいブレイズヘアの黒人女性から「ビヨンセのコンサート？」と声をかけられ、「そう。夫と息子はホテルに置いて、私ひとりで行くんだ」「最高じゃん！」とハイタッチする場面もあり、会場外も濃厚なルネッサンス・ムードに包まれていたのだった。

　真夏のニュージャージーの日没は遅く、夜8時を過ぎてもまだ太陽の光が白くスタジアムを照らしている。この日、会場のオープニングはスターリング・フアン・ディアスとセクーチのふたりがDJを務めていた（今回は欧州の公演も含め、オープニングDJの多くはローカルの、そしてクィアのDJらが多く起用されていた）。ケレラ「Contact」やニーナ・シモン「Here Comes the Sun（Francois K. Remix）」、レイケリ47「Wash & Set」など、『RENAISSANCE』の文脈に沿ったすばらしいDJだったことも記しておく。

　「Renaissance World Tour」が1曲目の「Dangerously in Love」からスタートすることはすでに予習済み。夜9時を過ぎてやっと実際に巨大なステージの上に無数のラインストーンが縫い付けられた煌めくビヨンセが登場すると、「この日のために生きてきたんだ……」と感動が押し寄せ、自然と涙が溢れ出た。会場のスタジアムには屋根がない。風に吹かれながらも全くピッチが乱れることなく、圧巻の

ヴォーカルを惜しげもなく披露するビヨンセ。まるでヴィーナス像のようだった。「Renaissance World Tour」は8つのセクションから構成される。一部の会場では7つのセクションに縮小されてしまうこともあったが、オープニングは「Dangerously in Love」や「Flaws and All」、「1+1」といったバラード、すなわち繊細でダイナミックなヴォーカル・スキルが試される楽曲群で構成される。もっというと、「Dangerously in Love」はデスティニーズ・チャイルド名義で発表した2001年の楽曲、「Flaws and All」はアルバム『B'day（Deluxe Edition）』に収録されている2006年の楽曲で、いずれも近年のステージでは歌われることのなかったものだった。「Renaissance World Tour」は映画化もされ、どのようなツアーで、彼女にとってどれほど意義深いものだったかはすでに語られているも、なぜこのようなオープニングの構成になったのかという点については映画のなかでも説明されずじまいであった。ただ、私としては"ディーヴァ以上のものを背負うディーヴァ"になったビヨンセだからこそ、こうした正統派マナーのR&B楽曲から今回のツアーの幕を開けることに決めたのでは、と感じてしまう。オープニングを経て、ツアーの本編は目眩くボールルームのフロアを再現するかのようなゴージャスさであれよあれよという間に進んでいく。途中、ダンサーたちを従えてメイズ「Before I Let Go」をカヴァーする場面も圧巻だった。ブラックミュージック史において人々から愛されてきた名曲が目の前で歌われ、一緒に踊ることで、あらためて私が心底夢中になってきたカルチャーの豊かさを肌で感じることができた。

2024年になり、ビヨンセは次作でカントリー音楽をフィーチャーすることをアナウンスし、新曲「TEXAS HOLD 'EM」[画像3]と「16 Carriages」を発表した。アメリカのカントリー音楽シーンといえば、白人、特に男性がその主権を握ってきた音楽ジャンルである。特にビヨンセの故郷、テキサスではその傾向が顕著だろう。しかし、その音楽的ルーツには紛れもなく南部のブルースがある。その陰には、スポットライトが当たることが少なかった黒人ミュージシャンも少なくないだろう。ハウスミュージック同様、"黒人音楽としてのカントリーミュージック"をレプリゼントする、というのがビヨンセの次章だ。ディーヴァを超えたディーヴァが、次はどんなステージで彼女のストーリーを語ってくれるのか。ビヨンセと同時代に生きてその歓びを享受できる幸せを噛み締めている。

**図3**

この曲のヒットで、ビヨンセはビルボードのカントリーチャート首位を獲得した初の黒人女性アーティストに

# Y2K&R&B

## 音楽に環流する2000年代の空気

○文──つやちゃん

ポップミュージックのトレンドサイクルにリヴァイヴァルが根づき、むしろ最先端がリヴァイヴァルであるというねじれた構造が生まれるようになって久しい。21世紀に入りその傾向はますます加速しているが、なかでも2010年代の終盤から目下2020年代の現在も華々しく世を席巻している現象といえば、Y2Kリヴァイヴァルである。Y2Kとは、2000年という世紀の変わり目に危惧されていたコンピューターのバグ問題を指す言葉から来ており、今、その周辺の音楽が再興し現行シーンを大いに賑わせている最中。そこかしこで様々な時代のリヴァイヴァルが起きている状況のなかでなぜY2Kがこんなにも取りざたされているのかというと、その影響範囲と規模感が多岐にわたるからであろう。音楽はもちろんのこと、デザインやファッションといった文化全般にわたってレイト90s〜アーリー00sの美的感覚が蘇り、今の時代ならではの解釈も加えたうえでユース層にも広く支持されている。演者側には女性やクィアなアーティストが多く、たとえばハイパーポップの旗手となった100ゲクス[**図1**]に代表されるように、ポップパンクやメタルなど批評筋から蔑まされていたジャンルの音楽を意図的に料理しなおすことで、固定化された価値観を解体し新たな意味づけを行なっているアーティストも目立つ。そういったハイパーポップに端を発するようなチープなヴィジュアル／デザインも、数年前だったら「ナシ」だったものが随分と「アリ」になっていることも含め、Y2Kリヴァイヴァルの影響力というのはいま非常に大きいといえるだろう。

**図1**

アートワークにもチープなユーモアが詰まった100ゲックスの23年作『10,000 gecs』

### ◉Y2KとR&Bの結節点＝アリーヤ

さて、R&Bにおいても、Y2K復権の波は広範な領域にわたる潮流として一大勢力を築いている。そもそも今は、ブリトニー・スピアーズ「Boys」やスヌープ・ドッグ「Drop It Like It's Hot」など2000年代を代表するヒット曲を多く手がけたファレル・ウィリアムスが、ルイ・ヴィトン メンズのクリエイティヴ・ディレクターとしてタクトを振る時代。あの頃のR&B／ヒップホップのフィールがどれだけ現在の

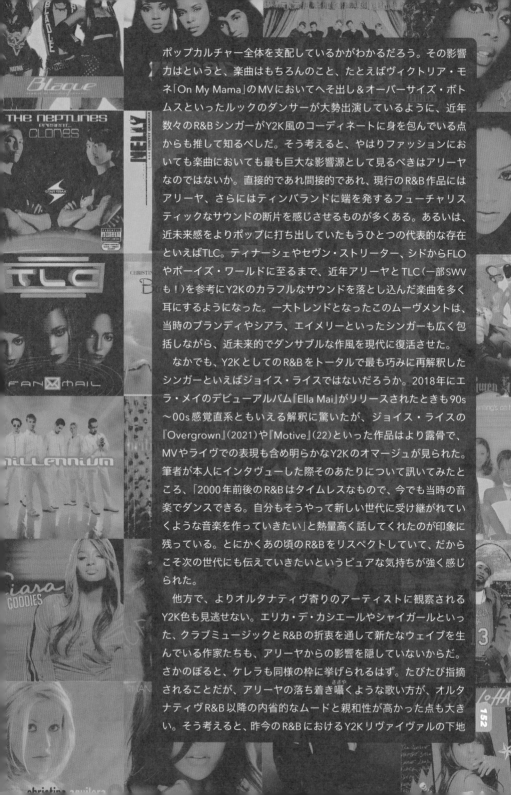

ポップカルチャー全体を支配しているかがわかるだろう。その影響力はというと、楽曲はもちろんのこと、たとえばヴィクトリア・モネ「On My Mama」のMVにおいてへそ出し＆オーバーサイズ・ボトムスといったルックのダンサーが大勢出演しているように、近年数々のR&BシンガーがY2K風のコーディネートに身を包んでいる点からも推して知るべしだ。そう考えると、やはりファッションにおいても楽曲においても最も巨大な影響源として見るべきはアリーヤなのではないか。直接的であれ間接的であれ、現行のR&B作品にはアリーヤ、さらにはティンバランドに端を発するフューチャリスティックなサウンドの断片を感じさせるものが多くある。あるいは、近未来感をよりポップに打ち出していたもうひとつの代表的な存在といえばTLC。ティナーシェやセヴン・ストリーター、シドからFLOやボーイズ・ワールドに至るまで、近年アリーヤとTLC（一部SWVも！）を参考にY2Kのカラフルなサウンドを落とし込んだ楽曲を多く耳にするようになった。一大トレンドとなったこのムーヴメントは、当時のブランディやシアラ、エイメリーといったシンガーも広く包括しながら、近未来的でダンサブルな作風を現代に復活させた。

　なかでも、Y2KとしてのR&Bをトータルで最も巧みに再解釈したシンガーといえばジョイス・ライスではないだろうか。2018年にエラ・メイのデビューアルバム『Ella Mai』がリリースされたときも90s〜00s感覚直系ともいえる解釈に驚いたが、ジョイス・ライスの『Overgrown』（2021）や『Motive』（22）といった作品はより露骨で、MVやライヴでの表現も含め明らかなY2Kのオマージュが見られた。筆者が本人にインタヴューした際そのあたりについて訊いてみたところ、「2000年前後のR&Bはタイムレスなもので、今でも当時の音楽でダンスできる。自分もそうやって新しい世代に受け継がれていくような音楽を作っていきたい」と熱量高く話してくれたのが印象に残っている。とにかくあの頃のR&Bをリスペクトしていて、だからこそ次の世代にも伝えていきたいというピュアな気持ちが強く感じられた。

　他方で、よりオルタナティヴ寄りのアーティストに観察されるY2K色も見逃せない。エリカ・デ・カシエールやシャイガールといった、クラブミュージックとR&Bの折衷を通して新たなウェイブを生んでいる作家たちも、アリーヤからの影響を隠していないからだ。さかのぼると、ケレラも同様の枠に挙げられるはず。たびたび指摘されることだが、アリーヤの落ち着き囁くような歌い方が、オルタナティヴR&B以降の内省的なムードと親和性が高かった点も大きい。そう考えると、昨今のR&BにおけるY2Kリヴァイヴァルの下地

というのは、2010年代にかけてアリーヤという存在を媒介に長らく醸成されてきた蓄積によって成り立っているといえるかもしれない。

あるいは、2010年代後半にY2K R&B作品からのサンプリングが増えたのも重要な背景だろう。アッシャーの客演もインパクトが大きかったサマー・ウォーカー『Over It』(2019)を代表に、『ＴＲＡＰＳＯＵＬ』(15)以降のブライソン・ティラーを象徴的な例として多くのアーティストが当時のR&B曲を引用するようになった。その究極のかたちが、ミッシー・エリオット「Work It」をサンプリングし本人と共演まで果たしたFLO［図2］ではないか。つまり、ある意味現在のR&BにおけるY2Kリヴァイヴァルは、アリーヤの影響を引きずりながら、一方で当時の楽曲を盛んにサンプリングしてきたという流れがじわじわと実を結んだものなのかもしれない——という見方もできる。

「Work It」(2002)を
サンプリングしたFLO「Fly Girl」

### ◉リヴァイヴァルという名の温故知新

そして、Y2KテイストのR&BといえばK-POPを忘れてはならない。グローバルでも急速に求心力を高めている韓国のアイドルグループによる作品群は、ヴィジュアル面含め、2000年前後のR&Bの空気感をけばけばしくモダナイズさせることで大きなトレンドを生んでいる。NewJeans『New Jeans』(2022)やaespa『MY WORLD』(23)、KISS OF LIFE『KISS OF LIFE』(23)といった作品からは当時のフューチャリスティックなR&Bを現代流ポップミュージックに落とし込んだ工夫が見られるはずだ。だからこそ、シドと同時にRed VelvetやEXOといったグループにも盛んに楽曲を提供してきたレヴィン・カリの存在は大きいといわざるを得ないし、それこそ、長らくアリーヤの影響を作品に投影しながらも同時にK-POPからとてつもないリスペクトを受けてきたティナーシェは、〈R&BとY2K〉というテーマで考えていくと実は最も重要な存在なのではないかとも思う。

最後に、国内R&BにおけるY2Kの影響にも触れておこう。それぞれが独自のR&Bを追求しておりシーンとして見えづらいため全体の傾向が掴みにくい国内の状況だが、いわゆる2000年前後のガールズグループにルーツを持つカラフルなヴィジュアル／サウンドを甦らせたという点ではXG［図3］の打ち出している表現は圧倒的だろう（とはいえ彼女たちは、活動スタイルとしてはK-POPのカテゴリーに近いが）。TLCやSWVといったグループの特長に渋谷&原宿ギャルカルチャーをミックスさせた世界観はオリジナリティに溢れており、最

チャーをミックスさせた世界観はオリジナリティに溢れており、最も優れたかたちでY2Kを再解釈した例といえる。一方、手を変え品を変え多彩なビートを乗りこなしてきたiriの楽曲にはいつも2000年前後のフィールが満ちているし、w.a.uのプロデューサー陣が古今東西のR&Bにおける多彩な実験をストレートにぶつけるreinaの楽曲にも、どこかその時代の空気感が漂っているものが多い。

もはやY2Kリヴァイヴァルはブームではなくベーシックな態度として定着した気もするが、だからこそ2020年代後半は、現在の状況を前提にさらなるハイコンテクストな再解釈が生まれる予感がする。「自分もそうやって新しい世代に受け継がれていくような音楽を作っていきたい」と語るジョイス・ライスのように、温故知新の姿勢によって、Y2KのR&Bはこれからも幾度となく生まれ変わっていくのだろう。

図3

XG「Left Right」ミュージックビデオ。TLC「No Scrubs」のカヴァー動画を公開していた彼女たちだが、本MVでも宇宙船のなかでY2Kコーデに身を包み同曲をオマージュするかのような作りを見せる。
XG, "XG - LEFT RIGHT（Official Music Video）," YouTube（2023/2/13）https://youtu.be/T6YVgEpRU6Q

韓国のオルタナティヴなR&B——というよりも形式折衷的なR&B——は、昨今グローバルにおけるK-POPアイドルのジャンルシームレスな表現も相まってますます重要性を増している。EXOやBTSといったグループの楽曲を聴いてもわかる通り本来ヒップホップ／R&Bのサウンドがポップスとして定着している国だが、なかでもハイブリッドな異形のR&Bが人気を博したRed Velvet以降、近年のY2Kリヴァイヴァルも手伝い多種多様なR&Bポップスが生まれているのだ。そのようなK-POPと欧米のシーンを繋ぐ人物として、テディ・ライリーをはじめ、レヴィン・カリやDEANの存在を抜きには語れない。

韓国
Korea

2010年代にヒップホップ／R&Bのレーベルが多く誕生し、『SHOW ME THE MONEY』や『Unpretty Rapstar』といったTV番組を通して新たなシンガーが注目を浴びたことも大きい。そのなかには歌もラップも巧みに表現できる演者が多く、欧米のビート感に立脚しながら韓国のR&B色を取り入れつつ繊細な歌唱を織り交ぜるという、ここでもまたハイブリッドながら洗練された表現が目を惹く。
他方で、Poclanosをはじめとしたディストリビューターによって次々と発掘される韓国インディシーンにはオルタナティヴR&Bの要素を包括した作品が多く、まさに現在進行中で数々の才能あふれる音楽家を輩出している最中だ。

# 130 Mood:TRBL

**DEAN**

2016 | Joombas / Universal

**韓**国のオルタナティヴR&Bは、DEANによっ
て定義されたと言っても過言ではない。彼
の出現以降多くのフォロワーが生まれ、"DEAN的
な"サウンドと歌唱を志向することになった。元々
Deanfluenzaの名義でプロデューサーとして活躍、
人気アイドルグループ・EXOからヒップホップレ
ジェンドのダイナミック・デュオまで数々のアー
ティストに楽曲を提供してきた彼は、2015年にデ
ビューして以降、シドやアンダーソン・パーク、
ウェズリー・ジョセフらともコラボレーションを
果たすことでアジアを飛び出し、世界で支持を拡
大してきた。当初はラッパーとして活動してお
り、実はあのキース・エイプと同じクルー。そう
いった背景があるため、ヒップホップとR&Bを
シームレスに捉えながらラップと歌を織り交ぜた
スタイルを築きあげるのは至極当然の流れだった
のだ。なめらかな歌唱とシンギング・ラップは実
に心地よく、彼のあとにCrushやZion.T、ZICOが
続き、韓国におけるオルタナティヴR&Bのひとつ
のひな形が完成した。近年のkeshiやMisoといっ
た面々も含め、"DEAN以降"の地平にはとにかく
あらゆるスタイルのR&Bシンガーがのびのびと才
能を伸ばし個性を発揮している。
　本作はDEAN唯一のアルバムで、前述のZICOは

じめジェフ・バーナットらも参加し上質な歌声を
添える。警官がドアをノックする冒頭の曲からた
だならぬ空気が充満しているが、それもそのはず、
男女間の愛にまつわるストーリーをエンディング
からさかのぼるかたちで配置。1曲目から最終曲
まで、別れから出会いに戻っていく逆さまのス
トーリーが展開される。前半は物語としては後半
部分にあたるためスリリングなナンバーが多く、
「Bonnie & Clyde」はアンビエンスな浮遊感を敷き
つめデフォルメさせたような曲展開が秀逸だ。ア
ルバム後半は優しげで温かい曲が並べられ、特に
「D (Half Moon)」はGaekoの冴えた客演も相まっ
てヒットを記録した。本作の翌年にはキャリアを
代表する大ヒット曲「instagram」も生まれ、名実
ともにアジアを代表する音楽家に。TVのリバイバ
ル番組で審査員を務めるなどその活動範囲は幅広
いが、いまだに彼の、芳醇だが嫌味のないフレイ
ヴァーときめ細やかで表現力豊かな味わいを超え
るシンガーは出てきていない。解像度高い感情の
アウトプットを抜群のコントロールで繰り出す
DEANの歌声は、オルタナティヴR&Bが必要とす
る貴重な能力のひとつ。果たして次のアルバムは
リリースされるのか。そのとき、アジアのR&Bは
新たな局面を迎えるに違いない。　つや

# tellusboutyourself

## Yerin Baek

**2**015年にソロデビュー、ロックバンド「The Volunteers」のメンバーでもあるシンガーソングライターのペク・イェリン。JYPエンターテインメントとの契約が終了し、自身のレーベル「Blue Vinyl」を立ちあげて活動を続けている。2018年に久保田利伸「LA・LA・LA LOVE SONG」のカヴァーを公開して話題に。そのセレクトは日本だとJ-POPど真ん中となってしまうけれども、折からのシティポップ・リヴァイヴァルの潮流の一部として捉えられた。続いてリリースされた2019年のファーストアルバム『Every Letter I Sent You』は韓国国内のみならず話題となった。アコースティックな演奏と、感情の起伏を激しく出さない歌声はぴったりと結びつき、上質なラウンジミュージックとして機能。ただしその背景には、韓国に綿々と続くバラードの流れが息づいている。

セカンドアルバムの本作『tellusboutyourself』では、エレクトリックな路線に大きく変化。ただし前作のラウンジ的な要素からの繋がりも強く感じさせ、単に「打ち込みでクラブミュージック的な要素を……」と評してしまうにはあまりにも繊細なプロダクションが光っている。「0415」はUKガラージ、「Lovegame」「Ms. Delicate」はディープハウス的なアプローチ、「I am not your ocean anymore」などは1980年代のUKソウルやR&Bの煌めきを感じさせる。プロデューサーのCloudとの共同作業によって作られたこれらの楽曲群は、ジャンルこそ様々だが、全編にわたりほどよくリヴァーブのかかったヴォーカルの処理が特徴的で、アルバム全体を流れるムードは、ストイックと言ってもよいほどに統一されている。

現在の韓国で活躍する多数のインディペンデントなアーティストが参加している、本作のリミックスアルバムにも触れておきたい。Silica Gelのキム・ハンジュは強烈なシューゲイズ、KIRARAはエレクトロクラッシュ風、FRNKはグリッチホップ、ユン・ソクチョルはエレクトロニックなボサノヴァなどなど、ヴァラエティに富んだ内容になっている。必然的にテン年代後半以降よりエネルギッシュな動きを見せている韓国のインディ・シーンを知る入り口にもなる。こうした動きを背景に、オルタナティヴとポップの間を駆け抜ける彼女の動きからは、引き続き目が離せない。　パンス

# OO

Zion.T 2017 | THEBLACKLABEL

様々なK-POPアーティストの楽曲でも客演を務めるR&Bシンガー／ラッパー。本作はYG傘下のレーベルに移籍後初となる、2作目のアルバム。のっけからボサノヴァ的なギターが光る「영화관(映画館)」に心奪われ、続く「노래(The Song)」はさらにポップに振りきって、現在でも歌い継がれるクラシックに。全体的にメロディが引き立ち聴きやすいサウンドだが、そのなかでもBeenzinoをフィーチャーした「미안해(Sorry)」は、軽やかでエッジの効いたビートを軸に伸びやかなヴォーカルとラップが絡みあう名曲。　パンス

# Perfect Velvet

Red Velvet 2017 | SM

SMエンターテインメントの面目躍如。多彩なジャンルを導入し、華やかかつ独自の世界観に貫かれたセカンドアルバム。「Kingdom Come」「About Love」のビートは90年代ヒップホップのそれでありながら、上に乗るのは華麗なメロディで心を掴む。エレクトロかつモダンに仕上げたディスコ「Look」、レゲトン的な「Peek-A-Boo」もすばらしいが、このように細かなジャンル名を列挙するのも野暮なくらい、完成されたポップそのもの。翌年リパッケージされた同作の「Bad Boy」に耳を傾けて、そのジャンル横断性を堪能してほしい。　パンス

# wonderlost

Crush 2018 | Amoeba Culture

2010年代の韓国R&Bが内包する多様性を示すと同時に、R&Bという音楽が持つ懐の深さをも提示する傑作。ハウスのトラックで口火を切る「Chill」から、ボサノヴァでまろやかな輪郭を作る「Endorphin」、終盤にネオソウルの肌触りを伝える「Close Your Eyes」等、豊穣な音楽性を巧みに使いながら親密なきめを伝える。R&Bとはある種のきめ細やかな肌の質感を表現する音楽であり、その立場に立つならば、本作は完璧なそれを実現している。客演の配置も絶妙で、「Endorphin」でのPENOMECOやpunchnelloは白眉。HoodyやCIFIKAといった女性陣の絡みも抜群。　つや

# Your Home

SUMIN 2018 | SUMIN / YG PLUS

2015年から活動を開始。様々な客演や、BTSやRed Velvetなども含むK-POP勢に楽曲を提供しながら、自身の作品をコンスタントに送り出しつづけている。2018年リリースの本作の時点ですでに洗練の極み。90年代R&Bを想起させながら、ビートや自身のヴォーカルに至るまで細かい処理が施されていて、結果的にかなり独自の手触りを持った作品に仕上げている。シンセが煌めくXin Sehaとの「Your Home」、Khundi Pandaをフィーチャーした「Fried Chicken」などコラボ作も良し。R&Bにおけるチルな側面を研究しつくした最前線の音楽。　パンス

## flaw,flaw

### Jclef

2018 | biscuit häus

2016年に出したミックステープ『Canyon』が話題になったシンガーの2作目。時にメロウに、もしくは激しく語るように、R&Bとラップの中間を漂うようなヴォーカルのスタイルは、それ自体がアトモスフィリックで「オルタナティヴR&B」的といえるだろう。Coa Whiteらによるトラックは、懐かしのグリッチホップからの影響を感じさせつつ、芯のあるビートを刻む。特にWonsteinをフィーチャーした表題曲でそのビートと独自のヴォーカルを堪能できる。さらに上に乗るキーボードが楽曲全体を引っ張り、ひたすら心地よい時間が流れる。　パンス

## DAMDI

### HYNGSN

2019 | HYNGSN / Luminant

シンガーソングライターとして本作で突如シーンに現れたHYNGSN（ヒョンソン）は、オルタナティヴR&Bとネオソウルを行き来しながら新旧の音楽性を繋ぐセンスに長けている。「깊고 긴 바다처럼」のエクスペリメンタルなビートでヒップホップに振れたかと思いきや、「B-A-B-Y」ではファンクサウンドを軸にアンビエンスなムードも付加できる。箸休めの「Sea」のような曲で次曲「Damdi」への巧みなブリッジを作る手腕も見事で、アルバム向きの作家といえる。実際、より曲数を増やした『NEW TEETH』（2023）もさすがのクオリティに舌を巻く。　つや

## Serenade

### SWJA

2019 | Magic Strawberry Sound

2NE1やIU、近年はIVEの制作にも参加しているソヌ・ジョンアは、韓国音楽シーン屈指の実力を持つシンガーソングライター／プロデューサーとしてこれまで多様な音楽ジャンルの折衷を試みてきた。なかでも今作はR&Bを基軸にした代表作のひとつで、Korean Music Awardsの最優秀R&B・ソウルアルバム賞も受賞。いわゆるオルタナティヴR&Bの範疇にど真ん中で当てはまる作品ではないものの、ビョークからの影響を公言している通り、「Betrayal Awaits」や「My Birthday Song」といった曲では実験的なロック～トリップホップ周辺の才気あふれる処理が顔を覗かせる。　つや

## PEOPLE

### CODE KUNST

2020 | AOMG

2013年からプロデューサーとして活動。『SHOW ME THE MONEY』にも審査委員などで出演するなか、AOMGと契約して出した4thアルバム。多数のゲストが並んでおり、Yerin Beak、Giriboy、Lee Hiなど、現在韓国のR&Bシーンで活躍するシンガー／ラッパーが勢揃いしている。全体を通して力の抜けた、都会的で無駄のないトラックはラウンジミュージックのように聴き流すことができるが、ダウナーで内省的な雰囲気も漂いつづけている。そこに、彼が影響を受けたというマック・ミラーの気配がある。　パンス

# Raw Gems Vol.1

## Miso

2022 | you.will.knovv

DEANらが属するクルーClub Eskimoのメンバー、そして韓国人として初のレッドブル・ミュージック・アカデミーへの参加などで、2010年代から知られるようになったシンガー／トラックメイカー。ロバート・グラスパーら昨今のUSシーンからの影響もあると語っているように、本作はジャズ要素が強め。といってもウワモノ的に取り込んでいるというより、音数を極限まで絞ってジャズがR&Bに溶け込み、ほぼアンビエントに。同年リリースされた椎名林檎のリミックスアルバム『百薬の長』収録の「丸の内サディスティック」では、このアプローチを「丸サ進行」で展開。　パンス

# BADA88

## Mandark

2023 | Fortune Coookie

台湾のアーティストだが、韓国シーンとも親和性が高い逸材であるため例外的に取りあげる。Sweet John、I Mean Usといったバンドでの活動と並行しながら、インターナショナルに活躍。2023年のDE DE MOUSE（日本）、Crystal Tea（韓国）とのコラボレーションはJ-POP的な面影を見せるチルハウス。同年のこのファースト・ソロアルバムは、まず「8ODY」の浮遊するヴォーカルを乗せたUKガラージに耳を奪われる。インディロックとR&Bの境目を曖昧（あいまい）にしていくことで心地よいサウンドを作りだす、昨今のモードそのもの。　パンス

# KISS OF LIFE

## KISS OF LIFE

2023 | S2

2023年にデビューしたガールズグループのファーストEP。メンバーのベルはLE SSERAFIM「UNFORGIVEN」の制作にも参加している。本作は3曲目以降にヴァラエティに富んだそれぞれのソロが収録。モロ90年代な「Sugarcoat」が良い。みんな聴いたことのあるメロディを引用した「Play Love Games」などに現れているが、この雑多な明るさはかつてのRed Velvetなど、様々なビートを取り入れて新境地を開拓しまくっていた頃のK-POPを思い起こさせてくれて、懐かしい。といってもまだ10年も経っていないのだけど。　パンス

# Layover

## V

2023 | BIGHIT

BTSのVがリリースした初のソロアルバム。エグゼクティヴ・プロデューサーとしてミン・ヒジンが指揮を執ったことも話題になったが、彼女の手腕とVの古典的なR&B、ジャズ、クラシックの趣味が掛け合わさった、いわば古くて新しい高品質な作品として魔法のような魅力に満ちている。Vは本作について「青春をテーマにしたBTSの花様年華シリーズにも通じるものがある」と語るが、センチメンタルな心情をアクチュアルな現代性といかに結びつけるかという点において、近年発表された数多のR&B作品のなかでも最良のお手本といえるだろう。　つや

# 韓国の メロウでチルなムード

## K-R&Bの歩みをたどる

○文＝パンス

カナダ出身のDJ／プロデューサー、ライアン・ヘムズワースが「K-R&B Mix」[図1]を公開したのは2017年のこと。Sik-K、DEAN、Heize、Jay Park、pH-1など、収録された楽曲は、その時点でメジャーなアーティストによるものだ。普段欧米のR&Bの動向をチェックしているような人たちに、クオリティの高い韓国のシーンを知らしめるきっかけになったmixだったといえるだろう。かくいう自分もそこで知ったひとりで、驚きと共に、日々Spotifyなどに上がってくる楽曲を追いかけるようになった。実際に韓国まで行ってホンデの街をブラブラしていると、自分で探っていった結果好きになった楽曲がどこかのショップから爆音でかかっていて、テンションが上がると同時に不思議な気分になったものだった。この頃からの流れがその後も持続しており、より多様なトラックが生まれているのがK-R&Bの風景である。

　では、なぜそうなったのか？　それが本稿のテーマになると思うのだが、まず以下の2点を押さえておかなければいけないだろう。現在のオルタナティヴR&B的な状況を知るには、その背景として韓

**図1**

「Ryan Hemsworth's K-R&B Mix」のYouTube。個性的なMVも韓国R&Bの魅力で、そんなビデオの要素も取り入れられている。Ryan Hemsworth, "Ryan Hemsworth's K-R&B Mix," YouTube（2017/11/28）https://youtu.be/hcdPK8qt8xQ

国におけるR&B受容の歴史を振り返る必要がある。そして、韓国の
R&Bにおける最大の特徴で、現在世界中のファンに刺さっている重
要な要素であろう、メロウでチルなムード、ミッドテンポな感覚。
これらは何に起因するのか。一口で答えるのは難しい……のだけど、
どうにかこうにか、だいぶ昔までさかのぼりつつ、自分なりの解釈
を含めながら考察してみたい。

## ◉80s〜00s──欧米からのダイレクトな影響

以前、筆者が監修者のひとりを務める『アジア都市音楽ディスクガイ
ド』を作っていたときに、韓国で活躍するギタリスト／プロデュー
サーの長谷川陽平氏から教えていただいたSharp「演劇が終わった後
に」という曲がある。1980年、大学生による歌謡祭のコンピレー
ションに収録されたこの楽曲は、16ビート、ジャズ的なコード進行
と、同時代の欧米のニューソウルと共振しながら、伝統的な歌謡曲
のテイストもある。つまりこの時点で「メロウでチル」「R&B」を兼ね
備えている。

　その後国内の民主化を経て、欧米から最新の音楽がより流入する
ようになると、ポップミュージックのシーンもさらに活発化し、
R&B／ヒップホップの流れが生まれる。同時期の日本も似た状況だっ
たわけだが、端的に比較してしまうと、90年代日本のR&Bやヒップ
ホップが独自のローカライズ(それまでのサブカルチャーとの混合、な
ど)を経ているのに対し、韓国ではよりダイレクトに導入されている
といえる。山本浄邦『K-POP現代史』によれば、ニュージャックス
ウィングなど最新の音楽がプレイされる、米軍基地に近い梨泰院の
クラブ「ムーンナイト」に出入りしていたお客さんやダンサーなどの
なかに「CLON」のメンバーや、パク・ジニョン(J.Y. Park)などがおり、
彼らはそんな現場から1990年代以降のK-POPのアーティストやプ
ロデューサーになったという。それまでの歌謡曲の範疇にとどまら
ない内省的なアプローチを示し、社会現象になるほどの人気を博し
たソテジワアイドゥルも、東海岸系からミクスチャーまで、同時期
のUSヒップホップの動きを貪欲に取り入れていた。

　一方、「メロウ」の方はどうだろう。90年代後半にはフュージョン
などに影響を受けたシンガーソングライターが多数登場しており、
韓国のAORといえる傾向は21世紀以降も持続している。またヒッ
プホップとの交錯で考えるならば、DJ Soulscapeは、2000年代よ
りレアグルーヴ的な感覚を導入したソウルフルなトラックを多数制
作している。同時期に登場し、今では韓国ヒップホップのなかでレ
ジェンド的存在となっているEpik High『Map of the Human Soul』

（2003）も、1990年代なかばのゴールデンエラを感じさせる硬いブレイクビーツにジャジーなウワモノ、というトラックでヒットしている。Dynamicduo『Taxi Driver』（2004）はもう少し同時期のUSヒップホップに寄っているが、やはりディスコやソウルの要素が強い。

### ⦿10s-20s──SSWのあり方を更新する

そのような流れのなか、Epik High、Drunken Tiger、DynamicduoともコラボレートしてきたJINBO the SuperFreakによる『Afterwork』（2010）[図2]は、現在の韓国R&Bの潮流に直接つながるであろうアルバムだ。冒頭「U R」はかつてのニューソウルのようなムードを現代によみがえらせ、その後に続く楽曲もディアンジェロ的なモダンなビートで浮遊感を表現し、オルタナティヴR&Bそのもの。

**図2**

スタイリッシュでメロウかつ実験的。2010年代に花開くシーンの始まりを告げるようなJINBO the SuperFreak『Afterwork』。

2010年代はHi-Lite Records、AOMG、ILLIONAIRE RECORDSなどのレーベルがヒップホップ／R&Bの良作を送り出し、冒頭に挙げたライアン・ヘムズワースのmixにもこのあたりのトラックが収録されている。それらは韓国国内のラップバトル番組『SHOW ME THE MONEY』などを介してポピュラー性を獲得。現在でも多くのアーティストが活動している。

2010年代後半になると、女性アーティストを中心に、よりエクスペリメンタル、かつアンビエント志向の楽曲が登場する。ここまで来てようやく本書が指し示す方向性と合致すると思われるのだが、たとえば音楽プロデューサーdressとシンガーソングライターのsogummがコラボレーションしたアルバム『Not my fault』（2019）は、トラップやエレクトロニカ、最近リヴァイヴァルしているトリップホップなどの要素が次々と繰り出され、融合し、なおかつフォーキーで真っすぐなメロディが飛び出す、ハイブリッドすぎる作品だ。

**図3**

sichimi

サウンドのみならず、「たまごっち（다마고치）の餌を私にちょうだい」（Human Theater）といったチャーミングな歌詞もすばらしい。

BTSやRed Velvetの楽曲にも関わるSUMINは、多様化した状況に意識的でありながら、1990年代R&Bのフォーマットとの絶妙な距離感を持った楽曲を打ち出している。2023年の『SICHIMI』[図3]は歌謡界のレジェンド、オム・ジョンファを迎えた楽曲などを収録。実験的でありながらメロウでポップ、極度に洗練されているのに親しみやすい世界を作りあげた。

　過去に存在した無限のリファレンスから自由に選び取り、混ぜ合わせていく表現。現在の音楽すべてに当てはまるともいえるが、韓国のオルタナティヴR&Bはそれを最も貪欲に追求している。その動きは、ソウルやファンクといった枠はすでに超えて、新しいシンガーソングライターのあり方を示している。グローバルに通用する表現でありながら、同時にメロウでチルな特徴を備えているところにローカルな面白さがある。それらは歓迎すべき傾向であり、これから何が生まれるのかが楽しみなのである。

90年代後半に巻き起こったジャパニーズR&Bブームから早四半世紀。その後、日本のR&Bは米英のR&Bの影響を受けつつも、各々のアーティストが独自の音楽を展開してきた。もちろんR&Bに真っすぐ向きあい、ストレートに表現しているシンガーもたくさんいるが、その表現方法は時代が進むにつれさらに細分化、拡大化していったように思う。

Japan

日本

ここでは本書のキーワードである〈オルタナティヴR&B〉を念頭に、2010年代以降を代表する日本の作品40枚をピックアップ。取りあげたアーティストのうち、「私はR&Bシンガーです」と言う人はaimiやNao Yoshiokaなどを除いてほとんどいないだろうが、しかし根底にR&B／ブラックミュージックがあることは間違いないし、R&Bをベースに様々な音楽を取り入れ昇華している人たちばかりだ。そんな彼女・彼らの作品はR&Bファンならどうしても抗えない魅力で溢れているのである。

# 分離派の夏

## 小袋成彬

2018 | Epic

R&BユニットであるN.O.R.K.活動後、宇多田ヒカルにその才能を認められ、『Fantōmé』収録の「ともだち」で客演に迎えられたことでも話題になった小袋成彬。本作は、その宇多田ヒカルをプロデューサーに迎えた小袋のファーストアルバムである。アンビエントなサウンドの感触は基本的に2010年代以降のR&Bの流れにあるといえる。また、「Summer Reminds Me」に代表されるように、テンポが遅くもたったビート感や隙間のあるバックの演奏にネオソウルの影響を指摘することもできる。実際、「E. Primavesi」ではドラマーのクリス・デイヴが迎えられていることもあり、ジャズと共にあるネオソウルの動きに呼応している。その意味で本作が、日本におけるオルタナティヴR&Bを代表する作品のひとつであることは間違いないだろう。とはいえ、一方で本作から感じるのは小袋のポップシンガー的な資質であり、ループするトラックにヴォーカルを当てていくようなR&Bのスタイルと異なる面もある。小袋の魅力は、その声質や正確なピッチもさることながら、なによりこのR&Bとポップスにまたがるようなヴォーカルのあり方にある。そして、その点にこそ宇多田ヒカルの存在を重ねたくなる。宇多田ヒカルがフィーチャーされた「Lonely One」は、

そんなふたりのヴォーカルの魅力が堪能できる本作のハイライトといえるだろう。

　他方、小袋のそんなシンガー的な側面に現代的なR&Bの潮流を見出すこともできる。というのも現代のオルタナティヴR&Bにおいては、内省的なSSWのセンスも色濃くあるからだ。あまり語られることはないのだが、ネオソウルの脇にはジャズとフォークが交差するようなギターを基調とするブラックミュージックのあり方がある。ディアンジェロからブランドン・ロスあたりを経由し、ホセ・ジェイムズに行くような流れだ。その淵源には、ジョニ・ミッチェルやニック・ドレイクのような内省的なシンガーソングライターがいる。「Summer Reminds Me」や「Selfish」「夏の夢」といった曲におけるギターのサウンドは、はからずもそのような系譜を感じさせるところがある。小袋が持っている資質は、どちらかといえばブラックミュージックというよりもJ-POP的なものだといえるが、その小袋のポップなセンスと現代的なサウンドの試みが重なったところに本作の独特な魅力はある。そして、そのあり方は結果的にオルタナティヴR&B的といえ、さらにいえば、本作のプロデューサーである宇多田ヒカル的であるといえる。　矢野

# 球体
## 三浦大知

2018 | SONIC GROOVE

このアルバムを語る前に、アルバムに先駆けて2018年5〜6月に全国7都市で開催されたツアー〈完全独演公演「球体」〉の話から始めなければならない。その名の通り、演出、構成、振付けを自ら行い、バックバンドやダンサーは一切なし、舞台上でひとりで歌い、ひとりで踊るまさに孤高のライヴだったのだが、深遠な音楽が流れるなか、輪廻転生を想起させる17の物語をエモーショナルに表現する姿は、これまでのライヴで観た彼とは全く違うものであり、息を吐くのも忘れるような緊張感漲る芸術作品であった。本作はそのツアーの最終日から約2週間後にリリースされた一枚で、いわばライヴのサウンドトラック的な意味合いがある。よってこのアルバムは本来あの芸術的なダンス込みで完成する作品なわけだが、しかし音源だけ聴いても受ける衝撃は半端ではない。大知とは2009年のセカンドアルバム『Who's The Man』以来の付き合いである盟友Nao'ymtこと矢的直明が全面プロデュースを担った本作は、フランク・オーシャン以降のアンビエントなサウンドを意識したものではあるが、もちろんそれだけにあらず。EDM以降のエレクトロ・ポップ路線だが、大知の透き通った歌声とめくるめく展開によってよりアーティスティックな音世界を作りあ

げている「円環」、VHSの音を使ったというノスタルジックなインスト「閾」、ファルセットと地声が行き来するヴォーカルと、後半のドラマティックな展開に痺れる「淡水魚」、尺八の音をチョップして使用したフューチャーベース・ライクな「飛行船」(余談だが、彼は以前から「Cry & Fight」などフューチャーベースを取り入れた曲をやっている。オリコン1位曲「EXCITE」もTREKKIE TRAXのCarpainterが手がけていたし、彼の好みはずっと一貫していたわけだ)、繊細な音像の上を浮遊する大知のファルセットがただだだ美しい「対岸の掟」、トラップ的な要素も加わった「綴化」など、サウンドは多彩を極め、現実離れしたような音世界に聴き手は終始いざなわれることとなる。全編日本語で書かれた歌詞も非常に文学的だが、これを国民的シンガーである大知が出すということに大きな意味と意義を感じて、ひたすら感動してしまうのだ。わかりやすいポップチューンではないし、みんなが共感する歌詞でもないし、楽しく踊れる曲でもない。それでも大知はこれを作りたかったわけである。最高のパートナーと共に自らの才能を世界レベルで提示したかったわけだ。そして大知は見事それを成し遂げてくれた。こんなに誇らしいことはない。　川口

# FEEL GOOD

## SIRUP

た とえば2020年代なかばの今、ストリーミング・サービスにて「Soul Music Japan」などのプレイリストを聴いてみると、SIRUPかと勘違いしてしまうようなサウンドに多く出くわすわけで、この５年ほどで彼がシーンに及ぼした影響がどれだけ大きいかがわかるだろう。いわゆるチャンス・ザ・ラッパー以降ともいうべきか、ラップ感覚で歌を捉え、歌感覚でラップを捉えるというモードによって都市性を鮮やかに表現した彼は、国内におけるR&Bのイメージを一新した。なによりも強みは、多彩なプロデューサーと手を組みながらも常にSIRUPならではのクールネスへと着地させる腕前。Zentaro Moriを筆頭に、A.G.OやYaffle、さらにヒット曲「LOOP」を手がけたShingo.Sに至るまで名人が多様なアプローチをしつつも最終的にはどれも統一感のある洒落たグルーヴが並ぶ。

と言葉を尽くしたものの、要はチルなR&Bでしょう、という烙印を押されることも多い。そう、この時代に"チル"は大きなトレンドとなり、"気持ちよさ"や"くつろぎ"といった感覚が再定義された。たしかにSIRUPのサウンドにはリラクシングな雰囲気が漂っている。けれども、このあとに世の中で多く生まれることになった"逃避としてのチル"と異なり、本作では冒頭の「Pool」から荒れ狂うベース音と共に跳ねるヴォーカル＆ラップが確かな技術で披露されており、むしろかなり熱量の高いR&B作品であることがわかる。それが極まったのがたとえば「Rain」であり、緊張感みなぎる後半の展開など凝った演出がたまらない。つまり、最後届けられる音としてはトリートメントされているものの、中身は燃えたぎっており、核にはやはりソウルミュージックが脈々と息づいているのだ。それもそのはず、彼はSIRUPを始動させる以前はKYOtaro名義でクラブシンガーとしてすでに長いキャリアを築いてきており、ゆえにライヴのパフォーマンスにも定評がある。多くのプレイリストに入り様々なシチュエーションで聴かれるような柔軟性を持ちながらも、その柔らかさが包んでいるのは熱い才能なのだ。ただ、あまりにクールなサウンドだったため本作の表層をなぞる曲が大量生産され、〈チル〉というラベルを貼られたのは確か。それらと『FEEL GOOD』を分かつものはソウルであり、SIRUPはその魂があるからこそ、時にヒップホップへ、時にポップスへ、時にインディロックへ、カメレオンのように自身の音楽を着せ替えながら常にシーンの最前線でプレイできている。　つや

# BADモード

宇多田ヒカル

2022 | Epic

　この異形の傑作について語る際に、現在の私たちはいかなる言葉を持ち合わせていようか。パンデミックの息苦しさ、ベッドルームの密室感、嘆き、諦め、苦悩。人類が死へと向かうなかで、迫りくるディストピアのなかで、けれども本作は優雅な音の粒子を敷き詰めながら贅沢に鳴り響こうとしている。鋭敏な感性と神経によって丁寧に丁寧に整え配置されたそれらは、広い空間で一音一音繊細にこだまし、時に気だるく、時に祈りのような振る舞いと共に反響する。微細な鳴りが終盤の「Find Love」「Face My Fears」で硬質さへと変容し、「Somewhere Near Marseilles―マルセイユ辺り―」で一筋の光へと通じた瞬間、わたしたちは辛うじて微笑むことを許されている。

　国内を代表する音楽家としてポップミュージックの領野で戦ってきた宇多田ヒカルが、イギリスの地でA.G.クックやフローティング・ポインツと共にこれほどまでに"J"から遠く離れた作品を制作するなんて、一体誰が想像しただろう。つまり本作は過去の宇多田ヒカルに対するれっきとしたオルタナティヴであり、それが結果的にグローバルな現行シーンのオルタナティヴ・ミュージックにはまってしまったという、驚くべき巡りあわせのうえに成り立っている。それだけではない、DAW

を駆使した曲制作やトラップ／ヒップホップへの傾倒、ドレイクを象徴としたコンテンポラリーなR&Bへの憧憬など、近年の宇多田ヒカルが拘泥してきたテーマが、ここでは非常に高いレベルで結晶化されている。様々な背景を持ち合わせた潮目が甘美に出会うなかで、本作は幽玄なアンビエンスと硬質な４つ打ちの狭間で鳴り響き、アンビバレントに溶けあう。

　他方、宇多田ヒカルが拠点とするイギリスから遠く離れた2020年代の国内インディペンデント・シーンにおいては、アンビエントをいかに独自に解釈するかという観点が重要性を増している。YAMAANやbutasaku、NTsKi、Le Makeupといった面々は、R&Bやヒップホップ、インディロックを瑞々しく歌う過程において、アンビエントを再びの拠り所とした。さらにそこには、ほのかに歌謡曲やJ-POPのフィーリングが忍び込んでもいる。ノスタルジーと共に"J"を消費するのではなく、自身に脈々と伝ってきた体温を表出するためのひとつとしてナチュラルにそれらを愛でること。広大な海の向こうで屹立しながらもゆらぎ響く『BADモード』と共に、すべてが同時代に起きているという、あぁ、なんというドラマティックな……！　つや

# ADSR
## N.O.R.K.

2014 | AY

2014年リリース。そう、2014年なのだ。当時大学生だった小袋成彬と國本怜が組んだデュオは、YouTubeやSoundCloudで公開した楽曲が賛辞を呼び本作でアルバムデビュー。ポスト・チルウェイヴからR&Bに至るまでの空気を汲みながら、ジェイムス・ブレイクやライといった海外勢と共振する作風だ。当時から海外志向が強かったが、それは全編英語詞のリリックにも反映されている。ダビーなサウンドに反響するような空間的な音作りが静謐な印象を喚起し、ファルセットも印象的。この音像とスタイルが、国内におけるオルタナティヴR&Bの形式を定義づけた。　つや

# 仕事
## 入江陽

2015 | P-VINE

ジャズミュージシャン／音楽評論家の大谷能生がプロデュースを手がけた入江陽の代表作のひとつ。多重コーラスのヴォーカルとネオソウル的なビートはディアンジェロを想起させるが、入江のユニークな魅力はそのうえで歌謡曲のニュアンスを手放していない点にこそある。変則的ともいえるバックトラックを堂々と歌いこなす入江は、オルタナティヴR&Bとポップスの両方を体現する。OMSBをフィーチャーした「やけど」、Shiggy Jr.(当時)の池田智子とのデュエット「鎌倉」、入江の才気あふれるヴォーカルを堪能できる「十回」など収録。　矢野

# Brilliant
## 関口シンゴ

2015 | origami PRODUCTIONS / Victor

Ovallのメンバーとしても活躍するギタリスト／プロデューサーのソロデビュー作。ジョヴァンカのキュートな歌声が響くオープニング・ナンバー「Wings」から心掴まれるが、その後も軽快な8ビートが駆け抜ける、ウーター・ヘメル参加のロックチューン「Who You Gonna Hold Tight」、iriの哀愁漂う歌声も魅力的な8分の6拍子ソウル・バラード「繋いだ未来」など、国内外のシンガーが参加した様々な曲が並ぶ。盟友mabanuaや、ユニットEARTの相方、kaol codama参加曲もあり。インストではギターの存在感が光るクロスオーヴァーなダンスチューン「Autostrada」がナイス。　川口

# obscure ride
## cero

2015 | カクバリズム

URC〜ベルウッドの流れを継ぐ良質なシティミュージックのイメージが強かったceroは、ディアンジェロの『Black Messiah』によって再注目されていた時期でもある2015年、本作において見事にネオソウルを解釈したサウンドを提示した。ceroが真正面からネオソウルを試みたことに驚いたリスナーは多かった。ネオソウル的なゆらぎを追求した「C.E.R.O」、ネオソウルをポップに昇華した「Yellow Magus (Obscure)」「Summer Soul」など名曲揃い。A.T.C.Qやマッドリブの元ネタとしてもお馴染みのロニー・フォスター「Mystic Brew」を下敷きにした「ticktack」も必聴である。　矢野

# EUPHORIA
## EMI MARIA

2015 | Village Again / KSR

デビュー時のポップな印象が嘘のように、このアルバムは先鋭的で刺激的。NAOtheLAIZAの力を借りつつセルフプロデュースで臨んだ本作は、フューチャリスティックなサウンドと淡々としたヴォーカルとのコントラストが印象的な「ONE Of THEM」、1曲のなかで玉手箱のように次々と色々なサウンドが飛び出す「I AM WATER」と、序盤から革新的なナンバーが並ぶ。どことなくFKAツイッグスを彷彿とさせる場面もあったり。ほかにもブギーあり、レゲエあり、4つ打ちあり。夫SEEDAとのストーリーを綴った厳（おごそ）かなスロウ「91」の歌詞もグッとくる。ジャケットも最高。　川口

# Sphere
## WONK

2016 | EPISTROPH

ソウルクエリアンズが追求したゆらぎのあるヒップホップのグルーヴに対してジャズ側からアプローチしたのがロバート・グラスパー・エクスペリメントだとすれば、WONKは、そのロバート・グラスパー的な試みを日本でいち早く実践したバンドだといえる。とりわけリード曲の「savior」や、グラスパーを彷彿とさせる鍵盤の背後で石若駿がマーク・ジュリアナのように細かくハイハットを打ち鳴らす「Real Love」は、その高い達成だろう。他方、しばしば使用されるエレクトロニクスには、ブレインフィーダーの影響を感じる。音楽的野心に満ちた作品である。　矢野

# k is s
## Kan Sano

2016 | origami PRODUCTIONS

バークリー音楽大でジャズを学んだのち、ビートミュージックに鍵盤を織り交ぜたKan Sanoスタイルのソウルミュージックを構築。レーベル・origami PRODUCTIONSと共に、2010年代以降の国内ソウル／R&Bにおける大きな潮流を作ったキーパーソンとしてその功績を称えられるべき存在である。たとえば序盤の流れひとつとってみても、ファンキーなJ-POP「Magic!」からクールにポストパンク／ニューウェイヴを演る「Reasons」、七尾旅人とユニークな譜割りに挑戦する「C'est la vie」等、確かなオリジナリティが。別プロジェクト・Bennetrhodesの作品も必聴。　つや

# N/S
## City Your City

2017 | 術ノ穴

オルタナティヴR&Bの特長のひとつに、いわゆるR&B以外の音楽要素を取り入れアンニュイなニュアンスと共にソウルフルに仕立てあげてきたという点がある。City Your Cityは、ロックやエレクトロニック・ミュージックといったバックグラウンドを元に、エモーショナルな歌唱や視点における女性性を打ち出すことによってそこに宿るゆらぎを解放した。yahyelやD.A.N.といった先人が切り拓いた地平に、より一層日本語の響きを持ち込んだ存在としても位置づけられるだろう。表題曲に顕著だが、実は楽曲構造としてはEDMの影響も大きい。　つや

# NBCP

## Neighbors Complain

2017 | VIVID SOUND

大阪在住の4ピース・ソウルバンドによるファースト・フルアルバム。なにかとSuchmosと比べられがちだが(車のCMで曲が使われたというのも共通している)、こちらの方がよりR&Bというか、アーバンでメロウだけど、どこかイナたさも感じるというか。そこはプロデューサーであるSkoop On SomebodyのKO-HEYの手腕に依るところも大きいだろう。バークリー音大への留学経験者や音大ジャズ科卒のメンバーがいるだけあって演奏も申し分なく、メロウ・ミディアム「Got It Goin' On」をはじめ、確かな演奏力に裏づけされた生命力あふれる楽曲ばかりだ。　川口

# In TRANSIT

## Ovall

2017 | origami PRODUCTIONS

活動休止をしていたOvallの復活作。2000年代前半、ソウルクエリアンズのサウンドをいち早くかつ正確に理解していたのがOvallだった。本作は、そんなOvallのレア音源群に新曲を加えたもの。ロバート・グラスパー・エクスペリメントらの登場を経た2017年、日本のジャズシーン／クラブシーンはようやくOvallのサウンドを受け入れる態勢が整った。J・ディラがサンプリングし、ドゥウェレがカヴァーしたことでもお馴染み、ボビー・コールドウェル「Open Your Eyes」のカヴァー収録。「Un Digicode」で一瞬、ボビー・ハッチャーソンのような展開になるのもニクい。　矢野

# Juice

## iri

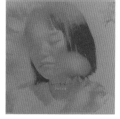

2018 | Colourful / Victor

小袋成彬、yaffle、WONK、yahyel、5lackなどが参加した本作は、前作『Groove it』以上に2010年代以降のオルタナティヴR&Bのモードを踏まえているといえる。特筆すべきは、iriのヴォーカルがブレイクビーツに乗せていくような従来的なR&Bのスタイルを手放していないことだ。R&Bが内省的なシンガーソングライターに近づいていくなかで、ヒップホップと共にあった90年代〜2000年代初頭のR&Bの雰囲気を抱えているのがiriの特徴であり魅力である。その意味で、yahyelによるポスト・ダブステップ的なトラックをポジティブに歌いあげる「your answer」が面白い。　矢野

# HUMAN

## yahyel

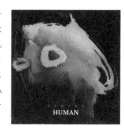

2018 | Beat

ジェイムス・ブレイクに端を発するダブステップの潮流を踏まえつつ、そのうえアルカのようなざらついたサウンドも取り入れたトラック。そんな前衛的かつ攻撃的なサウンドメイク自体も注目すべきものだろうが、それ以上に特筆すべきは、そのような楽曲を歌ものとして成立させていることだ。前作『Flesh and Blood』よりもさら内省が深まった本作は、先鋭的なエレクトロニックのサウンドでダークに歌いあげられている。その点、FKAツイッグスやケレラを思い出す。韓国のラッパー、キム・シムヤをフィーチャーした「Polytheism」もユニークだ。　矢野

## Modernluv
### TAMTAM

2018 | P-VINE

2010年代における、レゲエ／ダブとソウルミュージックが出会った事例のなかでも類いまれなる傑作に至った一枚だ。メロウなグルーヴを鳴らす作品は多くあったが、ここまでドリーミーでサイケデリックな浮遊感を出せた事例はなく、その点においてオルタナティヴR&Bのトリッピーな側面に最もスポットを当てた作品ともいえる。当時覇権を握っていたトラップミュージックの影響も色濃く、入江陽とYuta Fukaiが参加した「Sorry Lonely Wednesday」はTR-808が響くヒップホップなソウルナンバー。抜け感と内省のバランスが絶妙に保たれたクロの歌唱も絶品。　つや

## Blurred
### mabanua

2018 | origami PRODUCTIONS

Ovallのドラマー、mabanuaによる2018年作。ネオソウルに対する音楽的な理解が進んだりヒップホップ的なアプローチをするジャズミュージシャンが増えたりなど、2012年リリースの『only the facts』からシーンの状況が変化するなか、mabanuaは本作において、あえてそのような潮流から距離をとるようなサウンドを追求した。結果的に出来あがったのは、日本語詞のドリーミーなポップの数々である。とりわけ表題曲の「Blurred」などは、見事な歌ものに仕上がっている。「Call on Me」もチープなリズムボックスとエレピが印象的で、ゲストに迎えたCharaの歌声と相性抜群。　矢野

## PURE
### 向井太一

2018 | TOY'S FACTORY

ネオソウルのようなゆらぎのあるビートの「午後8時」や痙攣するハイハットが印象的な「Ego」など、明らかにオルタナティヴR&Bと呼ばれるシーンと共振したサウンドが並んでいる。だからこそと言うべきか、本作全体から伝わってくるのは、向井太一のメジャー感のあるヴォーカルである。内向きになることなくどこまでも開放的であろうとするヴォーカルが、本作をポップスの領域に押しとどめている。KREVAをフィーチャーした「Answer」は、ポップスであることの決意ともとれる。2ステップのトラックの上で堂々と歌いあげる「Break up」も向井ならでは。　矢野

## Undeniable
### Nao Yoshioka

2019 | SWEET SOUL

前作収録の「I Love When」(2016)が米ビルボード・アーバン・アダルト・コンテンポラリー部門で32位を記録するなど、世界を股にかけて活躍しているNY仕込みのシンガーの4作目。エリック・ロバーソンとデヴィン・モリソンとのコラボというだけで興奮する浮遊感あふれるスロウ「About U」、そのエリックがプロデュースし、キャロリン・マラカイをフィーチャーしたコズミック・チューン「Invest in Me」、ブルー・ラブ・ビーツによるリミックスも話題となった「Loyalty」など、世界で評価されるのも納得のハイクオリティな楽曲ばかり。誇りと自信を感じさせる一枚だ。　川口

## Piercing
### 小袋成彬

2019 | Epic

デビューアルバムの衝撃冷めやらぬ間にリリースされた本作によって、聴き手はまた新たな衝撃を受けることとなる。色香漂う生々しいサウンドや情感あふれるヴォーカルも極上だが、個人的に彼の魅力は言葉の強さ、これに尽きる。オープニング「Night Out」の「俺も泣いてた／二人で決めた／あの時キレなきゃ／俺は死んでた」だけですべてを持っていかれるし。恋愛の終わりの情景と心情を時間軸で伝えていく構成は、まさに小説を読んでいるかのようであり、聴きながら自分もその世界にどっぷり浸かっていることに気づく。紛うことなき傑作。　川口

## too close to know
### showmore

2019 | newscope

隙間の多いサウンドとビート感、あるいは生ドラムによるビートミュージックの試みに2010年代のR&Bとの同時代性を強く感じるが、ユニットのアイデンティティは必ずしもR&Bにあるわけではないだろう。実際、ヴォーカルを務める根津まなみは明らかにR&Bシンガー的ではない。根津はむしろ日本の女声ポップ歌手の系譜にあり、だからこそ「bitter」のようなジャズ曲も「now」(SIRUP参加)のような多彩な展開の曲もなんなく歌いこなすことができる。R&B的なサウンドメイクに女声ヴォーカルが乗っている点に、古内東子のような良質なポップスの可能性を強く感じさせる。　矢野

## HELP EVER HURT NEVER
### 藤井風

2020 | HEHN / UNIVERSAL SIGMA

れっきとしたオルタナティヴR&Bでありながら、J-POPのメロディ感覚とすばらしい風通しのよさによってその性質を覆い隠している摩訶不思議な作品だ。とにかく言葉の操り方が新鮮で、気だるいフロウと点在する韻、微細な節回しの妙でニュアンスを操るテクニックが見事。歌に藤井風ならではの"クセ"のような身体性が宿っており、そのセンシティヴなセクシーさは、それこそフランク・オーシャンに接近するような香りをまとう。つまり、オルタナティヴR&Bとは、個人の細やかな機微を解像度高く表現するための発明であったともいえる。　つや

## Sen Morimoto
### Sen Morimoto

2020 | Sooper

シカゴを拠点とするマルチ奏者の2020年作。LALA LALA、NNAMDïといったシカゴのアーティストやTempalayのAAAMYYYが参加している。リヴァーブの効いたアンビエントなサウンドが印象的な本作は、いわゆるオルタナティヴR&Bの影響を強く感じさせるが、前作『Cannonball!』からの流れで聴くともう少しエクスペリメンタルな要素もあって、そうした枠には収まらないところがある。いちばん近いのはディグス・デュークのようなミュージシャンではないか。両者ともマルチ奏者でホーンの入れ方のセンスも通ずるところがある。世界的に見てもユニークな音楽だ。　矢野

## Tolerance
### G.RINA
2021 | plusGROUND / Victor

ダンスミュージックを自己流に解釈しなおしつづけ早20年、その充実した
ディスコグラフィのなかでも特にアンビエントなR&B感が強まったのが本
作。ブラッド・オレンジやサンティといったふわっとした音像を好んでい
た時期とのことで、ミックスも自身で手がけた。「i wanna know」に代表さ
れる通り、アフロビーツの影響も。なかでも、ラップを織り交ぜ具体的な
情景描写を綴っていく「カーディガン」はドリーミーなR&Bの佳曲。随所で
反響する音が空間の立体感を浮き彫りにし、単純には規定することのでき
ない曖昧な奥行きを与える。　つや

## Juliet is the moon
### VivaOla
2021 | HIP LAND MUSIC

VivaOlaが前作でデビューした際、国内のR&Bが新たな展開に突入したと
感じた。バークリー音楽大でソングライティングを学び米に住んでいた経
験は、日本語と英語を境界なくスムースに行き来する歌唱とディープな
ビートを紡ぐ。アルバムによって振れ幅のある多彩な実験を試すことがで
きる能力も、極めてオルタナティヴ的といえる。本作はnonomi、KRICK、
starRo、7IN、YonYonらとコラボしチルな方向の手札を見せた意欲作。と
はいえ、ふくよかなロウの音とコンセプチュアルなテーマ性が骨太な存在
感を与える。このあと、3作目では一転してヘヴィな作風に。　つや

## IMAGINE
### TENDRE
2021 | RALLYE / EMI

シンガーソングライター／プロデューサー／マルチプレイヤーの河原太朗
のソロプロジェクト。サードアルバムにしてメジャー第一弾となった本作
は、ジャケットの神秘的な雰囲気とは裏腹に、〈陽〉なナンバーが揃ってい
るのが印象的。軽快なダンスチューン2曲で幕を開けることもそれを象徴
しているように思うが、SIRUPをフィーチャーしたジャジーな「ENDLESS」も
ポジティブなナンバーだし、揺蕩うメロディに心地よく身を委ねてしまう
「PIECE」も一片の光が差し込むような希望に溢れたミッド・チューンと
なっている。ラストの美しいバラード2曲も聴きどころ。　川口

## faveur
### MALIYA
2021 | Island State Music

SSWとして、デビューアルバムと2枚のEPを経てリリースした2作目フル。
90年代のR&Bを基軸にしつつも、幅広いコラボレーションで多彩な音を鳴
らす。本作でもG.RINAがプロデュースに入った「Hot Spot」でダンサブル
なシティポップを披露し、Yo-Seaとの「Come Away」では印象的なフック
をループさせ、WONKとの「U Complete Me」ではタメを効かせたビートの
上でソウルフルな歌を聴かせる。faveurとは、"音楽や人、自然、すべての
恩恵"のこと。SIRUPと組む終盤の曲では海の香りや風の肌触りまでもが
想起され、新たなオーガニック・ミュージックの誕生を告げる。　つや

# Silver Lining

## May.J

2021 | rhythm zone

『アナ雪』やカヴァーを歌うお茶の間のイメージを覆す挑戦的な一枚。yahyel の篠田ミルをプロデューサーに迎えた楽曲はどれもダークなオルタナティヴR&Bとなっており、曲調に合わせて抑えめで囁くように歌っているのが印象的。SNSでの誹謗中傷について歌った「Can't Breathe」は、痛みや怒りを歌ったBLMアンセム、H.E.R.「I Can't Breathe」を少なからず意識したように思うがどうだろう。物悲しいラテン調の「Paradise」、大門弥生をフィーチャーしたトラップ・チューン「Psycho」など、各曲の迷いのない感じが、彼女が本来やりたい音楽はこれなんだろうなぁと感じさせる。　川口

# T.B.D.

## The Burning Deadwoods

2021 | monogram / PONY CANYON

Deadwood F（Ba/G/ Pro）とDeadwood K（Key/Pro）のふたりからなる謎多きトラックメイカー・チームのファースト・リーダー作。Flower～E-girlsの鷲尾伶菜をフィーチャーした儚く上品なダンスチューン「Labyrinth」、Salaの淡い歌声も魅力的なチルR&B「Moon In Shadow」など、曲のタイプもゲストシンガーも本当に様々だが、どの曲もメロウでポップなメロディというのは共通しており、その覆面性とは裏腹に非常にとっつきやすい作品となっている。多彩なシンガーが参加しているにもかかわらず一本軸の通った作品になっているところからも、彼らの才能を感じる。　川口

# Chosen One

## aimi

2022 | Love Ocean

今のアメリカの女性R&Bシンガーの代表がH.E.R.やSZA、サマー・ウォーカー等なら、日本の代表はaimiだと自信を持っていえるのではないか。彼女のR&Bへの理解と愛情は曲を通して伝わってくるし、Shingo.Sが全面プロデュースしたこのサードEPも時代の空気が詰まった良曲ばかりが揃っている。アンバー・マーク「Worth It」をどことなく彷彿とさせるアフロビーツなトラックと、その上を駆け抜ける力強いヴォーカルに惹き込まれる「Good Without You」が白眉だが、透き通るように美しいスロウ「Way Too Much」、90s R&Bな「Lovesick」など、どの曲も聴き応えあり。　川口

# Time

## Sincere

2022 | monogram

近年の国内R&Bは多様なルーツを持つシンガーが散見されるが、Sincereもそのひとり。アジアと欧米の血をひき、本作でもVivaOlaやNenashiなど豊富なバックグラウンドを持つ表現者と組むことで無国籍な魅力を放つ。音楽性はボーダレスでジャンルを横断しつつも、類いまれな歌唱で一束にまとめていく才能がすばらしい。「Miss the Light」の4つ打ちや「Reminder」「You're Always Right」のダンスホールなテイストなど、これだけ多様なビートをエレガントに収斂させる能力はさすがだ。様々なR&Bイベントにも出演、今後の活躍に期待が高まる。　つや

## Tokyo State Of Mind
### Kan Sano
2022 | origami PRODUCTIONS

ジャズ系鍵盤奏者として出発したKan Sanoが大きくポップスに寄せた2022年作。韓国ユニットのdosiiやともさかりえも参加しており、Kan Sanoのプロデューサー／ポップス職人としての手腕が冴え渡っている。結果的に同時代のシティポップとして受け入れられたが、4つ打ちありネオソウル風ありとサウンドはかなり多彩である。とくに表題曲「Tokyo State Of Mind」は、ダニー・ハサウェイのような温かみのあるソウル音楽を現代的に響かせたような名曲だ。フィッシュマンズ「いかれたBaby」のエレクトロニカ風のカヴァーやドラマ主題歌としても人気の「Natsume」など収録。　矢野

## The Neighborhood
### Michael Kaneko
2022 | origami PRODUCTIONS

origami PRODUCTIONS所属のシンガーソングライターのセカンド作。ジャンルレスなアーティストをフィーチャーしたコラボアルバムとなっているが、甘く危険なふたりのヴォーカルに聴き惚れる、さかいゆう参加の大人な80sブギー「SANDIE」がR&Bファン的にはたまらない。デビュー前に作っていたというアコースティック・チューン「Through The Fire」、同じorigami所属のShingo Suzukiの手によってよりフューチャリスティックなナンバーに生まれ変わった（Daichi Yamamotoのラップも最高！）「Breakdown - Shingo Suzuki Remix」も文句なしのカッコよさ。　川口

## Déjàvu
### TOGITO
2022 | MIYA TERRACE

TOGITOは、MICHAELAを中心とするいまだ謎多きコレクティヴだった。アート＆ヒールミュージックを標榜し、近年の国内シーンで最もオルタナティヴな存在でありながら、23年に活動休止。デビュー作『P・O・N』ではインディロックを基軸にポエトリーを織り交ぜるアヴァンギャルドな路線だったが、本作ではR&Bを中心に据えることで音楽性は洗練へと向かう。トリップホップ的なダビーでエレガントな手つきはUKの影響を感じるが、次作『9.』ではより一層のR&B純度を高める方向へ。MICHAELAはソロシンガーとして活動を続けている。　つや

## MULTIVERSE
### D.Y.T
2022 | d.y.t

千田耀太と菅野陽太によるヴォーカル・ユニットのファースト。よくぞここまで揃えたと驚いてしまうような、現行シーンの最前線を張るクリエイターがズラリ。A.G.O、Gimgigam、Mori Zentaro、MATZ、uinといったプロデューサーに加え、YonYon、lo-key design、KAHOH、Sincereなど客演も隙がなく、ラップも挿し込み多種多様なビートのウェイヴに乗るスムースな芸当にうっとり。なかでも「Dice of the devil」をはじめ、KMによる曲群はさすがの立体感と癖のあるテクスチャを誇っており、Lil' Leise But Goldの傑作『喧騒幻想』と双璧をなす彼のR&Bベスト・ワークス。　つや

## Inner Ocean
### さらさ

2022 | ASTERI

デビュー1年でフジロックに出演するなど、注目を集める湘南出身のシンガーソングライター。このファースト・フルアルバムは、音数少なめの控えめなトラックの上で静かに一言一言を紡ぎだしたような曲が集まっているが、それがかえって言葉をダイレクトに伝えてきてとても良い。なにより憂いを帯びた彼女のヴォーカルが本当にすばらしく、声の存在感だけで終始圧倒されてしまう。ネオソウルな「退屈」、名古屋のクルー「D.R.C.」所属のラッパー、NEIの繊細なラップとの融合にも痺れる「Blue」等に加え、DJ Mitsu The Beatsや Olive Oilによるリミックスも収録。　川口

## You Were Wrong
### reina

2023 | w.a.u

20年代国内R&Bシーン最大の潮流といえばコレクティヴ兼レーベル〈w.a.u〉の始動であり、いま台風の目となりつつあるその勢いが決定的になったのは間違いなく本作のリリースがきっかけだった。本人を捉えるラフなアートワークからして完璧だが、その感覚は音楽にも反映されている。90年代の国内R&Bをストリート感覚あふれるタッチで表現し当時へのオマージュも交えつつ、J-POP的なメロディを上質なクラブミュージック・サウンドとして展開する様が面白い。リヴァイヴァルが最先端であるという、20年代的なR&Bの最前線がここにある。　つや

## Rojo
### Lil Summer

2023 | FREESTYLE

期待の新星。地元・福岡でDJからキャリアをスタートさせたのち徐々に歌いはじめた彼女は、EBISU BATICAでのR&Bパーティー「Floating」にも登場するなど熱視線を浴びながら、ついに本作でアルバムデビュー。1曲目のイントロから抜群のムード演出でどこか古典的な魅力が充満しているが、それもそのはず、彼女が最も影響を受けていると語るのはエリカ・バドゥやディアンジェロといった90年代ネオソウル。懐深い表現力と確かな素養が感じられるため今後オルタナティヴな色を強めていく可能性もあるし、そちらも間違いなくフィットするはず。　つや

## Sea of Love
### Yo-Sea

2023 | AOTL

宇多田ヒカル「Too Proud（Remix）feat. Yo-Sea」を手がけたり、STUTS「Pretenders」をはじめ多くのアーティストとコラボしたりと、すでにその実力は折り紙つきのシンガーソングライター。沖縄出身。このファースト・フルアルバムでも柔らかくジェントルな歌声は健在で、多くのアーティストからラヴコールを受けるのも当然だと思ってしまう。マット・キャブが手がけたアーバン・ポップ「Moonlight」、Daichi Yamamotoをフィーチャーした優美なアフロビーツ「Nana」など、彼の歌声を活かしたメロウな曲が満載。ほかにKANDYTOWNのNeetz&Gottz、C.O.S.A.などが参加。　川口

# 多才／多彩な音楽家・小袋成彬入門

○文——川口真紀

ケンドリック・ラマー、サイマンデ、ボビー・ライト、ドクター・フック、スティーヴィー・ワンダー、サンデー・サーヴィス・クワイア、ロッキ・テラ、松任谷由実……小袋成彬（おぶくろなりあき）のジャパン・ツアーの東京公演（2021年7月15日＠恵比寿リキッドルーム）に足を運んだ際に、彼がDJでかけていた曲のごく一部である。このときは1時間20分ほどのDJだったが、ヒップホップ、ソウルからロック、アフロ・ファンク、歌謡曲に至るまで、ジャンルを超越した様々な曲を次々とかけていて、この人は本当に「枠」とか「壁」といったものがない人なんだぁとつくづく思ったものだ。もちろん彼のほかにもオールジャンルのDJはたくさんいるけれど、彼の場合そこに知性を感じるというか、センスを感じるというか。それは一朝一夕で培われるものではないし、彼の豊かな音楽人生が透けて見えるようなDJに、ただただ楽しく聴き入ったのだった。このDJのあとに行われたライヴでも、「9割ポカンだと思うけど、1割に届けばいい。あなたたちは1割側の人たちだと思うから」という印象的なMCに続いてロイ・デイヴィス Jr. ＆ペバン・エヴェレット「Gabriel」とSWV「Rain」のカヴァーを披露していて、シカゴ・ハウスとR&Bという組み合わせの妙に唸ったものだ。そりゃあ、彼の音楽は独特で多層的なものになるよなぁと妙に感心してしまった次第である。

## ◎レディオヘッド、バッハ、三島、川端——豊かなサウンドの源泉

1991年4月30日生まれ、埼玉県出身の小袋成彬。2013年にR&BユニットN.O.R.K.を結成し、ヴォーカルを担当。N.O.R.K.解散の前年、2014年にはYaffleこと小島裕規らと共に音楽レーベル「Tokyo Recordings」（現TOKA）を設立。OKAMOTO'S、adieu（上白石萌歌）、水曜日のカンパネラなどの作品を手がけていく。そのなかでも彼の名を一躍有名にしたのが、宇多田ヒカル「ともだち」（2016年のアルバム『Fantôme』収録）へのゲストヴォーカルとしての参加だろう。あの宇多田に見初められたという事実だけで、彼の才能を証明するに十分すぎる説得力があるが、実はこの頃はまだほかの仕事もやっていたというのだから驚く。かつて筆者が行なったインタヴューで

「(レーベル立ち上げの)最初は緩いもんでしたけどね。他でも働いてましたし、何か勝負にこだわってた感じでもなかった。レーベルが法人になって1期目が終わったタイミングで、勤めていた会社を辞めました。宇多田さんのアルバムに参加するのが解禁された日と、レーベルの2期目の初日と、会社を辞めた日が全部同じだったんです」(「ミュージック・マガジン」2018年5月号)と語っており、彼の堅実な性格がよくわかると同時に、宇多田作品への参加が彼の音楽制作、とりわけシンガーとしての意欲を一層引き上げるきっかけとなったであろうということがうかがえる。

そして宇多田ヒカルプロデュースのもと、2018年4月にデビューアルバム『分離派の夏』をリリース。作品の詳しい解説は矢野利裕さんによるレヴュー(P.168)をご覧になっていただきたいが、フランク・オーシャン以降のアンビエントな音響のみならず、ロックやフォーク、クラシックからの影響もうかがえるようなサウンドは非常に多層的かつ芳醇、まさに唯一無二。先述のインタヴューによると、「アトムス・フォー・ピース、レディオヘッドから、バッハ、モーリス・ラヴェル、ヤニス・クセナキスまで、様々な音楽を聴き吸収し、今作に昇華していった」そうで、結果この豊かなサウンドが生まれたわけである。また、彼は読書家であることでも知られるが(とりわけヘルマン・ヘッセ、三島由紀夫、川端康成[図1]などが好きだそうだ)、読書量が裏づける文学的な歌詞も彼の魅力のひとつ。デビューアルバムも友人の死、妹の結婚、失恋といった非常にパーソナルな主題を"僕"または"僕と君"という視点で描いた作品となっており、想像力を掻き立てるようなシネマティックな世界観は圧巻としか言いようがない。そんな歌詞をファルセットと地声が行き来する生々しいヴォーカルで歌いあげる様もエモーショナルで、ただただ美しい。宇多田ヒカルをして「この人の声を世に送り出す手助けをしなきゃいけない」と言わしめた才能はやはり半端ではなかったのである。

**図1**

『分離派の夏』作中でも言及される
川端康成『伊豆の踊り子』(新潮文庫)

## ◉尖鋭だけどポップな音楽

彼のこれらの魅力は、その後リリースされた2枚のアルバム、2019年のセカンド『Piercing』、2021年のサード『Strides』でも同様、否、さらに多角的に広がっていく。2019年にイギリスに移住し作りあげた『Piercing』(P.176の筆者によるレヴューも参照)、温かくボトムの太

いサウンドにポップなメロディが乗った「Butter」をはじめ、内省的だった前2作と比べて外向きな仕上がりとなっている『Strides』、どちらもすばらしい作品であることは間違いない。また、『Strides』はのちにリミックス盤[図2]もリリース。KOHEI JAPANをフィーチャーしたHugo LXによる「Work」のリミックス(Hugo LXがKOHEI JAPANのアルバム『The Adventures of KOHEI JAPAN』を小袋に勧めたそうだ。わかってらっしゃる!)をはじめ、インド生まれ、ブルックリン在住のプロデューサー／シンガーのジタム、ワシントンDCのシンガーソングライター／プロデューサー、ドリームキャストモエ、ロンドンのDJ&プロデューサー、ハラウェイ、ブルックリン生まれ、神戸出身のラッパー、キアノ・ジョーンズ、ジャズピアニストのグレン・ザレスキー、日本人ビートメイカー、dhrmaにお馴染みOMSB、自身もDJクルーの一員として参加しているロンドンのリイシュー・レーベル「Melodies International」よりSeiji Onoと、小袋でなければ実現しなかったであろう、国もジャンルも超越した才気煥発な面々が集結し、ハウスあり、アフロあり、トラップあり、ジャズありの、とんでもなくヴァラエティに富んだ(なんて陳腐な表現!)リミックス作品集となっている。こちらも必聴だ。

『Strides』リリース後は日本とイギリスを行き来してのライヴやDJ活動に加え、プロデューサーやレーベルオーナーとしての仕事が目立つ。宇多田ヒカル『BADモード』で5曲をプロデュースしたほか、「Uniqlo and Mame Kurogouchi 2022年春夏コレクション・コンセプトムーヴィー」への楽曲提供、DAOKO & Yohei Igarashi「escape」(EP『MAD』収録)や、フジテレビ系月9ドラマ『ONE DAY~聖夜のから騒ぎ~』主題歌であるMina Okabe「Flashback (feat. Daichi Yamamoto)」のプロデュースを担当。レーベルオーナーとしては、ベルギー発のエレクトロ・ポップ・デュオ、AILI『Dansu EP (Japan Edition)』や、長岡亮介率いる3ピース・バンド、ペトロールズの人気曲をコンパイルしたアルバム『反乱射』をTOKAからリリースしている(後者はディアンジェロ『Voodoo』を手がけたラッセル・エレヴァードがミキシングを担当している)。前身番組から長年続いているラジオ番組『FLIP SIDE PLANET』(J-WAVE)での彼のセレクターとしての知識とセンスも比類のないものであるし(Spotifyの番組プレイリストをぜひ聴いていただきたい)、同番組が2023年渋谷PARCOの館内BGMを担当したりもしている。まさに八面六臂の大活躍。仕事内容ですら彼

図2

小袋の幅広い音楽的嗜好が反映された
『Strides Remixes』

の音楽性を表すかのようなクロスオーヴァーっぷりだが、しかしすべてに共通しているのは、尖鋭だけどポップでもあるということ。そして彼の深い音楽知識とセンスに溢れた〈カッコいいもの〉を提供しているということ。そこに損得勘定はない。その無骨なまでの姿勢が本当にカッコいい。

　自身のオリジナルアルバムとしては2024年初頭時点で『Strides』に続くものはまだ出ていないが、焦ることもないだろう。そのうちとんでもないブツを出してくれるだろうから。これまでの多彩な小袋ワークスを楽しみながら、来たるべきその日を待ちたいと思う。

○文──**矢野利裕**

# 日本における オルタナティヴ R&Bの水脈

**内省的でアーティスティックな音楽として**

2010年代前半、フランク・オーシャンやザ・ウィークエンド、ジ・インターネットといった新世代のアーティストたちが、"オルタナティヴR&B"という言葉と共に紹介されるようになった。アンビエントなサウンドと共に内省的な雰囲気が抱えられつつ、背後では重いバスドラムや細かいハイハットに特徴づけられたビートが響く。そんな従来のR&Bとは異なるトラップ以降のセンスを持つアーティストたちが、オルタナティヴR&Bのプレイヤーとして活躍したのが2010年代という時期だったといえる。他方、2010年代といえば、ディアンジェロの復活もあってネオソウルが大きく注目されるようになった時期でもある。この時期におけるネオソウルの復権には、ロバート・グラスパーをはじめとするジャズミュージシャンの活躍も大きく関わっている。2000年代にソウルクエリアンズが示したネオソウルのサウンドは、とりわけ2010年代のジャズシーンにおいて追求されたところがある。

　以上、大まかなふたつの流れが互いに影響を与えながら、2010年代の"オルタナティヴR&B"と呼ばれるシーンは形成されていく。そして日本でも、そんなアメリカを中心に起こったムーヴメントと呼応するように、2010年代に新しい時代のR&Bが鳴り響くようになる。以下、日本におけるオルタナティヴR&Bについて書きたい。

## ◉アンビエント〜ポスト・ダブステップ系の流れ

小袋 成彬と國本怜によるユニット、N.O.R.K. が2014年にリリースした『ADSR』は、比較的早いオルタナティヴR&B的な試みのひとつだろう。シンセベースを基調とした重く暗いサウンドに美しいストリングスが挿入されるトラックとリヴァーブがかったヴォーカルは、従来的なR&Bのイメージと大きく異なるものだった。また、ほぼ同時期の2015年には、エレクトロ系ヒップホップ・ユニットの

Fragment主宰レーベル〈術ノ穴〉に所属していたCity Your Cityが、デビュー曲「choice」をリリースする。「choice」はEDM〜ダブステップ系のサウンドにヴォーカルを乗せた見事なオルタナティヴR&Bであり、その志向はアルバム『N/S』（2017）において全面展開される。そんななか、2016年にはyahyelがファーストアルバム『Flesh and Blood』[図1]をリリース。ジェイムス・ブレイクのようなポスト・ダブステップ的ともいえるサウンドとヴォーカルが話題となった。2010年代のオルタナティヴR&Bと呼ばれるムーヴメントが、ジェイムス・ブレイク『James Blake』（2011）[図2]におけるアンビエントな音響に少なからず影響を受けているとすれば、日本におけるその筆頭はyahyelだったといえるだろう。そんなyahyelは2018年リリースの『Human』において、『Flesh and Blood』以上にダークで静謐なサウンドを披露する。それは、アルカのアヴァンギャルドながらも美しいサウンドを想起させるものであり、さらにいえば、アルカがプロデュースしたFKAツイッグスなどの音楽と同時代性を有していた。この時期になると、オルタナティヴR&B的なアンビエントな響きのサウンドはメジャーのフィールドでも見られるようになる。三浦大知の2018年のアルバム『球体』は、その内省的でアンビエントなサウンドが多くの音楽ファンに驚かれた。『球体』収録の「淡水魚」「綴化」などは、完全にyahyelの試みと共振しているといえる。このような2010年代の流れの総決算ともいえるようなかたちで、2022年、宇多田ヒカルが『BADモード』をリリースする。先行シングルの「誰にも言わない」「君に夢中」などをはじめアンビエントな音響を基調にしつつ、さらに全編にわたってかなり重いベース音が鳴っている本作は、日本における堂々たるオルタナティヴR&Bの傑作である。

yahyel
『Flesh and Blood』

ジェイムス・ブレイク
『James Blake』

## ◉ネオソウル系の流れ

2010年代は一方で、上記のアンビエント系の流れと一部共振しながらネオソウル系のR&Bが台頭する時代でもある。2000年代初頭、渋谷・池袋でのライヴセッションのシーンにおいて、日本におけるネオソウル〜クラブジャズのシーンが形成されはじめる。Shingo Suzuki、mabanua、関口シンゴからなるOvallは、まさにそのよう

図3
Ovall
『DON'T CARE WHO KNOWS THAT』

なシーンから登場したバンドだ。2010年リリースの
ファーストアルバム『DON'T CARE WHO KNOWS
THAT』［図3］は、ソウルクエリアンズの存在を見すえつ
つ、ジャズ側からネオソウルにアプローチした作品で
ある。このような発想は現在ではあたりまえに思える
かもしれないが、この時期、いわゆるクラブジャズと
も異なるバンド形態のネオソウルはほとんど唯一無二
だった。日本におけるネオソウルについて語るとき、
『DON'T CARE WHO KNOWS THAT』はその先駆性に
おいて重要な作品だといえる。Ovallの面々やKan
Sanoらを擁するorigami PRODUCTIONSはその後、
ジャズとR&B・ヒップホップのシーンにまたがりながら、日本のネ
オソウル系の中心プレイヤーとなっていく。

　2010年代のネオソウル系にとって重要だったのは、2012年リ
リースのロバート・グラスパー・エクスペリメント『Black Radio』およ
び、2014年末にリリースされたディアンジェロ『Black Messiah』
というふたつの傑作である。両者に共通するのは、ソウルクエリア
ンズの一員でもあるDJ・プロデューサー、J・ディラが示したいわ
ゆる"ヨレた"ビート感覚が生ドラムで再現されていることだ。その
立役者となっているのは、両者の作品に関わっているドラマーのク
リス・デイヴである。

　これらロバート・グラスパー・エクスペリメントとディアンジェ
ロが与えたインパクトによって、2010年代後半、いかにJ・ディラ
的なグルーヴを出すか、いかにクリス・デイヴのようなドラムを叩
くか、といった問題意識が一部のシーンで共有されることになる(そ
れは同時に、Ovallの先駆性が認識されるということでもあった)。わかり
やすいところでは、2015年リリースのWONK『Sphere』が『Black
Radio』のサウンドにいち早く反応した作品だった。ほかにもジャズ
界隈では、origami PRODUCTIONS所属のKan Sanoが2019年にネ
オソウル的なヨレたビート感とコーラスワークを追求した『Ghost
Notes』をリリース。フライング・ロータスなど同時代のオルタナ
ティヴなジャズからの影響も感じさせつつ、「Horns Break」などの
曲では、楽しむように軽やかにネオソウルをシミュレートしてみせ
た。このように2010年代後半以降、ネオソウル的なサウンドが存
在感を増していく。2020年代には、origami PRODUCTIONSの面々
とも交流の深いバンド、Yasei Collectiveでキーボードを弾いていた
別所和洋が、「パジャマなんかで海に行かない」というユニットにお
いてネオソウルのサウンドを独自に追求している。

もっとも、こうしたネオソウルの影響は、ヒップホップ・R&Bやジャズのシーンにかぎったことではない。むしろ必ずしもブラックミュージックをアイデンティティとしないバンドやアーティストがネオソウルの方法論を参照したことが、2010年代の日本の音楽シーンにおけるいち傾向だったといえる。たとえば、ディアンジェロ復活からほどないタイミングでリリースされたcero『Obscure Ride』(2015)は、それまでのシティミュージック的なイメージとは打って変わってネオソウルを意識した音楽を披露し、ファンを驚かせた。そのほか、ディアンジェロを意識しつつゆらぎのあるビート感と多重コーラスを聴かせた入江陽『仕事』(2015)や、それまで抱かれていたレゲエ／ダブのイメージを刷新するようなTAMTAMの『NEWPOSEY』(2016)、『Modernluv』(2018)におけるグルーヴの試みもあった。ネオソウル的なサウンドを見事にポップスに昇華した例として、ここにモノンクル『RELOADING CITY』(2018)を加えてもいいだろう。2020年代に差しかかる頃には、インディロックからもっとメジャーなJ-POPのシーンにおいてまで、ネオソウルの影響を間接的なかたちで感じさせるゆったりとしたドラムのリズムが多く聴かれた。

## ◉内省化するR&Bとして

　ここまでアンビエント系／ネオソウル系のふたつの流れに大別して述べてきたが、冒頭でも触れたように、両者は互いに影響を与えあっており明確に区別されるものではない。SIRUP、藤井風、向谷太一、iri、TENDREといった新しい時代のR&Bアーティストは、それぞれの潮流を自分のなかに上手に取り込むことで個性を獲得しているといえる。たとえば、2019年リリースのSIRUP『FEEL GOOD』に収録された「Slow Dance」は、アメリカのトレンドを取り入れるようにアンビエントな音響を強調しつつも、そのビート感とヴォーカルのあり方はネオソウル的である。あるいは小袋成彬『分離派の夏』(2018)も、全体的にアンビエントな感触が抱えられている一方、「E. Orimavesi」ではドラムにクリス・デイヴを迎えるなど、ネオソウルの文脈を強く踏まえてもいる。もっともここには、宇多田ヒカルが『初恋』でクリス・デイヴを起用した流れもあるのだろう。いずれにせよ、アンビエント系とネオソウル系は互いに共振しながら同時代のシーンを形成している。

　では、あらためて2010年代のオルタナティヴR&Bとはなんだったのか。ネオソウル系とアンビエント系に共通するのは、内省的であること、あるいは、シンガーソングライター的であることである。

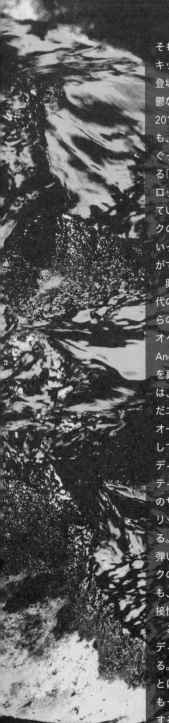

そもそもオルタナティヴR&Bの暗く重いサウンドは、ドレイクやキッド・カディなど内省的なラップミュージック以降のものとして登場している。90年代とは異なり、インディロックのように暗く陰鬱な内面を歌う形式としてヒップホップやR&Bが再発見されたのが2010年代だともいえるだろう。サウンド的にもアティテュード的にも、この時期、ヒップホップ／R&Bとインディロックとの距離はぐっと近くなった。実際、"オルタナティヴR&B"という名称における「オルタナティヴ」という言葉には、明らかに"オルタナティヴ・ロック"における内省的で暗く重いサウンドのニュアンスが込められている。City Your CityやyahyelのサウンドもＷ、ジェイムス・ブレイクのサウンドがそうであるように、レディオヘッドやビョークといったオルタナティヴ・ロック〜エレクトロニカの延長で聴くことができる。

　興味深いことに、ロバート・グラスパーをはじめとする新しい世代のジャズミュージシャンもしばしばレディオヘッドやビョークからの影響を公言しており、たとえばロバート・グラスパーはレディオヘッドの「Reckoner」を、ブラッド・メルドーは「Paranoid Android」をそれぞれカヴァーしてもいる。また、ネオソウルの系譜を真正面から担っていたジャズヴォーカリストのホセ・ジェイムズは、『While You Were Sleeping』(2014)でインディロック的な歪んだエレクトリックギターのサウンドを取り入れ、結果的にフランク・オーシャンやジェイムス・ブレイクにも通じるフィーリングを獲得している。加えていえば、ディアンジェロ『Black Messiah』でもインディロック的なエレクトリックギターが鳴らされている。オルタナティヴR&Bにおいては、しばしばこのような内向きな歪んだギターのサウンドが鳴らされていたが、日本においてこのようなエレクトリックギターの感触を取り入れていたのは、小袋成彬だったといえる。あるいは、吉田ヨウヘイおよび吉田ヨウヘイ groupでギターを弾いていた西田修大などは、かなり意識的にオルタナティヴ・ロックの側からジャズやR&Bのサウンドにアプローチしていた。いずれも、2010年代におけるブラックミュージックとインディロックの近接性を示す試みだ。

　このように2010年代においては、ネオソウル系においてもインディロックのように内省的でメランコリーな感触は抱えられている。振り返ってみれば、そもそも90年代〜2000年代のネオソウルとは、メインストリームで商業化していくR&Bシーンに対して、もっとアーティスティックでシンガーソングライター的であろうとするムーヴメントでもあった。そのとき参照されたのは、マーヴィ

ン・ゲイやカーティス・メイフィールドなど日本では"ニューソウ
ル"と呼ばれるシンガーソングライター化したソウルシンガーたち
だった。その意味では、1990年代から現在に至るまでネオソウルの
根本的な精神は変わっていないともいえる。

　オルタナティヴR&Bと呼ばれるムーヴメントの根底には、このよ
うな内省的でシンガーソングライター的な態度がある。その淵源に
いるのは、たとえばジェイムス・ブレイクもカヴァーしているジョ
ニ・ミッチェルや、あるいはブラッド・メルドーが関心を寄せるニッ
ク・ドレイクのような存在だろう。美しく静謐なサウンドと共にメ
ランコリーが抱えられた内面を歌いあげること。ジョニ・ミッチェ
ル、ニック・ドレイク、レディオヘッド、ビョーク、そこに一時期
のマーヴィン・ゲイなんかを入れてもいいかもしれない。そして、
フランク・オーシャン、ジェイムス・ブレイク、ディアンジェロ
──。内省的なシンガーソングライターやバンドによる"オルタナ
ティヴ"な音楽は、これまでもジャンルを超えて存在している。その
ような音楽の現代的なかたちとして、オルタナティヴR&Bはある。
では、そんな内省的でアーティスティックなシンガーソングライ
ターが日本にいるかと問われれば、それはやはり宇多田ヒカルにな
るのだろう。宇多田ヒカルの暗く陰鬱とした魅力は、日本において
ほとんど唯一無二である。だとすれば宇多田ヒカルの本領は、2010
年代のオルタナティヴR&Bのムーヴメントによっていよいよ発揮さ
れたといえるのかもしれない。あらためて、『BADモード』がオルタ
ナティヴR&Bの傑作たるゆえんである。

# We ♡ R&B!

## シンガー・aimiインタヴュー

○聞き手＝＝川口真紀&つやちゃん

R&Bは癒やしの音楽——そう話すのは、2020年のデビュー以来、次代を担う新進シンガーとして歌声を響かせるかたわら、R&Bイベント「STAY READY」を主催し国内シーンの活性化にも尽力するaimi（アイミ）。新たな潮流のただなかで曲作りを行う実作者の視点から、そして華やかなりし"キラキラR&B"を入り口にしてその虜となった愛好者の立場から、汲めども尽きないR&Bの魅力について存分に語ってもらった。

——R&Bとの出会いから教えてください。

ケーブルテレビが我が家に入ったのをきっかけにMTVをよく見るようになり、2000年代のいわゆる"キラキラR&B"をたくさん聴くことができたんです。そのときに面白いなと思ったのが最初ですね。それから近所のTSUTAYAでコンピレーション・アルバムを借りて聴いたりして、どんどんハマっていきました。

——具体的なアーティストで言うと？

当時はデスティニーズ・チャイルド  の全盛期でした。ほかにはアシャンティ、クリスティーナ・ミリアン、クリスティーナ・アギレラ、ジェニファー・ロペス、アリシア・キーズ、TLC……。やっぱりコンピに収録されているような、日本でも人気のあった人たちが自分のR&B遍歴のルーツになっている気がします。

——R&Bのどこに惹かれたのですか？

ミュージックヴィデオから入ったので、まずはヴィジュアルの華やかさでしたね。"歌って踊れる実力派アーティスト"みたいな佇まいにも惹かれました。あと私、R&Bを好きになる前の小学生の頃はディスコとかファンクを聴いてたんですよ。

——それはまた早熟な小学生ですね

図1 aimiが当時好んで聴いていたデスティニーズ・チャイルドの99年作『The Writing's on the Wall』

学校の同級生はみんなモーニング娘。に夢中でしたけど（笑）、私はジェイムス・ブラウンとか、アース・ウィンド＆ファイア、シック、ジャクソン5、スティーヴィー・ワンダーを聴いていました。R&Bには当然ながらソウルやファンクのエッセンスもすごく感じられるから、自然と自分も馴染めたのだと思います。

——ソウルやファンクを聴いていたのはご両親の影響ですか？

そうですね。オムニバスのアルバムを母親が借りてきて、それを一緒に聴いたり。小学生のときはラジオで耳にしたJBの曲が大好きで、カセットに録音したものを何度もリピートしていました。

——そこからずっとR&B一色ですか？

R&BがEDMやクラブミュージックにガツンと寄った時期があったじゃないですか。その頃ちょっとだけR&Bに飽きてしまい、

掘らなくなっちゃったんです。90年代とか
2000年代初頭R&Bが好きだったファン
のなかには、ニーヨ、クリス・ブラウン、
アッシャーなどがポップス方面に行ったタ
イミングに離れる人も多かったと思うんで
すが、私もちょうどイギリスに留学してい
たタイミングだったので、インディロック
を聴いたり、アデルやサム・スミス、ジェ
シー・ウェアといった、ホワイト・ブルー
スと呼ばれるようなポップスを聴いていま
した。自分でも当時ギターでアコース
ティックなポップスを作って、弾き語りも
やっていました。

———再びR&Bを聴くようになった契機は?

aimi としてデビューする前にプロデュー
サーのShingo.Sさんから「今のR&Bはあな
たの人間性にすごく合うと思うし、スタイ
ル的にももう組み込まれているから、やっ
てみたらどう?」と言われたのがきっかけ
ですね。そこからR&Bを掘り返してみた
ら、もう浦島太郎状態(笑)。「R&Bってこん
なに面白くなってるの?」って。

### ◉浮遊する歌声

———フランク・オーシャンやウィークエンドと
いった、いわゆるオルタナティヴR&Bの代表的
なアーティストは聴いていましたか?

フランク・オーシャンの「Thinkin Bout
You」とか、ウィークエンドの「Can't Feel
My Face」は好きでしたが、R&Bというより
もポップスとして私は聴いていました。当
時は尖ってるなあという印象がありました
ね。

———わかります。だから私もウィークエンドの
ミックステープ三部作やジェイムス・ブレイク
など、最初はスンナリ受け入れられなかったん
ですよ。先鋭的すぎて。でも徐々に慣れ親しん
でいきましたけどね。アリーヤのセカンド

図2 ティンバランド
やミッシー・エリオッ
トらを制作陣に招い
た斬新なサウンドが
話題を呼んだ『One
in a Million』

『One in a Million』(1996)図2のティンバラ
ンドのプロダクションに「なんだこれは?」と戸
惑ったけれど、今となってはなんの抵抗もなく
聴けてしまうのと一緒です(笑)。

たしかに、新しいものを創るということは
すなわち破壊と再生の繰り返しというか。
尖っていたものがそのうちメインストリー
ムになっていったり。

———ですね。その「尖ってる」というのも特徴
のひとつだと思いますが、aimiさんが考えるオ
ルタナティヴR&Bはどういうものですか?

そうですね……私、いちばん好きなR&Bク
イーンって誰?と訊かれたらジェネイ・ア
イコって答えているんですけど、今となっ
ては彼女も洗練されたというか、自分のサ
ウンドが固まってきているじゃないです
か。けど『Sail Out』(2013)や『Souled Out』
(14)を聴き返してみると、とてもハイブ
リッドなんですよね。だから私がオルタナ
ティヴR&Bを一言で表すなら、ハイブリッ
ドかなあ。色んなものと掛け合わさって、
新しいウェイヴが出来ているということが
オルタナティヴR&Bにとって重要な要素で
ある気がします。

———そうですね。トラップもロックもエレクト
ロも取り入れたハイブリッドなサウンドはオル
タナティヴR&Bの魅力だと思います。けれど最
近はどのジャンルの音楽でもハイブリッドがひ
とつのテーマになっているようにも感じます。
たとえば〈歌〉に関して、オルタナティヴR&Bと
従来のR&Bを比べたときに歌い方に何か違いを

感じますか?

めちゃくちゃ感じますね。やっぱりR&Bには脈々と続いているものが確実にあると思うんですよ。ジャズミン・サリヴァンみたいなゴスペルやブルースを継承する昔ながらの歌い方と今で違うのは、大まかに言って歌唱スタイルとトップライン(主旋律)だと私は思っていて。

──「歌唱スタイル」と「トップライン」。具体的に言うと?

たとえば、メアリー・J・ブライジとかビヨンセのようにビッグヴォーカル、いわゆる歌いあげる系でピッチの当て方も下からしゃくるような(半音または全音下から正しい音程に到達させる歌唱法)、ゴスペルやブルースの伝統を強く感じさせるスタイルがこれまでの王道だったと思うんです。当時はピッチを修正する文化もあまりなかったから、修正されていないより生々しい歌唱があたりまえでした。それが今すごく軽やかなヴォーカルに変わったのは、オートチューンをフラットに満遍なくかけることが多いから。つまりピッチの到達が早いから。修正されたヴォーカルに慣れている若い世代が曲を作ると、自然とピッチの当て方が早くなるということがオルタナティヴR&Bの音に関係している気がします。それに、ああいう軽やかな感じを出そうとすると、トップラインがすごく狭まった音域で作られていくんですよ。

──アーティストならではのお話でとても興味深いです。

さらに言うと、このことはヒップホップの人気とも関係していると思っていて。ラップには基本的に音階がないじゃないですか。そういうものをたくさん聴いてる世代が、今までのようにワイドレンジにフェイク(ピッチやリズムに変化をつけて歌う唱法)を

モリモリに乗せるヴォーカルよりも、ミニマルでシンプルな方向に行きたくなるのはわかる気がします。オルタナティヴR&Bって、歌声が楽器のようになっていますよね。フランク・オーシャンをはじめ、彼から影響を受けているUMIちゃんなどもそうだと思いますし。以前は歌が右からきて、左からもきて、追っかけてきて、みたいにダブルないしトリプルで包み込まれるような音作りが主流だったのに対し、最近はトラックに馴染んだヴォーカルが好まれるから、ミニマルでローカロリーな歌声が浮遊しているようなイメージですね。

ジェネイ・アイコとかH.E.R.は、私がaimiとして活動を始めるときに特に研究したアーティストなんですけど、ふたりとも本来もっと色んな歌い方ができると思うんですよ。ハードめにも歌えるだろうし、実際にH.E.R.は「The Journey」みたいなビッグソングも披露しています。様々なことができるけど、あえてミニマルにしているところがとてもオルタナティヴですよね。ケラーニが『blue water road』(2022)でオーガニックかつ脱力感のある歌を作っているのも然り。彼女って本当は超達者なパフォーマーだから。

──ですよね。ライヴは全然違いますもんね。

私もライヴを観たことがありますけど、「えっ、ブルーノ・マーズ?」みたいな(笑)。でもたとえば「everything」という曲では、ものすごく肩の力が抜けた歌い方をしていたり。それから、これはほかのジャンルについてもいえることですが、制作のための機材やソフトが普及して自宅で"ホンチャンREC"するのもあたりまえとなり、ミックスもマスタリングもシンガー本人やビートメイカーがやることも増えています。そういうDIY精神みたいなものがオル

タナティヴな指向を加速させていて、イン
ディ／メジャーの境目がわからなくなって
きたことも影響したと思うんですよね。

──オルタナティヴR&Bのまた別の特徴とし
て「内省的」がキーワードとしてよく挙がります
けど、それも自分ひとりで作っていることに関
係しているのでしょうか。

もちろんそういう側面もあると思います。
でもライターがコライト（co-write：共作）し
ていることも多いから、あまり関係ないの
かもしれませんね。結構ライターって割り
きっていて、ヴィクトリア・モネやマニー・
ロングといったライター出身者が「ライ
ターとしてスタジオに入ったら自分はアー
ティストのいち代弁者にすぎず、コライ
ト・セッションはセラピーと一緒だよ」と
言ってるのをインタヴュー記事で読んだこ
とがあります。スタジオで色んな話をして
いると、アーティストは"セラピー"中に泣
いちゃうこともあるんですって。そういっ
た現場でのやりとりを基に歌詞を書いてい
るはずなので、ライターはいかに耳を傾け
られるか、そしてアーティストはいかに
オープンになれるかがむちゃくちゃ大事に
なってくるんですよね。

一方でジェネイ・アイコはあまりライ
ターを好まず、基本的に自分で書いていて、
SZAも同じく自身の楽曲に対するオーナー
シップが強い。ベイビーフェイスがSZAの
ために書いた「Snooze」を聴くと、あたかも
自分の日記のように表現できるヴォーカル
とライターのペンワークの絶妙なバランス
で出来ているんだろうなって感じますね。

──フランク・オーシャンのように、自身のア
イデンティティに紐づいたものを作るというの
も大事なポイントだと思います。

そうですね。自分を曝け出すことと内省的
であることは近い気がしますし、やっぱり

SNS時代だからなのか、今はよりリアルな
ものを聴きたがっていて、エンタメ性の高
いものはあまり好まれていない感じがしま
すよね。

──オルタナティヴR&Bには、着飾っていな
いものや癒やしを感じるような作品も多いです。

そう、まさにヒーリング！　私はR&Bとヒー
リングの相性のよさに驚いちゃって、それ
があらためてR&Bにハマった理由でもある
んです。

──ジェネイ・アイコはまさにそうですもんね。

本当に。彼女の音楽に出会ったときは、こ
んなに癒やされるR&Bが存在するなんて！
とめちゃくちゃ嬉しかったんです。それこ
そR&Bアーティストがスタジオ・セッショ
ンのことをセラピューティックと表現する
ゆえんというか、みんなR&Bを通して自分
のことを受け入れたり、過去を手放して未
来に向かっていこうという気持ちになるん
だと思う。

──アンバー・マークも「Three Dimensions
Deep」のコンセプトでそんなことを言っていま
した。

日本ではR&Bというとロマンスのイメージ
がまだ強い印象ですが、H.E.R.がブラック・
ライヴズ・マター運動のなかで発表した「I
Can't Breath」のようなメッセージソングも
あれば、日常の一場面を切り取ったような
歌も増えていて、色恋沙汰で右往左往して
いる人たちについて歌った"煮えとんなぁ"
みたいなドロドロの音楽だけがR&Bという
わけではなくなってきている。

私は「R&B for all」という言葉を常に大切
にしているんですけど、R&Bはすべての世
代のすべての人種のすべてのセクシュアリ
ティの人のものであり、ブラックである必
要はないし、教会に通ってなくてもいい──
そういうふうに今R&Bは進化していて、

そういった多様性が楽曲にも表れていると思っています。

——まさに"オルタナティヴ"ですね。

オルタナティヴR&Bを字面から考えると捉えどころがなさそうですけど、ストーリーで紐解いてみると少しずつ立体感を帯びてくるような気がしますね。

## ⊙世界に波及する新潮流

——aimiさんが最初に出会った頃のキラキラしていたR&Bと、等身大で飾らないオルタナティヴR&Bとのギャップは難なく受け入れられましたか?

アコースティックな音楽を私はやっていたので、あのキラキラR&Bの世界に自分が入っていくのは考えられなかったということもあり、個人的には「めっちゃいいじゃん」と当時思った記憶があります。けどリスナーとしては、ずっとオルタナティヴなものばかりだとやっぱりちょっと物足りなさも感じるわけですよ。元々煌びやかなものに惹かれてR&B好きになったわけだし。だから、「On My Mama」のミュージックヴィデオでゴリゴリに踊ってるヴィクトリア・モネ 図3 を見ると、アガっちゃいます(笑)。

——わかります、わかります。

図3 MVには母の"マミー"モネと娘ヘイゼルもカメオ出演している。収録アルバム『Jaguar II』は2024年のグラミー賞にて最優秀R&Bアルバム賞ほか受賞。Victoria Monét, "Victoria Monét - On My Mama (Official Video)," YouTube(2023/8/15)https://youtu.be/KdJ-Qwu3y4Y

もはやギルティ・プレジャーですよね、ここまでくると(笑)。FLOやノー・ガイダンスの懐かしい感じに興奮したり、XGがデスチャとかTLCみたいな格好で踊っているのを見てもアガってるんで。だから"結局好きやん"っていう。

——つまるところ、オルタナティヴもキラキラR&Bもオーセンティックなものも全部好きなんですよね。

だから日本でも、もっと色んなタイプのR&Bが出てくればなと思ってしまいます。若い世代でもキャリアがある人でもいいし、そうなると日本のR&Bが世界と共鳴するようになるのになあって。

——去年(2023年)世界でもっとも聴かれたアーティストのひとりがSZAですし、もっともライヴ興行を成功させたひとりがビヨンセでした。R&Bにはそれだけの人気があって、ほかのジャンルにもR&Bの要素がある曲が確実に広がっていますけど、ヒップホップと比べるといまいちジャンルとしての盛りあがりが希薄じゃないですか。それがちょっと悔しいんですよね。特に日本はその傾向が顕著で、R&Bっぽいニュアンスの曲はたくさんあってみんな意外と聴いているものの、シーンとしての盛りあがりはいまひとつというのが正直なところです。そしてそれも、オルタナティヴR&Bの影響が少なからずあるのかなと。ある意味で"なんでもあり"になったのは喜ばしいことである反面、輪郭がぼやけすぎて、R&Bってこういう音楽だよね、という共通認識は得づらくなっているような気がするんです。

いやあ、ほんとですね。個人的には今が世界的にR&Bの黄金期だと考えていて、その理由のひとつに、コミュニティごとにタイプの異なるR&Bが生まれている現在の活況があると思っていて。たとえばナイジェリアからテムズやウィズキッド、ヴァンジェ

スが出てきたり、南アフリカのタイラ 図4 みたいにアフロビートやアマピアノを使ってポップスターになるような人が現れたり。K-R&BもK-POPとはまた違うコミュニティをちゃんと作っていて、地域ごとに独自のR&Bが存在するのが本当に面白い。あと、実際のところはわかりませんが、ジャズミン・サリヴァンとかメアリー・JがH.E.R.をフィーチャリングで呼んだり、サマー・ウォーカーとシアラのアトランタ勢がめっちゃハッピーな曲（「Better Thangs」）で共演するなど、世代を超えたコラボレーションをしているのを見るにつけ、アメリカでもR&Bをもっと大きな市場にしたいという想いがあるのかなって感じて。一時期ディディが「R&B is dead」と発言し──どこまで本気だったかはわからないですけど──色んなアーティストが「そんなわけないじゃん」って反論するという一幕がありましたけど、そうやって世代を超えてコラボレーションしたり、H.E.R.が主催する「ライツ・オン・フェスティヴァル」みたいに若い世代が集まってフェスをやったりして、実際に「R&B is not dead」であることを証明してみせましたよね。日本でもそういうことが起きればもっと活気づくでしょうし、そのためにもR&Bシーンを引っ張るスターが必要だと思います。フィメールラッパーといえばAwichでしょ、みたいな。シーンを背負って立つガッツのある人、業界を巻き込むだけのパワーを持った人がいる

と、やっぱり盛りあがりますよね。

──R&Bイベント「STAY READY」を開催されたり、実際aimiさんが日本のR&Bシーンを引っ張っていると思いますよ。

R&Bシーン云々ではなく、作品で見せればいいんだというアーティストの考えも理解できるし、まずは売れることを優先するのもやり方のひとつなので、みんなそれぞれ違っていていいんですけど、全国にいるR&Bパーティーのオーガナイザーや周りの仲間と話していると、葛藤してるなあって感じることが少なくないんですよ。だったら、"なんか吠えてるよ"って思われてもいいから、モヤモヤを感じている人たちのためにも私が声を大にして言おうかなと。声をあげれば賛同してくれる人が出てくるのでは、という想いはありますね。共鳴することがすごく大事だし、それがコミュニティ作りのための第一歩なので。アフリカや韓国が証明している通り、世界のどこにいてもR&Bの新しい波を作ることができると私は思っています。

### aimi ○ アイミ

R&Bアーティスト。日本語と英語を自由にフロウするソングライティング力を活かし、ルーツである90年代・00年代R&Bフレイヴァーをまとった現行サウンドを乗りこなす。2022年にリリースしたサードEP『Chosen One』はiTunes R&B／ソウルチャートで自身2度目となる1位を獲得。日本のR&Bシーンを盛りあげるため自ら立ちあげたイベント「STAY READY」を主催するほか、EMI MARIAやJASMINEとのコラボシングルを連続リリースするなど、国内シーンの可能性を広げるべく同じ志を持つ仲間と精力的に活動する。

# オルタナティヴは王道になる

●文──林剛

一般的にオルタナティヴR&Bとしてイメージされているものが、ドレイク、ザ・ウィークエンド、フランク・オーシャンあたりの流れを汲む音楽やアーティストであることは承知している。インディロック、チルウェイヴ、ベッドルーム・ポップなどに通じるアンビエンスを湛えたサウンドと内省的なリリック。血気迸るゴスペル・シンギングとは異なる繊細でダウナーな歌唱。流行におもねらない独立独歩のアティテュード。近年のグラミー賞で「最優秀プログレッシヴR&Bアルバム」にノミネートされるような音楽とも言い換えられる。10年近く前からのこうした潮流については本書のどこかで解説されていると思うが、今回、「オルタナティヴなR&Bに対して王道のR&Bとは？」というテーマでコラムの依頼をいただいた。だが、2020年代もなかばに差しかかろうとしている現在、2010年代にオルタナティヴR&Bと呼んでいたものはいまやメインストリーム（王道）の一片となり、その境界線は曖昧だ。一時はオルタナティヴR&Bの急先鋒といわれたSZAがR&Bの王道を歩みつづけるベイビーフェイスの力を借りた「Snooze」(2022)でヒットチャートを賑わしている状況を見ても、そうした線引きは不要だと思えるし、明確に区分できるものでもない。結論から言うと、すべての王道はオルタナティヴから始まっているというのが、その答えだ。

　R&Bはオーセンティックなものとプログレッシヴなものが共存しながら進化／発展してきた。ひとりのアーティストのなかでも伝統と革新が分かちがたく結びついていて、どちらかに偏っていても成立しない音楽（ジャンル）だ……と、自分は言いつづけている。いつの時代も王道に対してのオルタナティヴが存在する。ただ、ロックにおけるオルタナティヴ・ロックのように、R&BのサブジャンルとしてオルタナティヴR&Bという言葉が使われはじめたのは2010年代以降のこと。90年代後半にも、その呼称が一部で使われたことがあったが浸透しなかった。ディアンジェロやエリカ・バドゥのようなヒップホップ世代のシンガーがやるソウルミュージック、自作自演型のオーガニックなR&Bがニュー・クラシック・ソウルと称され、のちにそれらをネオソウルと呼ぶまでの間、暫定的にオルタナ

ティヴR&Bと呼んでいたことがあったのだ。当時ヒットチャートの
上位を席巻していたヒップホップ・ソウルやティンバランド系の
R&B、つまり王道への対抗勢力というニュアンスで。だが結局、キ
ダー・マッセンバーグがチコ・デバージの復帰作を出す際に謳った
〈Neo Classic Soul〉という標語をヒントに、日本の音楽雑誌で（レ
ヴューの字数稼ぎのため）簡略化して書いていたネオソウルという言葉
がインタヴューなどを通して本国の関係者に伝播し、胡散臭がられ
ながら定着した。そう思うと、現在オルタナティヴR&Bとされる
アーティストのルーツとしてネオソウルが引きあいに出されるのは、
もっともなことではある。

### ◉ 変わりゆく変わらぬもの

そんなネオソウルも2000年代には王道の一部となった。ニーヨの
ようなポップフィーリングのあるR&B、ダンスホール・レゲエやリ
ル・ジョンのクランクと合体したR&Bがメインスト
リームのシーンを賑わすなか、ネオソウル的な表現で
我が道を歩む才人もいたが、ネオソウルはすでにオル
タナティヴではなくなっていた。そして、2010年代突
入を前に、EDMの狂騒がR&Bに飛び火しはじめた頃、
ダンスミュージックとは逆を行くアンビエントでダウ
ナーなムードをまとめた新たな"オルタナティヴ"が登
場する。エポックメイキングとなった作品は、ヒップ
ホップがR&Bに融解したカニエ・ウェストの『808s &
Heartbreak』(2008)[図1]、アリシア・キーズの『The
Element of Freedom』(2009)[図2]、両作のキーパーソン
であったジェフ・バスカーが関わったドレイクの
『Thank Me Later』(2010)。これらに続いたのがザ・
ウィークエンドで、フランク・オーシャンがダメ押し
するかたちでオルタナティヴR&Bというサブジャンル
が成立。彼らの音楽は、オルタナティヴなエッジを保
持したまま、R&Bの範疇を超えてシンプルにポップス
としても人気を獲得していく。
　特に、ドレイクの懐刀でOVOサウンドの共同設立
者であるノア"40"シェビブを含めたカナダ勢の雑食的
なセンスはR&Bにおける表現の幅を広げた。それ以前
のカナダでオルタナティヴを地で行っていたジャック
ソウルというR&Bユニットのフロントマン、ヘイデン・
ニール(2009年没)が来日した際、その雑食感覚の根源

図1

新たな"オルタナティヴ"に先鞭をつけた
『808s & Heartbreak』

図2

ジェフ・バスカーが4曲を手がける
『The Element of Freedom』

198

がどこにあるのか問うたことがある。いわく「カナダにはアメリカのようなR&B専門のラジオ局がないに等しい。R&Bがかかる局でもロックやポップスが混じってくる。だから、カナダで育つと音楽表現の幅が自然に広がるんだ」と。特に深いことを言っているわけではないが、dvsnやマジッド・ジョーダンらのOVO一派やダニエル・シーザーを含めた後進のカナダ出身者がインディポップ的な表現も打ち出しながら世界的な人気を得ている現在、ヘイデンの発言は幾ばくかの重みを持って響いてくる。

　2010年代以降、オルタナティヴR&Bというサブジャンルが確立されてからは、とかくR&Bのクロスオーヴァー性が強調される。そのため"R&B"よりも、自由で進歩的なイメージがある"オルナタティヴ"という言葉の方に重心が置かれ、"なんでも放り込める自由なスペースとしてのジャンル"といった誤解も生まれつつあるようだ。ただ、多様化という意味では、ディスコ全盛期のソウルもジャンルや人種が入り乱れたカオス状態だったし、マイケル・ジャクソンやプリンスらが活躍した80年代のブラック・コンテンポラリーもポップスやロックなどとの大胆な融合が目立っていた。これまでも幾度となくクロスオーヴァーを繰り返し、オルタナティヴな存在が現れては、その人たちが王道のシーンを作りあげていったのだ。2010年代以降のR&Bがかつてないほど変容していると感じられるなら、それはヒップホップと連動してブラックネスを取り戻しながらメインストリームを席巻した90年代から2000年代初期くらいのR&Bと比較しているからではないか。たしかに以前と比べてR&Bの表現は多彩になり、その選択肢も増えた。だが、表現の幅が広がってもR&Bの本質までは変容していない。まさしく、詩人／作家のアミリ・バラカ（リロイ・ジョーンズ）が言うところの「the changing same（変わりゆく変わらぬもの）」そのものである。

### ◉ヴォーカル表現に宿るR&Bの本領

多くの方にとっては釈迦に説法となるだろうが、そもそもR&Bとは何なのかといえば、基本的には黒人大衆に向けて作られたポップスである。いわば、日本における歌謡曲〜J-POPのブラックコミュニティ版。その呼称はビルボード誌のチャート名に因んで時代ごとに変化してきた。当初は"レイス・ミュージック"という差別的なネーミングだったが、1949年、当時のビルボード誌記者でのちにアトランティック・レコーズの幹部としてレイ・チャールズやアレサ・フランクリンを成功に導くジェリー・ウェクスラーによって"リズム＆ブルース"と命名され、その略称として"R&B"という言葉が広まっ

た。60年代から70年代にはブラック・パワーの高まりを受け、魂の音楽という意味で"ソウル"、80年代には黒人の地位向上と洗練を反映した"ブラック・コンテンポラリー"、そして90年代以降は、リズム＆ブルースの略称ではないが、その歴史や伝統を踏まえた新世代の黒人大衆音楽という意味で"R&B（アール・アンド・ビー）"と呼ばれるようになった。R&Bという呼称は、もう30年以上使われつづけている。裏を返せば、この30年間、多様化したと言われながら、呼称を変えるほどの劇的な革命は起こっていないともいえる。

　リズム＆ブルース時代のレイ・チャールズはゴスペルを世俗のシーンに持ち込んで非難を浴びた異端児で、当時はオルタナティヴな存在だった。結果的にそれがソウルの扉を開くのだが、型破りだったレイの音楽もブルースやゴスペルを基にしていたように、いつの時代も先達や伝統への敬意を失わず、それを立脚点として新しい形にしていくのが現在R&Bと呼ばれている音楽である。オマージュやカヴァーが目立つのもそのせいだ。尖鋭的なフォルムをまとうことがすべてではない。人種差別などの社会問題をテーマにする際に尖鋭的な表現になることもあるが、同時に繊細で内省的でマチュアな表現があり、下半身の疼きを歌にすることもある。

　そしてなにより重要なのは、ヴォーカルが軸にあるものとして奏でられてきた音楽であること。オルタナティヴR&Bという言葉が浸透してからは、DAW（音楽制作ソフト）にプリセットされているようなサウンド・パターンの一種、つまり冒頭で触れたようなムードを持つ音がR&Bの定形として認識されている感もあるが、サウンドは時代や世の中の気分によって変化していくもの。そして、R&Bにおけるサウンドは、誤解を恐れずにいえばヴォーカル表現のためにある。そのヴォーカルにしても様々で、ゴスペルに由来するものがあれば、ヒップホップに由来するものもある。R&Bの歌は必ずしもゴスペルがベースとなっているわけではなく、たとえばチャカ・カーンは今でこそゴスペルを歌うがゴスペルのバックグラウンドを持たない人だし、ジャクイースのように教会育ちでもゴスペルを歌ってこなかった人もいる。聖歌隊の出身者だからそれが王道のR&Bだというわけではないし、その逆もいえる。

　現在、R&Bは世界で最も聴かれている音楽ジャンルとしてヒップホップと並んで挙げられることが多い。ただ、メインストリームのシーンが隅々まで語られるヒップホップに対して、R&Bはどうも分が悪い。手厚く紹介される（日本ではCDが出されることで必然的にメディア露出が増える）のは、ビヨンセのような世界的なスターか、ケレラのようなアンダーグラウンドのカッティングエッジな奇才。そ

の中間層にあたる多くの"主流"アーティストがあまり紹介されていない。ゆえにジャンルとして退化したかのような印象を与えていることも少なくない。2020年にラッパーのヤング・M.A が Twitter（現「X」）で「最近は良い R&B が少なすぎる」と呟き、それに対して 6LACK や PJ モートンらが「今も良い R&B はたくさんある。探そうとしていないだけだ」と反論したことがあった。いずれも R&B を愛するがゆえの発言だが、そうした歯痒さが「R&B is not dead」という叫びに繋がったのではないか。のちに H.E.R. が自身のフェス（ライツ・オン・フェスティヴァル）のスローガンにしたそのフレーズは、自分の記憶では 2018年にエラ・メイが「r&b.」とツイートしたのに対して、カリードが「isn't dead at all haha」とレスしたのが始まりだったと記憶している。ここで言う"R&B の死"とは、黒人の地位向上によってソウルから魂が失われていることを憂いたネルソン・ジョージの著書『リズム＆ブルースの死』(1988)におけるそれとは違い、人々が R&B に向きあおうとしない、見て見ぬふりをしていることに対する危惧だろう。そんな議論に便乗するかのように、自身の R&B レーベル始動に際して「R&B is dead」とあえてジャブをかまし、炎上商法気味に耳目を引こうとしたのがディディである。が、そのディディが 2023年に出したリーダーアルバム『The Love Album: Off the Grid』は、新旧、オルタナティヴも王道も関係なく人気シンガーやクリエイターたちが同じ舞台で自慢の喉や腕を披露した「R&B is not dead」なアルバムで、R&B の王道がなんたるか、つまりオルタナティヴも王道であることを知らしめる内容となっていた。

**図3**

2012年のエッセンス・フェスティヴァルにて、「Ain't Nobody」を歌うチャカ・カーン。筆者撮影

R&Bが死んでいないことは、エッセンス誌が主催するエッセンス・フェスティヴァル［図3］のようなR&Bオリエンテッドなフェスが行われていることからも明らかだ。95年から毎年、米国独立記念日(7/4)に近い週末の3日間ニューオーリンズで行われている同フェスは、ジャズフェスやマルディグラと並ぶ市を挙げての一大イヴェント。観客の99％は黒人。開催期間中は、R&Bとそれにまつわるカルチャーの歴史と、それらがブラックコミュニティでどう共有されてきたかを、まざまざと見せつけられる。そこにはヴェテランや新人、王道やオルタナティヴといった区分はない。R&Bというジャンルが今もコミュニティのなかで息づいていることを実感させられるのみだ。自分もコロナ禍前まで15年間行きつづけたが、フランク・オーシャンやラッキー・デイを育んだ蒸し暑い街で、ガンボやポーボーイを食べながらひたすらR&Bに浸って過ごす時は至福である。と同時にコミュニティの連帯を目の当たりにすると、ただの部外者であることも痛感する。時に感じる閉鎖性にため息をつく瞬間もあるが、まだ本質には迫れていない、もっと理解したいという気持ちが楽しさに繋がっていく。今後もきっと"わかったつもり"のままだが、だからこそR&Bの探究はやめられない。

# Cover art

**hitch** ｜ ヒッチ

京都出身、兵庫育ち、大阪拠点のペ
インター。
リアリスティックな人物・動植物と
いった有機的モチーフを組み合わせ
たスタイルで、これまで巨大な壁画
から小さなキャンバス作品で制作を
続けてきた。コミッションワークと
してはミュージシャンのアートワー
クや、国内外の企業への作品提供・
壁画制作を行う。

@hitch_w9 ｜ whole9.jp

# Outro

# オルタナティヴの
# 時代があらためて
# 教えてくれたこと

文——つやちゃん

「ずっと構想していた書籍のテーマがあるんです」とDU BOOKSの小澤さんから告げられたとき、それが2020年代もなかばにさしかかった今まさに取り組むべき問いであり、私たちの作業がR&Bのみならず現代の社会・文化そのものの本質を照らし出すであろうことに疑いの余地はなかった。なぜなら、R&Bはいま多様性という点ではこれ以上ないほどの隆盛を誇っており、それは間違いなく2010年代初頭から続く流れの延長線上にあると共に、一部のアーティストによる大きなセールス的成功も手伝うことでポップミュージック／ポップカルチャーそのものを規定しているからである。

　ただ、本書の林剛氏による論考『オルタナティヴは王道になる』でも触れられている通り、(特に国内においては)ヒップホップと比較しR&Bは近年その存在感が軽視されてきたのではないか。たとえばトラップは、2010年代においてポップミュージックに大きな影響を与えるまでのムーヴメントとして認識された。それはやはりTR-808系のドラムによる単純明快な構造を有していたからで、低域偏重のミニマルなサウンドは中域〜高域に広い余白を生み、ラップやシンセで自由自在に遊ぶという点で思いもよらないゲーム性を推進した。そのアートフォームはまさしくコンペティションを活性化するための"場"となり、三連符フロウによるリズムの刷新、ロックの導入による異ジャンル折衷、滑舌の実験による声のサウンド化、シンセやエレクトロニック要素の過剰主義などを喚起した——ミーゴス、XXXテンタシオン、リル・ヨッティ、プレイボーイ・カルティ……多くの演者と共に。

　けれども2010年代のオルタナティヴR&Bは、どちらかというとアーティストそれぞれが個人の内省に耳を傾けリヴァービィなサウンドで"ニュアンス"を表すような、抽象性の高い試みを果たしていった。それは、ロックの導入がヒップホップのそれとは異なり、インディロックに軸足を置いたアプローチだった点からもわかる。すなわち、ヒップホッ

プがトラップ的ゲームのなかで白黒つける勝負を競っていた一方で、R&Bは境界をぼかしたうえでむしろ白黒つけないという曖昧(あいまい)さのなかにいたのではないか。だからこそ、その影響力はじわじわと時間をかけることで浸透し、R&Bというジャンルにますます包括性を与え、現在のような広範なヴァリエーションを許容していったのではないか。オルタナティヴR&Bとはいわば他ジャンルのサウンドを吸収する／されるようなスポンジ的役割となり、様々な領域の二項対立を崩し、それこそ"ニュアンス"となってポップミュージック全体に滲(にじ)んでいくかのごとく浸透していったのだと思う。

　その代表がまさしくフランク・オーシャンであり──というのが本書の立場ではあるのだが、実はフランク・オーシャンにザ・ウィークエンド、あるいはそこにケレラやFKAツイッグスといった面々を並べたうえでの史観は、いわゆる日本の洋楽(ロック)ジャーナリズム的な編集感覚かもしれない。もちろんオルタナティヴR&B史を編纂する第一歩としては本書のようなアプローチが必要だと考え取り組んだが、いずれ本書とは異なる新たな価値観も浮上してくるだろうし、そういった議論は今後大いになされるべきだろう。実際、先日R&BアーティストであるVivaOla・藤田織也の両氏と対話していた際、フランク・オーシャンはソングライター出身であるからこそいわゆるオルタナティヴR&Bの本丸とは別軸の系譜に位置しており、むしろその中心に捉えるべき作品はブライソン・ティラーの『ＴＲＡＰＳＯＵＬ』ではないか、という意見も交わされた。ある意味そういった議論が成り立つのは、そろそろ"オルタナティヴR&B"なるものを俯瞰して回顧できるタイミングに来たということでもある。ゆえに、2010年代の実験を基盤にアフロビーツやY2Kなど広い振れ幅でR&Bの定義がまた拡張しつづけている昨今、その視点で見るR&B史というのは、今後も刻一刻と変容していくに違いない。

　小澤さんの「ずっと構想していた書籍のテーマがあるんです」という言葉が私と川口さんに届いた2023年の晩夏、オルタナティヴの時代は一巡し、ヴィクトリア・モネの『JAGUAR II』がリリースされた。王道にしろオルタナティヴにしろ、すべてのR&Bが持つ"変わりゆく変わらぬもの"に思いを馳せながら作品をセレクトし、私たちは深い洞察と愛を備えた然るべき書き手の方たちに声をかけた。本書を読んでいると、シンガーたちの力強く、時にか弱いぼそぼそとした歌声のように、それぞれが内に秘めたR&B愛がじんわりと漏れ出るかたちで伝わってくる。そしていま、R&Bとはやはり愛についての音楽だということを再認識している。恋愛、性愛、自己愛、隣人愛、民族愛、自然への愛、世の中への愛──。この書籍から、たくさんの人が愛を存分に感じてくださることを願って。

# Contributors

## アボかど

1991年生まれ、新潟県出身・在住の音楽ブロガー／ライター。2012年から新譜のレヴューを中心とした音楽ブログ「にんじゃりGang Bang」を運営。専門分野はヒップホップ、特にアメリカのギャングスタ・ラップ。R&Bにも隣接ジャンルとして長く親しんできました。

## 天野龍太郎 ｜ あまの・りゅうたろう

編集者／ライター。1989年、東京生まれ。タワーレコードの音楽メディア「Mikiki」の編集のほか、ライターとしてウェブメディアや雑誌、ディスクガイド本などで音楽やポップカルチャーについて執筆。ラジオやポッドキャストへの出演、トークイベントの司会なども行う。

## 井草七海 ｜ いぐさ・なみ

1991年生まれ、東京都出身。ウェブメディア「TURN」の編集・ライターを経て、現在も同メディアおよび各音楽媒体にて、ディスクレヴューを中心にマイペースに執筆中。昨今はフォーク～ロック～R&Bをまたぐシンガーソングライターなどの担当が多め。

## 奥田翔 ｜ おくだ・しょう

1989年3月2日生まれ。宮城県仙台市出身。2008年、大学入学を機に上京。入会したキックボクシング・ジムでかかっていたBGMをきっかけにR&B／ヒップホップを聴きはじめる。カリード・SZAの国内盤ライナーノーツを担当。趣味は筋トレと瞑想。

## 押野素子 ｜ おしの・もとこ

ワシントンDC近郊（PGカウンティ！）在住の翻訳家。得意分野は音楽と黒人文学／ノンフィクション。訳書に『ミルク・ブラッド・ヒート』（河出書房新社）、『評伝モハメド・アリ』（岩波書店）、『アフロフューチャリズム』（フィルムアート社）など。

## 高久大輝 ｜ たかく・だいき

1993年生まれ、栃木県出身。ライター。音楽メディア「TURN」編集部。ヒップホップを中心に国内外の様々な音楽やその周辺についてテキストを執筆。この本を手にとって、こんな欄まで読んでいる人にはきっと良いことが起こります！Peace!!

## 高橋芳朗 ｜ たかはし・よしあき

音楽ジャーナリスト／ラジオパーソナリティー／選曲家。近著は『マーベル・シネマティック・ユニバース音楽考』（イースト・プレス）、『ディス・イズ・アメリカ「トランプ時代」のポップミュージック』（スモール出版）など。ラジオの出演／選曲は『ジェーン・スー 生活は踊る』『金曜ボイスログ』『アフター6ジャンクション』（すべてTBSラジオ）など。

## 辰巳JUNK ｜ たつみ・じゃんく

音楽や映画など、アメリカの大衆文化について執筆。著書に『アメリカン・セレブリティーズ』（スモール出版）。

## 長谷川町蔵 ｜ はせがわ・まちぞう

東京都町田市出身。映画評論からフィクションまで、色々なものについて文章を書いています。主な著書は『ヤング・アダルトU.S.A.』（山崎まどかとの共著、DU BOOKS）、『文化系のためのヒップホップ入門1～3』（大和田俊之との共著、アルテスパブリッシング）など。

## 林剛 ｜ はやし・つよし

R&B／ソウルをメインとする音楽ジャーナリスト。現在は「ミュージック・マガジン」「ブルース＆ソウル・レコーズ」「bounce」「レコード・コレクターズ」各誌での執筆に加え、ウェブメディアにも寄稿。共著／監修本、CDのライナーノーツも多数。SNSでは最新R&B情報も発信中。

## パンス

ライター・DJ・年表好き。テキストユニット"TVOD"で活動。2021年に1968～2020年の社会／文化史をまとめた『年表・サブカルチャーと社会の50年』をリリース。近現代すべてを把握するべく現在も増量中。2022年には菅原慎一との共同監修『アジア都市音楽ディスクガイド』（DU BOOKS）を刊行。

## Yacheemi ｜ ヤチーミ

ダンサー／DJとしてクラブパーティーに多数出演するかたわら、餓鬼レンジャーの守護神"タコ神様"の顔を持つ。またR&Bにまつわる執筆やFMラジオのパーソナリティーも務め、所属ダンスクルーGreenTingTeamでデビューを果たすなど、正休が掴みづらい変態グルーヴくん。

## 矢野利裕 ｜ やの・としひろ

1983年生まれ。作家、DJ。音楽と文芸を中心に批評を行う。著者に『今日よりもマシな明日 文学芸能論』（講談社）、『コミックソングがJ-POPを作った』（ele-king books）など。

**渡辺志保｜わたなべ・しほ**

音楽ライター。ケンドリック・ラマーやニッキー・ミナージュ、コモンら海外アーティストほか、国内のアーティストへのインタヴュー経験も多数。共著に『ライムスター宇多丸の「ラップ史」入門』（NHK出版）などがある。ラジオMCとしても活動するほか、イベントの司会業なども行う。ポッドキャスト番組『渡辺志保のヒップホップ茶話会』配信中。

## Editorial supervisors

**川口真紀｜かわぐち・まき**

音楽ライター。横浜出身。大学在学中にライター活動を開始。「blast」「bmr（Black Music Review）」「ミュージック・マガジン」といった雑誌やウェブサイトへの寄稿のほか、メアリー・J・ブライジ、キーシャ・コールなどR&B／ソウル・アーティストのライナーノーツ執筆、AI、JUJU、Utadaなどのオフィシャル・ライターを担当。ビヨンセ、アッシャー、カニエ・ウェストらR&B／ヒップホップ・アーティストの対面取材経験も多数。プライヴェートでは一児の母。
X: @kwgcmk

**つやちゃん**

文筆家／ライター。音楽誌や文芸誌、ファッション誌などに寄稿。メディアでの企画プロデュースに加え、アーティストのインタヴューやコンセプトメイキングも多数。著書に、女性ラッパーの功績に光をあてた『わたしはラップをやることに決めた　フィメールラッパー批評原論』（DU BOOKS）等。
X: @shadow0918

**Image credits**
P. 041　Zia Syed
P. 045　Diane Picchiottino
P. 146　Paul Zoeterneijer
P. 163　Cait Ellis
P. 181　erika m
P. 185　Laurenz Heymann
P. 197　Forja2 Mx

## オルタナティヴR&Bディスクガイド
**フランク・オーシャン、ソランジュ、SZAから広がる新潮流**

初版発行　2024年3月29日

ISBN978-4-86647-248-5
Printed in Japan
©2024 Maki Kawaguchi, Tsuyachan / diskunion

万一、乱丁落丁の場合はお取り替えいたします。
定価はカバーに記してあります。
禁無断転載

監修 ―――――― 川口真紀　つやちゃん
デザイン ―――― 小沼宏之［Gibbon］
編集 ―――――― 小澤俊亮［DU BOOKS］
発行者 ―――――― 広畑雅彦
発行元 ―――――― DU BOOKS
発売元 ―――――― 株式会社ディスクユニオン
　　　　　　　　東京都千代田区九段南3-9-14
　　　　　　　　［編集］TEL.03.3511.9970
　　　　　　　　　　　　FAX.03.3511.9938
　　　　　　　　［営業］TEL.03.3511.2722
　　　　　　　　　　　　FAX.03.3511.9941
　　　　　　　　https://diskunion.net/dubooks/

印刷・製本 ―――― シナノ印刷

**Special Thanks** ―――― Ilya Savenok

DU BOOKS

## わたしはラップをやることに決めた
### フィメールラッパー批評原論

つやちゃん｜著

マッチョなヒップホップをアップデートする革新的評論集！
日本のラップミュージック・シーンにおいて、これまで顧みられる機会が少なかった女性ラッパーの功績を明らかにするとともに、ヒップホップ界のジェンダーバランスおよび「フィメールラッパー」という呼称の是非についても問いかける。COMA-CHI / valknee のロングインタビュー、200枚超のディスクレビューを併録。

●本体2200円＋税　四六　280ページ

## ディアンジェロ《ヴードゥー》がかけたグルーヴの呪文

フェイス・A・ペニック｜著

押野素子｜訳

ブラック・フェミニストの著者が現代の視点から読み解く、R&Bの金字塔。幼少期に教会で歌ったゴスペル・ミュージックからの影響／ソウルクエリアンズとエレクトリック・レディ・スタジオでの音楽的実験／デビュー・アルバム『Brown Sugar』や最新作『Black Messiah』も考察。日本語版には、1995年のディアンジェロ来日に同行した訳者・押野素子のあとがきを収録。

●本体1800円＋税　四六　224ページ

好評
4刷！

## J・ディラと《ドーナツ》のビート革命

ジョーダン・ファーガソン｜著　　ピーナッツ・バター・ウルフ｜序文

吉田雅史｜訳

ヒップホップ史に輝く不朽の名作『Donuts』には、J・ディラ最期のメッセージが隠されていた――。Q・ティップ、クエストラヴ、コモンほか盟友たちの証言から解き明かす、天才ビートメイカーの創作の秘密。日本語版のみ、自身もビートメイカーとして活動する訳者・吉田雅史による解説（1万2千字）＆ディスクガイドを追加収録。

●本体1800円＋税　四六　256ページ

## 最後の音楽‖ヒップホップ対話篇

荘子it＋吉田雅史｜著

逸脱こそ王道！　J・ディラ、RZA、カニエ・ウェストらのビートメイクの革新性や、ピューリッツァー賞の音楽部門を受賞したケンドリック・ラマーのリリックなどを取り上げ、ヒップホップの面白さ・特異性・人気の秘密ほかについて徹底議論。荘子itによる自曲解説も交えた創作論も読みどころのひとつ。

豪華鼎談ゲスト：さやわか、菊地成孔、後藤護、Illicit Tsuboi。

●本体2200円＋税　四六　448ページ